"十三五"国家重点出版物出版规划项目

智慧物流：现代物流与供应链管理丛书

物流实践能力培养与提升

赵启兰　张力　章竟　等编著

机械工业出版社

本书与《物流创新能力培养与提升》为姊妹篇,系统地分析了以物流校外人才基地为依托对物流管理专业人才实践能力的培养,主要内容包括概述、物流实践能力理论、用人单位对物流实践能力的需求分析、物流实践能力的获取方式、物流实践能力培养实务、物流实践能力培养的应用案例等。

本书可作为普通高等院校物流管理专业及其他相关专业在校学生的实践课教材,也可作为从事物流管理工作的人员的参考资料以及企业的培训教材。

图书在版编目(CIP)数据

物流实践能力培养与提升/赵启兰等编著. —北京:机械工业出版社,2019.12

(智慧物流:现代物流与供应链管理丛书)

"十三五"国家重点出版物出版规划项目

ISBN 978-7-111-63973-2

Ⅰ.①物⋯ Ⅱ.①赵⋯ Ⅲ.①物流管理–高等学校–教材 Ⅳ.①F252

中国版本图书馆 CIP 数据核字(2019)第 224435 号

机械工业出版社(北京市百万庄大街 22 号 邮政编码 100037)
策划编辑:曹俊玲 责任编辑:曹俊玲 刘 静 商红云
责任校对:王 欣 封面设计:鞠 杨
责任印制:张 博
三河市宏达印刷有限公司印刷
2019 年 10 月第 1 版第 1 次印刷
184mm×260mm・10.25 印张・240 千字
标准书号:ISBN 978-7-111-63973-2
定价:29.80 元

电话服务 网络服务
客服电话:010-88361066 机 工 官 网:www.cmpbook.com
　　　　　010-88379833 机 工 官 博:weibo.com/cmp1952
　　　　　010-68326294 金 书 网:www.golden-book.com
封底无防伪标均为盗版 机工教育服务网:www.cmpedu.com

前　　言

我国"十二五"规划纲要中将大力发展现代物流业单独列为一节，提出要大力发展现代物流业，加快建立社会化、专业化、信息化的现代物流服务体系，大力发展第三方物流，优先整合和利用现有物流资源，加强物流基础设施的建设和衔接。党的十八届三中全会也明确指出，要使市场在资源配置中发挥决定性作用，推动经济更有效率、更加公平、更可持续发展。现代物流业的发展需要高等院校培养大批的物流人才，而优质的教材对物流人才的实践创新能力的培养尤为重要。

北京交通大学物流管理专业历经60余年的建设和发展，先后建成了我国第一个培养物流管理人才的硕士点（1979年，物资管理工程；1984年更名为物资流通工程）和博士点（1996年，物资流通工程，1997年并入管理科学与工程一级学科），是我国首家具有本、硕、博完整的物流管理人才培养体系的高校，所在学科为北京市重点学科（2002年，管理科学与工程），多年来为国家培养了大批各层次的物流管理人才，其物流校外人才培养基地于2010年被评为北京市校外人才培养基地，在建设过程中积累了许多经验，可供国内其他高等院校在培养物流管理人才的实践、创新能力方面借鉴。

本书的编写以物流校外人才培养基地为依托，按照物流实践的发展现状对学生实践能力的要求，借鉴"企业物流管理"国家级精品共享课程的实践资源，同时结合对用人单位、学校以及学生的调查数据，尽量满足物流实践能力的培养与提升要求。本书主要内容包括概述、物流实践能力理论、用人单位对物流实践能力的需求分析、物流实践能力的获取方式、物流实践能力培养实务、物流实践能力培养的应用案例等。

本书作者都是从事物流管理、企业管理教学和科研工作20余年的教师，他们同时也是北京交通大学物流管理专业校外人才培养基地建设的主要参与者。本书由赵启兰、张力、章竟制定编写提纲，全书共分六章：第一章由赵启兰、宋志刚编写；第二章由兰洪杰编写；第三章由卞文良编写；第四章、第五章由唐孝飞编写；第六章及附录由章竟、张一昕编写。本书由赵启兰、张力统稿，研究生邢大宁、白鸽、刘艳楠、杨世龙、腾岚、刘宗熹等参加了资料收集与整理工作。

本书在编写过程中参考了所列参考文献的部分内容，谨向这些文献的编著者以及在编写过程中给予帮助的所有领导和专家致以诚挚的谢意。

由于作者水平有限，书中不妥之处在所难免，敬请读者批评指正。

作　者

目 录

前言
第一章 概述 1
　第一节 实践和实践能力的界定 1
　　一、实践的内涵 1
　　二、对于"能力"的理解 3
　　三、"实践能力"的界定 4
　第二节 实践能力的基础知识 4
　　一、实践能力的内涵 4
　　二、实践能力的分类 6
　第三节 物流实践能力 7
　　一、实践能力是物流人才培养中的重要组成部分 7
　　二、物流实践能力的构成 8
　第四节 物流实践能力培养的教学与安排 11
　　一、物流业务实践能力培养的教学与安排 12
　　二、物流问题解决能力培养的教学与安排 14
　　三、课外活动对物流实践能力的提高 16
第二章 物流实践能力理论 17
　第一节 物流实践能力基本概念 17
　　一、物流实践能力的相关研究 17
　　二、物流实践能力的定义 18
　　三、物流实践能力的层次 18
　第二节 物流实践能力的性质和意义 19
　　一、物流实践能力的性质 19
　　二、培养提升物流实践能力的现实背景 21
　　三、培养提升物流实践能力的意义 24
　第三节 物流实践能力培养的方式 25
　　一、物流实践能力培养的方向 25
　　二、物流实践能力培养的原则 26
　　三、物流实践能力培养的方法 28
　第四节 物流实践能力培养的典型案例 31
　　一、美国麻省理工学院的物流实践能力培养 32

二、法国高校的物流实践能力培养 ……………………………………… 32
　　三、德国马格德堡大学的物流实践能力培养 …………………………… 33
　　四、日本早稻田大学的物流实践能力培养 ……………………………… 35
　　五、新加坡高校的物流实践能力培养 …………………………………… 36

第三章　用人单位对物流实践能力的需求分析 ……………………………… 37
第一节　用人单位的物流岗位设置 …………………………………………… 37
　　一、物流相关部门的职能范围 …………………………………………… 37
　　二、物流相关部门的岗位设置 …………………………………………… 37
　　三、用人单位的物流岗位设置示例 ……………………………………… 38
第二节　物流岗位对实践能力的要求 ………………………………………… 39
　　一、校园招聘中物流岗位的实践能力要求 ……………………………… 40
　　二、企业官网招聘中物流岗位的实践能力要求 ………………………… 41
第三节　企业对物流实践能力的评价 ………………………………………… 42
　　一、评价方法 ……………………………………………………………… 42
　　二、评价模型与指标体系构成 …………………………………………… 43
　　三、评价实施建议 ………………………………………………………… 44

第四章　物流实践能力的获取方式 …………………………………………… 45
第一节　校外人才培养基地 …………………………………………………… 45
　　一、校外人才培养基地概述 ……………………………………………… 45
　　二、北京嘉和嘉事医药物流有限公司人才培养基地 …………………… 48
　　三、北京西南图书物流中心人才培养基地 ……………………………… 50
　　四、中铁吉盛物流有限公司人才培养基地 ……………………………… 51
第二节　校内理论教学的实践环节 …………………………………………… 52
　　一、课程实验 ……………………………………………………………… 52
　　二、课程调研 ……………………………………………………………… 58
　　三、课程设计 ……………………………………………………………… 58
　　四、认识实习 ……………………………………………………………… 60
　　五、学年论文 ……………………………………………………………… 62
第三节　自我实践 ……………………………………………………………… 63
　　一、毕业设计 ……………………………………………………………… 64
　　二、寒暑期实践、勤工俭学及社团 ……………………………………… 67
　　三、科研、科技竞赛和创新性实验计划 ………………………………… 69
　　四、证书认证 ……………………………………………………………… 70
　　五、交换生 ………………………………………………………………… 70

第五章　物流实践能力培养实务 ……………………………………………… 71
第一节　物流实践准备 ………………………………………………………… 71
　　一、物流实践准备的概念 ………………………………………………… 71
　　二、物流实践准备的特点 ………………………………………………… 72
　　三、物流实践准备的要素 ………………………………………………… 73

四、物流实践准备的内容 …………………………………………………………… 75
　第二节　实践计划书 …………………………………………………………………… 82
　　一、实践计划书的概念 ………………………………………………………………… 82
　　二、实践计划书的特点 ………………………………………………………………… 82
　　三、实践计划书的作用 ………………………………………………………………… 83
　　四、实践计划书的内容 ………………………………………………………………… 83
　　五、实践计划书的编制 ………………………………………………………………… 85
　第三节　实践日志 ……………………………………………………………………… 87
　　一、实践日志的概念与特点 …………………………………………………………… 87
　　二、实践日志的作用 …………………………………………………………………… 89
　　三、实践日志的内容 …………………………………………………………………… 90
　　四、实践日志的撰写 …………………………………………………………………… 91
　第四节　实践总结 ……………………………………………………………………… 92
　　一、实践总结的概念 …………………………………………………………………… 92
　　二、实践总结的特点 …………………………………………………………………… 93
　　三、实践总结的作用 …………………………………………………………………… 94
　　四、实践总结的内容 …………………………………………………………………… 94
　　五、实践总结的撰写 …………………………………………………………………… 95
　　六、实践总结的基本格式 ……………………………………………………………… 96

第六章　物流实践能力培养的应用案例 ……………………………………………… 104
　第一节　物流校外人才培养基地应用案例 …………………………………………… 104
　　一、北京西南图书物流中心 …………………………………………………………… 104
　　二、北京嘉和嘉事医药物流有限公司 ………………………………………………… 106
　　三、中铁吉盛物流有限公司 …………………………………………………………… 109
　第二节　理论教学的实践环节设计 …………………………………………………… 112
　　一、校企合作——企业的高级管理人员给本科生上课 ……………………………… 112
　　二、物流相关课程中的实践环节案例 ………………………………………………… 114
　　三、实验教学环节 ……………………………………………………………………… 123
　第三节　自我实践案例 ………………………………………………………………… 137
　　一、分散实习案例 ……………………………………………………………………… 137
　　二、物流设计大赛案例 ………………………………………………………………… 142

附录　北京交通大学经济管理学院物流管理系主要标志性成果汇总 …………… 153
参考文献 ……………………………………………………………………………… 157

第一章 概 述

实践能力的培养与提升在物流专业本科教育阶段非常重要。本章从实践能力的界定入手，分析了实践能力的内涵、分类、物流实践能力及其培养的教学与安排。

第一节 实践和实践能力的界定

实践能力虽然是一个使用范围很广泛的词组，但在实际的使用过程中却较少有人能把实践能力的概念进行准确界定。对实践能力理解上存在的偏差使不少教育工作者在培养实践能力时出现"不得要领"或"效果不理想"等问题。

部分人将实践能力等同于"动手"能力。这种认识是缘于把"实践"的过程理解成"动"的过程。因此，实践能力就是"动手"的能力。一些与"动手"能力相近的词就成为实践能力的代用词，如劳动能力、操作能力等。将这种概念落实到教学中，实践能力就体现为学科的实验技能和工作技能。从习得的难易水平看，技能的掌握是一个经过练习到熟练的过程，与学科知识学习的"无穷无尽""循序渐进"相比，它可以经过短期，如一个月甚至一周时间集中训练而拥有。因此，实践能力的习得被认为是简单、容易和花费时间与精力较少的。这种认识造成了人们对"实践能力"的意义和价值的低估。反映在高校的具体教学工作中就表现为通过建设实验室、实习基地等教学设施来提高上述实验技能、工作技能。

实践能力从词组的构成看是"实践"与"能力"两个词的组合。要认识实践能力，有必要分别对这两个词有正确的认识。

一、实践的内涵

1. 认识与实践的内涵及关系问题

"实践"一词源于古希腊的 praxis，其基本意义是指"行动""行为"及其后果，与 logos（理性、理念）相对立。中国古汉语中有"知行"的概念，知与行并提始见于《左传》和《尚书》。荀子即明确提出"不闻不若闻之，闻之不若见之，见之不若知之，知之不若行之。"中国明代哲学家王守仁提出知行合一的认识论和道德修养学说，指出客体顺应主体，知是指科学知识，行是指人的实践。

但是也有少数人将认识与实践作为相对独立的关系范畴，即认识活动是主要依靠大脑的思想活动，实践活动是主要依靠肢体的行为活动。也即认识是"动脑"的，实践是"动手"的。这种认识的基本出发点是建立在认识与实践二元对立的关系上的，反映在日常的教育活动中，常见于将课堂教学与课外教学对立、理论课与实践课对立、"动脑"活动与"动手"活动的对立。但是显而易见的问题在于，脱离认识的或不"动脑"的"实践"是无法独立存在的。因此，将"认识"与"实践"进行比较分析，有利于认识"实践"的内涵。

从实践的本质特性看,实践活动的特性应该是观念物化性和现实创造性。这两种特性可以与人的认识活动区分开来。首先,实践活动的这种观念物化性,人的认识活动不具有。认识活动是主体观念把握客体的活动,其活动的过程是物质变精神,也不存在观念物化的问题,因此说,观念物化性是实践活动特有的属性,是区别于人的认识活动的特征。其次,实践活动作为一种显示感性的物质活动,不是现成地占有对象物,而是包含着新的物质对象的创造,即实践活动在本质上是一种现实的创造性活动。人的认识活动虽然有创造性,但这种创造性不是现实感性的创造性,它不会直接引起外部世界的任何变化。由此可见,现实创造性也是实践活动所特有的属性。

马克思主义哲学思想中实践和认识的关系是辩证唯物主义认识论中一个极其重要的知识点。首先,实践是认识的基础。它对认识的决定作用主要表现在以下四个方面:实践产生了认识的需要;实践为认识提供了可能;实践使认识得以产生和发展;实践是检验认识的真理性的唯一标准。实践是认识的起点,也是认识的归宿,是全部认识的基础。实践的观点是马克思主义认识论的首要的和基本的观点。其次,认识对实践具有指导作用。认识反作用于实践有两种情况:一是正确的认识指导实践,会使实践顺利进行,达到预期的效果;二是当错误的认识误导实践时,就会对实践产生消极的乃至破坏性的作用,导致实践失败。认识对实践的能动反作用,充分体现在作为认识的高级形式的理论对实践的巨大指导作用上。

对于实践与认识的关系,还有其他许多论述。黑格尔认为"实践高于认识",毛泽东在《实践论》中提出,无论何人要认识什么事物,除了同那个事物接触,即生活于(实践于)那个事物的环境中,是没有法子解决的。上述观点主要是基于实践对认识的价值而提出来的。此外,近年来哲学界对实践内涵已经做了新的概括,实践活动是人一切客观性的、感性的、物质性的活动,实践的领域不仅仅是物质生产活动,也包含精神生产和人类自身生产(如体育、教育等)。

2. 教育学意义上的实践与认识

不同语境下"实践"概念具有不同的内涵。从教育学意义上看,对于实践而言可以有两种理解:①实践的过程即解决大任务的过程。以企业采购具体产品为例,从提出采购意向到采购产品入库以及供应商评价的完成过程看,该项采购活动即是一项实践活动。在这一过程中,采购人员不仅要付出体力,同时也需要付出脑力。②完成一项实践活动时,整个实践活动包含诸多环节。仍以采购活动为例,一项采购活动大致可以分为收集供应商信息、询价、比价、议价、采购决策、订购、进货验收、付款、供应商评价等环节。每个环节又包含多个次级的认识和实践。我们也可以将每一次级环节的实践称为实践过程。次级实践过程同时又伴随着下一层次的认识和实践的产生,如采购决策时,要反复对比、思考后再做出决定。无论什么任务,都要经过多个层次的"认识—实践"的反复。任务越复杂,次级环节越多。解决实践问题的过程也即毛泽东提出的,是一个"认识—实践—再认识—再实践"的过程。

但是从育人的角度看,在教育语境中,大任务中的次级"认识—实践"活动往往难以区分出先后次序,经常表现为交叉、重叠进行,不能割裂划分哪个是认识活动,哪个又是纯粹的"感性"活动。换言之,根本不存在仅是培养"动手"能力的"活动"。

例如学生完成毕业设计（论文）的活动中，基本无法辨别出哪一项是"纯""动脑"活动、哪一项是"纯""动手"活动。因为任何一个环节，如资料收集、研究方案设计、实验观察等都是两者的结合，任何"动"的行为都是在认识参与下的活动。抽取认识的、纯生理的、机械的"动"的实践是不存在的。

因此，从教育学意义上看，实践活动是包含认识活动的。当然，这种认识来源于实践，或与实践有关且直接作用于实践的活动。例如上述的采购活动，采购人员在收集产品信息时，可以要求供应商提供样品，也可以到供应商的工厂进行实地考察，从而挑选自己认为"合适"的产品。如果采购人员的工作只依靠"想"，而没有"做"，这种对产品的认识是脱离于实践且没有作用于实践的，这种仅终止在"想"的范畴的认识不能称其为实践。

所以，更确切地说，实践与认识是部分包容关系。实践就是指人在认识参与下的完成任务的一切外在的、感性的、物质性活动。还需要加以说明的是，把"实践"主体的外在表现仅理解为肢体的变化或运动也是不贴切的，感官活动，像"看""听""闻"等行为都属于实践活动。例如扳道工检修铁路时敲击钢轨"听"声检铁轨，厨师"品尝味道"给菜加作料，教师靠"看"来监控学生的学习等，都是实践活动。

二、对于"能力"的理解

"能力"是心理学研究的主要范畴，不少心理学研究存在"能力""智力""知识"和"技能"等概念混淆的问题。在"能力"与"智力"的关系上，我国心理学界普遍认为智力偏于认知，它着重解决"知"与"不知"的问题，它是保证有效认识客观事物的稳固的心理特征的综合；能力偏于活动，它着重解决"会"与"不会"的问题，它是保证顺利地进行实践活动的稳定的心理特征的综合。"在"能力""知识"与"技能"三个概念中，研究认为"知识是人脑对客观事物的主观表征；技能是人们通过练习而获得的动作方式和动作系统，技能也是一种个体经验，但主要表现为动作执行经验；能力是顺利实现某种活动的心理条件。"

在众多的心理学研究中，能力被定义为"人顺利完成某种活动所必须具备的那些心理特征。""能力构成中的心理特征不同于其他心理特征，它是对活动的进程及方式直接起稳定调节控制作用的那种个体心理特征。"但是在人们面对实际问题时，仅有心理特征是不够的。"能力是直接影响活动效率的、使活动能够顺利完成的个性心理特征。"

(1) 从能力发展的基础看，能力是人的综合素质在行为上的外化表现。人的素质是能力的内在基础，而人的能力是人的内在素质的外在表现、实现和确认，是人的内在本质力量的外在体现。没有素质，就谈不上什么能力，提高素质，就是为了培养能力。

(2) 从能力发挥的内容来看，能力主要是指人的一般能力（即人的体力、智力、道德力、审美力和实践操作能力等）、人的特殊能力（即从事某种专业活动所必需的多种能力的有机结合而形成的专业技能）和人的创造能力。对于任何人而言，一般能力是基础，创造能力是最高能力境界，特殊能力介于二者之间。

(3) 从能力发挥的效果看，能力是指人在某种实际行动和现实活动中表现出来的可以实际观察和确认的实际能量，它表明人驾驭某种现实活动的熟练程度，是人在现实活动中显示出的作用。它涉及与活动、行动的关系，是同人的现实活动和实际行动直接相关的，离开人的现实的实际行动，人的能力就难以表现、实际观察和确认。

（4）从能力发挥的价值看，能力是实现人的价值的一种有效方式。能力属于"行动"范畴，回答人在现实活动中能做什么，能力如何决定着人的活动范围和对活动领域的可选择度。价值的实现是通过人的现实活动体现出来的。在现实活动中，人产生价值的大小与其能力的高低有着直接的关系。

为了便于研究，依据不同的标准，人们把能力分成不同的种类。按照能力作用的领域，可以把能力分为一般能力和特殊能力；按照表现形式，人们把能力分为认知能力、操作能力和社交能力；按照能力的发展水平，人们把能力分为模仿能力和创造能力。

三、"实践能力"的界定

长期以来，心理学对能力的研究一直偏重于认知能力，对实践能力鲜有涉及。20世纪80年代后，美国著名心理学家斯腾伯格（Robert J. Sternberg）在其两本专著中从一个全新的视角来阐释智力，并首次提出了实践智力的概念。斯腾伯格认为智力可分为学业性智力和非学业性智力，其中非学业性智力包括分析性智力、实践智力和创造性智力。在对实践智力所做的解释中，他提出"实践智力是一种能够很好地适应环境的能力，能够确定如何成功达到目标的能力，一种能够向你周围世界展示自己意识的能力"。从他对实践智力的解释来看，这里的实践智力应当与实践能力具有同等含义。

由于本书更加关注如何培养学生的实践能力，除从哲学和心理学角度来认识实践能力外，还应当将教育学作为研究的第三个维度加以分析。只有这样，实践能力的培养才具有现实性和可操作性。傅维利（2007）提出实践能力是"保证个体顺利运用已有知识、技能去解决实际问题所必须具备的那些生理和心理特征"。刘磊（2007）提出，实践能力就是形成实践观念，并能将之付诸实施的个体心理和生理特征的总和，是个体身心统一的能量系统，实践能力最终体现在个体完成现实任务的质量和水平。

根据上述定义，实践能力应当具备以下三个基本特征：①实践能力是个体在实践过程中形成和发展起来的，实践能力的形成是一个涉及生理成熟、获得经验等多种因素的复杂过程；②实践能力可以在人的一生中保持持续的发展态势；③实践能力虽然与认识能力有一定的关系，但智商高并不意味着个体实践能力强。

第二节 实践能力的基础知识

一、实践能力的内涵

1. 一般实践能力

美国著名心理学家斯腾伯格在20世纪80年代、90年代先后出版了《超越IQ：人类智力三元论》和《成功智力》两本专著，从一个全新的视角来阐述智力。斯腾伯格提出，缄默知识（又被译为未明言知识）与实践能力有很大的相关性。他认为"具有学业性智力的人通常容易获得和运用'正式的学业知识'，这些知识可以从智力测验及类似测验中找到许多。而具有实践智力的个体，其标志是易获得并运用'未明言知识'。""所谓未明言知识，指的是以行动为导向的知识，它的获得一般不需要他人的帮助，它能使个体达到个人追求的目标。""未明言知识具有三种特性：第一，未明言知识是关于如何去行动的知识，从本质上说，它是程序性的；第二，它与人们所推崇的目标实现有关；第三，这类知识的获得一般很少需要别人的帮助。"未明言知识不是与生俱来的，它必须从经验中获得，而且具有可迁移性。对此，斯腾伯格曾经做过一系列实验加以证明。这样，斯腾伯格以缄默知识为切入点，证明了实践能力必须从个体实践过程中形成和发展。

实践能力表现在能有效地完成某种实践活动。所以，实践能力的发展体现在人的实践活动的发展中，表现在实践主体完成的实践活动越来越复杂和效率越来越高。而且，实践能力的发展具有叠加性和继承性，个体随着年龄的增长，经验在增加，实践能力也在逐渐发展。

我国学者傅维利教授对实践能力进行了研究。他给实践能力下的定义是：保证个体顺利运用已有的知识、技能去解决实际问题所必须具备的那些生理和心理特征。这一定义比较准确地反映了实践能力是问题解决的完整过程所需要的素质条件，突破了以往仅从心理角度分析能力的范式。

下面举一个例子说明实践能力。

例： 某同学的成绩不错但谈不上出众，专业知识积累尚好但不算优异。但是，这位同学开始找工作时，却发生了令很多人意外的情况：雇主非常欣赏他，他也很快签了一家心仪的公司。这使我们不禁要问，为什么有些人不具备分析能力和创造能力，却在劳动力市场上如此受人追捧？回答其实非常简单，因为他们有丰富的实践能力。例如，他们知道如何有效地应对面试，知道如何与同学和睦相处，知道如何完成自己的工作。每个人都需要拥有一定的实践性的智慧，以适应周围的环境。实践能力是人"做事"的能力。实践能力强的个体应当是适应社会生活、能解决基本问题、能有效参与社会生活实践和促进自我发展的人。

我们可以这样理解实践能力：实践能力是个体在生活和工作中解决实际问题所显现的综合性能力，是个体生活、工作所必不可少的；它不是由书本传授而得到的，而是由生活经验和实践活动磨炼得到的；它很难用试卷考试衡量高低，只能通过实践活动表现来评价；它是个体的生活、事业成功的重要影响因素。

2. 专业实践能力

专业实践能力是在特定方法引导下有目的、合理利用专业知识和技能独立解决问题并评价成果的能力。它是职业业务范围内的能力，包括单项的技能与知识、综合的技能与知识。它主要是通过学习某个专业的专业知识技能行为方式和态度而获得的，包括工作方式方法、对劳动生产工具的认识及其使用和对劳动材料的认识等。专业实践能力是劳动者胜任职业工作赖以生存的核心本领。

经管类应用型人才的专业能力分类有多种多样的说法，但总结起来，我们认为经管类应用型人才既要具备一般实践能力，也要具备专业实践能力。

3. 一般实践能力与专业实践能力的区别与联系

一般实践能力与专业实践能力之间既有明显的区别，也存在密切的关联。

首先，就区别而言：一般实践能力不指向解决具体问题，但专业实践能力包含着解决具体问题的专门取向；一般实践能力是个体在诸多实践领域中必须具备的，是在多个实践领域中运用频率较高的那部分实践能力，专业实践能力因素是在某个（些）特定实践情境中为解决特定问题所需要的专门实践能力；一般实践能力的发展水平对个体的实践能力有长远的、全面的和基础性的影响，一般实践能力因素的发展呈现倒 U 形曲线状，即随个体的身心成熟日趋发展，随个体身心的衰退日益下降，当个体身心发展处于最佳状态时，一般实践能力也相应处于最高发展水平，部分专业实践能力因素的发展则与个体身心发展不构成倒 U 形曲线的关联，有些能力因素的发展可能贯穿于人的一生；一般实践能力具有普遍性和概括性，专业实践能力则具有具体性和针对性，因此专业实践能力较一般实践能力因素更易测量和评估。

其次，一般实践能力与专业实践能力还存在密切的联系。一般实践能力是专业实践能力的前提和基础。一般而言，如果个体的一般实践能力因素有缺陷或发展水平不高，那么其专业实践能力的发展必然受到限制或影响。在专业实践活动中发展个体的专业实践能力也有助于个体一般实践能力因素的强化和发展。一般实践能力与专业实践能力是梯次发展相互提升的关系。尽管一般实践能力是专业实践能力的前提和基础，但并不是说必须等到个体一般实践能力发展成熟后，才能开始从事专业实践活动。在一般实践能力发展的不同阶段，个体需要从事与之相匹配的专业实践活动，从而使其一般实践能力和专业实践能力因素都得到强化和提高。

二、实践能力的分类

关于实践能力的分类，目前尚无明确的标准，从学术角度来探讨的也很有限。这也缘于人们对实践能力的理解的模糊。基于不同的理解、认识和学术视角，对其分类也有不同。由于实践能力是在实践活动中表现的，因此一般而言，实践能力的分类还是与实践活动相对应的。根据一些文章叙述中所涉猎的内容，可以窥探出以下几种关于实践能力的分类：

1. 按照主体实践活动的内容分类

按照主体实践活动的内容，可将实践能力划分为：语言实践能力（对词义特别敏感，擅长有效利用口头或书面语言进行表达和交流的能力）；音乐实践能力（对乐曲、旋律、节奏特别敏感，有很强的感知、鉴赏、表达和创作音乐的能力）；数理逻辑实践能力（有效利用数学和逻辑进行推理的能力）；空间实践能力（准确感知视觉空间世界的能力）；身体运动实践能力（动作灵巧、敏捷，在身体平衡、协调、力量、速度、灵活性等方面表现突出，善于运用身体来表达内心感受的能力）；人际交往实践能力（善于觉察并区分他人动机、意图、情绪的能力）；自我认识实践能力（善于认知人的内心世界，善于分辨自己的心理状态的能力）；自然实践能力（善于观察和洞察生物界以及自然规律的能力）。

2. 按照实践活动领域分类

按照实践活动领域，可以把实践能力分成物质生产实践能力（如生产劳动能力、生活劳动能力）、精神生产实践能力（如科学研究能力、文艺创作能力）和人的自身发展实践能力（健身能力、教学能力）。

3. 按照实践活动方式特点分类

按照实践活动方式特点，又可把实践能力分成模仿式实践能力和创新性实践能力。

前者是指实践主体模仿他人完成实践活动的能力,后者是指实践主体创造性地完成实践任务的能力。

4. 按照主体的实践活动专业性质分类

按照主体的实践活动专业性质对实践能力分类,如教学实践能力、从医实践能力、律师实践能力、烹饪能力等。

5. 按照实践活动的客体特点分类

按照实践活动的客体特点,可以把实践能力分为工具性实践能力和人际性实践能力。工具性实践能力包括满足个人物质生活需要的基本实践能力,是不涉及人际情感因素的实践能力,如买书包、做饭、洗衣、班级值日等;人际性实践能力包括处理社会关系情境中出现的人与人之间引发的情绪反应的能力,包括与同学、老师以及父母、朋友等相处的实践能力,如完成父母交给的任务、缓和师生矛盾找老师交流的活动、消除同学误会向同学道歉的行为等。

上述各种分类标准代表着不同的研究视角。本书是基于主体的实践活动专业性质分类而进行的研究。所以,从实践活动专业性质视角,下一小节将探讨物流实践能力的内涵。

第三节 物流实践能力

一、实践能力是物流人才培养中的重要组成部分

1. 物流学科发展的特点

对物流的认识可以从最基础的实体运动层面加以理解,即仅包含"物""流"两个简单的要素,而不包括服务、信息等现代的要素,更没有将这些要素及其相关活动的系统化、一体化纳入考察范围。从这个意义上看,物流作为实体运动形态和人类的历史一样久远。中国古代即提出了"货畅其流"的哲学观点,人类历史上修建的运河、水道等设施都与物流活动有着千丝万缕的联系。

人类社会开始商品生产之后,生产与消费的分离促使了流通环节的出现。产需的分离与社会分工的细化促进了流通的迅速发展。彼得·德鲁克(Peter Drucker)提出物流是"经济的黑暗大陆",将学术界对于与商品流通相关问题的研究引向新的方向。商品流通的规模化也对相伴而生的物流发展起到了很好的促进作用。第二次世界大战中将系统科学引入物流活动之中,以及战后日本在生产物流领域所做的贡献,极大地推动了物流的发展。从整个物流的发展历史来看,人们对物流问题的理解经历了"认识—实践—再认识—再实践"这样一个不断循环往复的过程。

在物流实践活动的不断发展中,物流活动的形式由简单到复杂,范围由小到大,技术水平由低到高,逐渐形成了研究物流的学问。物流学问积累到一定程度,就形成了相对独立和完整的物流学科。一般认为现代物流学科属于经济学、管理学、工学和理学等相互交叉的新兴学科。首先,物流学科研究大量的物流资源配置优化、物流市场的供给与需求、政府对物流的管理、物流的发展与增长等问题,而解决这些问题靠的是经济学的理论在物流中的具体应用。其次,物流活动是由物流组织来完成的,而"管理是一切

组织的根本",企业的物流系统规划与设计、物流业务的具体运作、物流过程的控制等都是管理活动,需要管理学理论的指导。再次,现代物流是一个技术含量很高的产业,信息技术、自动化技术在物流系统中的应用都需要大量的工程和技术知识,涉及工学类的许多专业。最后,物流的流体是商品,各类商品的物化性能不完全相同,要做好商品的检验、养护等作业,需要物理、化学等学科知识的指导。

2. 实践能力在物流人才培养中的体现

(1) 物流学科发展对实践能力的要求。物流学科的性质决定了物流学的研究和学习方法,对物流人才的培养也有很大的影响。目前国内高校培养物流人才时一般设置物流管理、物流工程两个专业,也有专家学者提出将物流学学科划分为物流管理、物流工程和物流经济三个子学科。无论专业设置如何进行,物流交叉学科的性质都决定了必须考虑实践教学的安排,以培养学生的感性认识和综合能力。

在上述四类与物流学科有最紧密联系的理论基础中,理学提供了物流学科最根本的思维方法和逻辑;工学提供了实现物流系统优化的技术与工具;经济学提供了物流系统资源配置的基本理论,物流系统的资源配置服从经济学的假设、原理和规律;管理学提供了物流系统具体动作的基本假设、原理和规律。在这些学科的学习过程中,经济学、管理学侧重实证分析、案例分析等实践方法,工学、理学侧重观察、模拟、实验等实践方法。基于此,物流学科学习和研究也要通过实践方法,才能促进学生更好地掌握物流交叉学科知识。

(2) 物流功能要素对实践能力的要求。物流功能要素包括运输、存储、包装、装卸搬运、流通加工、配送和信息处理。这些物流功能要素具有技术性、实务性等特征。物流功能要素特性也需要实践环节增强学生的感性认识。物流功能要素技术性是指各类物流功能要素的实现都需要借助一定的设施设备,使用相关的专业技术才能完成。物流类专业学生在理解物流功能要素的同时,需要对相应的要素所涉及设施、设备、器具的功能、技术参数、结构特点和运用范围有所了解,才能进行物流装备的合理选择、优化配置、正常使用和规范化管理。物流功能要素实务性是指企业物流、国际物流、供应链物流等都需要按照一定的流程和业务规范进行操作和管理。例如对于国际物流,需要掌握国际商品与物料的检验检疫业务、采购业务、储存保管业务、包装业务、装卸搬运业务、运输业务、通关业务、保险业务、代理业务等。教师在教授这些内容时,不该侧重理论阐述,而应侧重业务操作讲述。如果教师能够给学生提供相关的海运提单、代理合同、积载鉴定证书、通关转关申报表等单据报表,学生了解就比较容易。如果让学生去相关企业参观、实习,把课堂延伸到实践现场,教师边操作边讲解,则更具有直观、生动、身临其境的效果。由于物流管理和物流工程的实用性、操作性很强,涉及大量的设施设备和业务规范,教师开展实践教学有利于加强学生的感性认识,改善教学效果。目前,国内物流类专业本专科教学主要讲授物流管理、操作实务、设施设备、成本管理、国际物流、物流营销、物流信息等课程。不管是物流本科还是高职高专,都需要教学实践环节,只是侧重点不同,高职高专更侧重实务操作,而本科需要理论与实务并重。

二、物流实践能力的构成

明确实践能力的构成是研究实践能力发展机理的前提。但是可能由于实践能力相对于认知能力更加难以评定和测量,在实际生活中测量实践能力的研究非常少,具体到物流领域中对实践能力构成问题的研究目前仍不多见。马乐、李楠等在研究物流工程创新实践型人才的培养体系建设中提出了物流工程创新实践型人才能力结构图,将物流工程创新实践人才能力结构细分为综合能力、设计开发能力、前瞻能力、实践能力和科研能力,如图1-1所示。但上述能力构成的划分主要是从实践型人才应当具备何种能力的角度进行研究,与本书的研究对象存在一定的差异性。

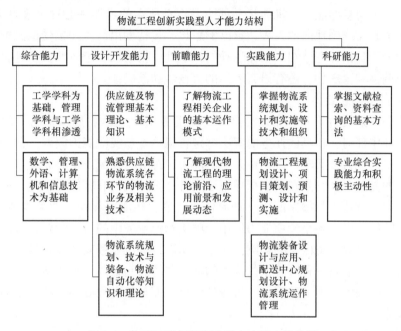

图1-1 物流工程创新实践型人才能力结构图

在更加一般的研究中,我国学者傅维利对实践能力构成进行了研究,认为个体的实践能力在不同活动中的表现有一定的相通性,即个体如果在某一领域体现出较强的实践能力,那么在其他领域也会表现出较好地适应能力。据此,他认为实践能力除了存在一个共同的构成因素,称其为一般实践能力之外,还包括专项实践能力和情境实践能力,如图1-2所示。

图1-2 实践能力的构成

本书结合傅维利对于实践能力构成的研究,提出物流实践能力的构成,并将各子能力进一步细分。

1. 一般实践能力

根据傅维利的研究,将个体的实践能力在不同活动中所表现出来的一定程度的相通性称为一般实践能力。一般实践能力因素包括个体在实践中的基本生理和心理机能,是

物流实践能力培养与提升

构成个体实践能力的生理和心理基础。一般实践能力不指向解决具体问题，但却影响个体问题解决的效果。

一般实践能力的发展水平与人的身心成熟度紧密相关，即随着个体身心的成熟，一般实践能力因素逐渐达到高峰水平，而后随着个体身心成熟度衰退而逐渐下降。一般实践能力因素包括问题情境的感知能力、机体运动能力和基本的语言交流能力。问题情境的感知能力是指个体通过视觉、听觉、嗅觉、触觉以及空间与深度知觉和知觉整合获得周边事物第一手信息的能力；机体运动能力是运动所需的身体和心理上多种力的总称；语言交流能力是能准确地向他人表达自己的思想，包括发出信息和接受信息的能力。一般实践能力的测量指标有感知、动作运动的灵敏性、精确性、定时性以及各种感知、动作运动的协调性和稳定性，还有语言表达的流畅性和准确性。

2. 物流业务实践能力

物流业务实践能力是个体在处理具体物流业务活动中所表现出来的专门的实践能力。物流活动中任何一项具体任务的解决都包含某些专项实践能力因素。例如采购人员辨别产品质量的能力，叉车司机使用叉车的能力，拣货员在配送中心完成订单拣选时规划行走路线的能力等。它是在认识指导下运用各种感知能力和肢体运动能力完成具体任务的能力，包括物流工具操作能力、物流作业对象感知能力和物流业务沟通交流能力。物流业务实践能力中的各个专项能力适用于解决物流业务中的特定问题，解决问题的方法相对固定，受外界环境因素的影响比较小。所以，物流业务实践能力是一个从练习至熟练的过程，其发展是一种可观察的典型的动态曲线。它是以一般实践能力发展来实现的，但并不是一般实践能力的简单、机械的组合，而是复杂程度不同的完整的和有目的的系统性能力。

3. 物流问题解决能力

物流问题解决能力是指在具体真实的物流管理活动中，实践者根据现实情境的相互关系，有效分析物流管理活动中出现的问题，提出解决策略，恰当地决定行动路线并指导个体整个实践行为的能力要素。它包含非常复杂的、重要的认知成分，如分析、判断和决策、监控等。物流问题解决能力更侧重于将理论方法与现实经济发展环境以及企业具体情况相结合，有针对性地提出解决策略和指导个体的行动，并对行动过程进行监控，随时调整活动计划、步骤和方法。由于个体要与现实情境相适应，物流问题解决能力是实践能力的重要构成要素。

一般实践能力、物流业务实践能力和物流问题解决能力构成了物流实践能力的基础，如图1-3所示。三者的功能指向是不同的，一般实践能力因素不指向解决具体问题，却是在多个实践领域中运用频率较高的那部分能力因素。物流业务实践能力包含着解决特定物流问题的专门取向，是解决某一问题所需要的专门能力要素，实践者如果没有这些能力要素，则很难解决问题。例如，仓库管理人员不懂产品质量判别，也就没办法了解仓库储存的产品时所采取的措施是否合适，则仓库管理的工作就很难顺利完成。物流问题解决能力是个体实践能力水平的综合体现，所面对的问题更加宽泛、复杂和不易控制，解决这些问题所使用的能力也比物流业务实践能力更加宽泛与复杂。因此，它是评定个体实践能力水平的主要依据。

第一章 概 述

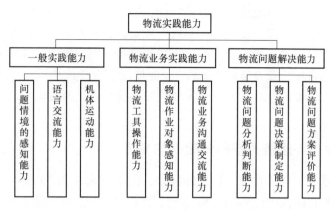

图 1-3 物流实践能力的构成细分

第四节 物流实践能力培养的教学与安排

实践能力是一个由低到高不断发展的过程。完成的实践活动越复杂、效率越高，说明实践能力发展的水平越高。物流实践能力由一般实践能力、物流业务实践能力和物流问题解决能力构成，各要素之间梯次发展、交互提升。单个要素发展滞后会延缓实践能力的成长和增进。学生时期作为人生的重要阶段，也是个体实践能力快速提升的重要阶段。高校物流类专业的教学安排中，必须通观全局在整体上增进和促成学生的实践能力，合理安排实践教学工作，采取多种教学方式，以便更好地促进学生实践能力的发展。

物流实践能力中的一般实践能力是其他实践能力的基础，学校教育对于学生一般实践能力的培养责无旁贷。我国高校中对于学生一般实践能力的培养主要通过各类通识教育课程来培养，如通过体育课、课外体育活动提高学生运动能力，通过外语课、社团活动等提高学生的基本语言交流能力。由于本书重点关注物流实践能力的培养，因此，一般实践能力培养的内容在此不做重点讨论。

在学生专业实践能力培养方面，目前国外常见的方式主要包括课堂教学中的实践部分、见习（实习）、产学合作、合作教育、社区服务等。国内学者在研究提高学生实践能力时也提出了几种教学模式，包括问题主导型教学模式、体验-反思型教学模式、案例教学模式和专项技能训练模式。但是长期以来，我国高校的教学活动中没有把学生实践能力的发展作为选择和设计教学模式的基本依据，而仅仅把教学活动看作学生的一种认识活动，高校的相关课程也缺少有关学生实践能力培养质量的评价标准。在这样一种课程、教学模式设计和评价体系中，学生的实践能力发展问题游离于主导教学模式之外，学生不仅难以获得实践的条件和机会，而且即使偶然获得这样的机会，这些有价值的实践经历和经验也不能通过积极的反思和有效的讨论，提炼成为学生实践能力培养的有效方案。

物流相关专业是实践性较强的学科，仅保证课堂上的理论教学是无法满足企业的实际需求的。2008 年，教育部高等教育司出台了《关于物流管理本科专业培养方案的指导意见（试行）》和《关于物流工程本科专业培养方案的指导意见（试行）》，两个指

物流实践能力培养与提升

导意见中多次提及要加强实践教学建设的问题,提出"可以开设专门的实践性环节或实验课程,也可在专业理论课中设计若干实践性或实验教学单元""加强教学、科研和社会实践的有机结合,丰富实践教学内容、方式和途径。应与企业合作建立物流管理实习实践基地,切实加强物流管理实验室建设",如何能够合理地协调理论教学与实践教学的关系,真正体现物流人才对物流行业发展的核心价值,已经逐渐成为各高校思考的紧迫问题。

一、物流业务实践能力培养的教学与安排

物流业务实践能力包括物流工具操作能力、物流作业对象感知能力和物流业务沟通交流能力。学校教育阶段中,各门课程对学生能力的培养是有所侧重,因此,要明确了实践教学的目标,合理地安排教学工作,从而达到之前设定的目标。

1. 实践教学目标

物流业务实践能力培养的教学目标,一方面要立足于理论与实践相结合,使实践教学内容能够全面反映理论教学的重点;另一方面应充分利用计算机技术、现代通信技术,采用现场调研、实验室模拟以及接触企业实际系统等方式,以便培养学生的动手能力和沟通交流能力。因此,要通过实践教学,实现以下目标:

(1) 增强实际操作能力。让学生理解物流过程及物流概念,通过物流作业模拟,提高学生掌握物流基本流程、环节与操作的能力,直观了解物流企业的实际流程和单据流转。

(2) 帮助学生了解物流作业对象的基本特征。熟悉不同商品的物理、化学属性,并能够根据商品的不同特征提供有针对性的储、运方案,以保证商品的质量。

(3) 掌握关键物流技术。采用先进、实用的物流技术及设备,提高学生的物流技术及设备的操作水平,如电子标签辅助系统、全球定位系统(GPS)技术及设备、条码技术、自动拣货系统、立体仓库的自动化控制系统等。

(4) 了解物流在企业管理中的作用。通过模拟和讨论,使学生深刻体会物流在企业管理中的重要性,通过角色的互换和交流,掌握企业对物流各个岗位的入职需要和技能,提升学生的交流沟通能力。

2. 实践教学安排

根据物流管理专业培养目标,培养物流业务实践能力的教学课程安排应当包含两个层次:

第一层次是业务实践能力培养的准备阶段。该阶段是在学生学习了本专业基础理论、作业环节、业务流程、管理方法等课程后,通过现场调研、专家论坛、文献收集与整理等方法让学生对本专业的工作对象和学习内容有直观形象的了解,增强其专业认同感,培养专业学习兴趣。

第二层次是业务实践能力培养的技能训练阶段。该阶段重点培养学生的物流工具操作能力和物流作业对象感知能力,同时兼顾物流业务沟通交流能力的训练。各高校一般会安排在专业主干课开始阶段,通过学生的实际操作,将理论与实践相结合,实践课程部分的内容设计既反映各理论课程的教学重点,同时又使实践教学成为理论教学的延伸。该层次的实践课程部分需要教师根据各理论课程教学重点,设置相关实验背景,帮

助学生了解和掌握物流工具的基本操作方法，熟悉物流作业对象的物理、化学特征，模拟现场管理的实际情况，向学生提供可以进行分析与决策的实验环境，力求清楚地反映学生的不同决策、不同操作方法对实验结果的影响，从而加深学生对相应原理的理解，并可初步了解物流管理的实际工作状况。

3. 实践教学的开展

实践教学环境是实践教学的基础，由于实验室场地、设备的限制，要满足多门实验课程需要，实践教学平台的搭建应坚持场地共用、设备通用、实验背景与数据共存、互不影响、易于备课的原则。根据上述实践教学目标及实践教学的安排，各高校在开展实践教学时，可采取以下几种方法：

（1）加强校内物流实验室的建设。物流实验室的建设，应该基于现代物流的核心理论和核心流程，并结合各高校自身特色进行全面系统考虑，将物流软件模拟、物流工具操作、物流沙盘推演与物流仿真等多种实训有机结合，既强调实用效果又应用了物流现代化技术。其预期效果具体如下：

1）增强对学生物流工具操作能力的培养。采用先进、实用的物流技术及设备，锻炼学生的物流技术及设备的操作水平。由于真正的自动化物流设备具有占地面积大、相关的配套设备比较多和投资规模大等特点，为了加强学生的感性认识，提高学生对设备的认知能力，降低教学成本，可以考虑与相关研究机构联合开发低成本、模块化现代物流教学实物模型。这些模块通过计算机监控、远程 I/O、模拟操作等现代化的教学手段来实现。

2）培养学生对物流作业对象理化特征的认识。通过物理、化学等实验室，帮助学生了解物流运输、仓储中商品的理化特征，增强学生对物流作业对象的感知能力。

3）培养学生入职企业的基本素质，提高学生的交流沟通能力。通过物流作业模拟，提高学生掌握物流基本流程、环节与操作的能力。通过沙盘推演和讨论，确保学生深刻体会物流在企业管理中的重要性，通过角色的互换和交流，掌握企业对物流各个岗位的入职需要和技能。

（2）加快建设校内实践基地。可以采取以下几种方式：

1）鼓励学生社团创办物流公司，参与公司的运营与管理。通过学生自己管理运营公司，让学生在实践中领会物流系统的理论知识，调动学生的积极性。例如建立废旧包装回收公司，将各大电子商城寄递给客户的包装进行回收，对包装进行分拣、储存、运输等作业，从而实现废旧包装的回收再利用。学生在此过程中学习与各大电子商务网站的快递企业进行沟通协调，真正做到学以致用。

2）与专业的快递公司合作，在校内设立代理点。在校内设立快递企业业务代理点，企业负责定期对学生进行培训和指导。由于资金的限制，学生们可以不租借场地，可以通过派发传单和设立临时宣传点来开拓业务，充分利用网络和手机等通信手段来降低经营成本，提供上门收、送包裹服务。这种模式下，学生可以更好更快地吸收到企业的管理文化，也为将来就业奠定了良好的基础。

（3）加强校企合作的物流实践基地建设。实践教学基地是教学过程中不可或缺的重要场所，作为新兴专业，物流类专业建立实践基地可参考成熟专业的经验，建立以多元化为特征的管理类、工程类实践教学基地。针对物流学科的经济学、管理学、工学和

物流实践能力培养与提升

理学属性,可以建立不同行业的物流教学实践基地。校外实践基地建设要充分利用企业的优势,建立产学结合的教育战略联盟,本着优势互补、互惠互利、共谋发展的原则,尽量把校外实践基地建在知名的物流企业中。实践基地是实践教学中非常重要的基础,它是为了实现培养高层次应用型人才这一目标,由学校出面,结合各专业任务和特点,考虑相关单位工作性质和特点,在校外建立的旨在加强理论联系实际、培养学生实践能力创新能力和团结协作能力的实践环境,它是实行理论问题—方案设计—实践应用—实践总结的一种实践教学模式。实践基地教学要求考虑几个重要环节:①学校必须明确学科实践教学任务,结合学科特点找准实践基地;②学校必须与实践基地搞好沟通,让实践基地相关人员领会教学实践所要达到的要求,以便双方协作配合,出色地完成所承担的实践任务;③带队老师必须对实践过程做好宏观调控和监督;④必须对学生的实践成果进行客观综合评价。

二、物流问题解决能力培养的教学与安排

物流问题解决能力是一种全面的、综合的物流实践能力。它包括了物流问题分析判断能力、物流问题决策制定能力和物流问题方案评价能力。物流问题解决能力的培养过程不仅是对物流业务实践能力的提升,更是对物流类专业学生综合素质的全面培养。

1. 实践教学目标

物流类专业实践教学的目标是使学生全面理解各门课程之间的联系,对所学知识做到融会贯通,并能够充分利用计算机技术、现代通信技术、数量分析技术和模拟技术,了解企业运营的实际困难,置身于实际运作环境中,培养分析问题、解决问题和发现问题的能力。

(1)提高物流应用和分析能力。通过对系统流程的分析和运用,加强学生对物流内在信息、职能和流程的掌握,逐步提高学生的物流应用和分析能力。

(2)提高学生的科研能力。通过系统的学习以及鼓励学生参加前沿讲座,帮助学生了解物流专业发展的前沿问题,提高学生参与科学研究的热情和积极性,培养学生发现问题、解决问题的能力。

2. 实践教学安排

与物流业务实践能力培养中的实践教学安排不同,物流问题解决能力的实践教学更加强调学生对知识的综合运用能力,指导学生通过学习,提高发现问题、解决问题的能力,根据这种培养目标上的差异,物流问题解决能力培养中的实践教学安排主要包括以下几方面的内容:

(1)案例教学。案例教学渗透于各专业理论课程中,针对教学内容,教师设计相关案例场景,用具体实例激发学生想象力,在教师的引导下,由学生自行分析并提出可行的解决方案,在此基础之上,教师在已解决的问题基础上进行延伸,引导学生发现并归纳新的问题,再进行分析和解决。通过上述过程,任课教师将发现案例中的问题并进而提出解决方案的方法教授给学生。

(2)综合实验教学。综合实验教学可以安排在专业主干课学习后期。综合实验教学可以包括沙盘模拟、仿真等实验。每个综合实验课程应涵盖若干门理论课程中的重要知识点。综合实验课程的训练可使学生对分属于各门理论课程中的知识点的内在联系有

深刻的了解,并能使学生对各门理论课程的理解得以升华。综合实验教学过程的特点是教师与学生之间、学生与学生之间通过相互协同、相互竞争和角色变换等多种不同形式来参加学习,从而起到相互促进和提高整体教学效果的作用。

(3) 毕业论文(设计)。毕业论文(设计)是学生在大学本科阶段完成的最后一项学习任务,也是在校大学生实践能力培养的最后环节。通过毕业论文(设计),学生可掌握文献检索、资料查询的基本方法,提升一定的科学研究和实际工作能力。本科生的毕业论文(设计)的选题最好来自于实践,应综合运用所学理论解决物流企业或物流运作中存在的具体问题。

3. 实践教学的开展

(1) 提高案例教学在理论课授课中所占比重。案例教学是指以某部门或某单位的实际业务项目作为案例,在教师的指导下,学生结合理论知识对案例进行分析、研究、讨论,对案例做出判断和决策,以提高学生思考能力、分析和解决问题能力的教学方法。在教育部高等教育司提出的《关于物流管理本科专业培养方案的指导意见(试行)》和《关于物流工程本科专业培养方案的指导意见(试行)》中提到的诸如"物流系统分析""物流运作管理""物流信息管理""物流工程""国际物流""物流网络规划""物流系统建模与仿真""采购管理""运输管理"等课程中都可以在授课内容中选择适当部分开展案例教学。针对这些课程,授课教师可以通过多种方式获得适合的案例。例如自己编写案例、借鉴物流公司的经验形成事实案例等。案例形式可以是文字资料,也可以是网上下载或自行制作的视频资料等。无论通过哪种方式、何种渠道获得的案例,都应是既简单明了又能说明问题的典型案例。同时,要注意案例的时效性,物流实践的快速发展对物流学科的发展起到了很大的推动作用,因此在案例选择时,较为陈旧的案例在选择时要慎重。另外案例的选择要有针对性,不要过分地追求面面俱到而导致没有重点,也要防止以偏概全,缺乏典型意义。具体采用何种形式,要根据教学目标、学生能力等因素来确定。一般可采用多种形式穿插进行,提高整体教学效果和培养学生分析问题的多种能力。

(2) 开展与物流企业管理相关的模拟沙盘实验课。沙盘源自于军事推演,近年来逐渐开始应用在管理类课程之中。沙盘课程因其直观性、动手操作性、团队合作性而深受学生的喜欢,也因其教学方式的新颖性而为大家所关注。运用物流企业管理模拟沙盘,让学生进行备货、运输、仓储、物料搬运、配送、订单履行、物流网络设计、存货管理、供应/需求计划、外包管理以及客户服务水平确定等战略、战术、运营层面的决策与实施,并通过讲演、小组研讨、个案研究、角色扮演、活动练习等多元化教学,让学生理解及掌握专业知识。

(3) 开展物流仿真教学,培养学生建模分析能力。随着信息化的发展,将拟建的物流系统用计算机模拟的方式进行分析,已经成为物流系统建设可行性研究的重要手段之一。由于物流系统变得越来越复杂并且内部关联性越来越强,因而仿真技术作为一种有效的系统分析工具在现代物流管理领域得到广泛应用,物流仿真已成为物流教学的核心内容之一。物流仿真教学软件不需要实际安装设备,不需要实际实施方案即可验证设备的导入效果和比较各种方案的优劣。通过物流仿真教学系统可有效提高学生分析问题和解决问题的能力,同时也有利于学生掌握现代化物流管理工具,提高其企业适应性。

(4) 推进"本科生导师制",鼓励本科学生参与科研实践。科研与教学是密不可分的,教学内容大多是科研成果的转化,当前的科研都是处于本学科发展的前沿领域,是对未知领域的探索和工程问题的深入分析。开展实践教学可以借助教师科研这一平台,实行本科生的导师制,为学生创造科研机会,同时学生的毕业论文(设计)也可以由本科生的导师负责指导,让学生积极参与到科研工作的第一线中来。要客观地评价学生的专业水平,对科研工作进行分类,对一些相对比较简单的工作,比如早期研究阶段资料的收集与整理、数据统计分析等可以由学生完成,让学生通过参与更加直观地学习科研的基本方法和操作形式。

三、课外活动对物流实践能力的提高

除了课内的教学安排外,学校还应当积极创造条件,为学生开辟第二课堂,鼓励学生参加各类比赛,并通过考取一些资格证书来获取相应的实践能力。

(1) 通过开设第二课堂开展课外科技实践活动,提高学生的创新意识、创业精神和实践能力。例如组织学生参加创业设计大赛、企业资源计划(ERP)大赛、物流设计大赛等各种大学生竞赛项目。学生在参加大赛期间,能够主动将所学物流管理理论应用于大赛案例中,在指导老师的帮助下,提出相对完整的解决方案,从而提升学生的物流问题解决能力。

(2) 通过学生组织的社团机构开展文化讲坛活动,邀请专家、企业家、优秀毕业大学生做系列讲座,聘请具有物流实践经验和创业经历的兼职教师开展专题讲座等活动可以提升学生的物流业务实践能力。

(3) 鼓励学生参加社会职业资格教育,如物流师、采购师、报关员、国际货代员、报检员、内审员和外审员等各项职业资格教育,积极为学生开辟获得职业资格证书的渠道,提高学生理论与实践相结合的能力。

第二章 物流实践能力理论

随着我国现代物流产业的蓬勃发展，物流人才的社会需求急剧增加，专业物流人才的匮乏越来越成为制约我国物流发展的瓶颈。高等学校物流学科与物流专业教育因此也得到了迅速的发展，在这一发展过程中，开设物流管理和物流工程等物流类专业高校的数量和学历程度也明显呈递增趋势。然而从物流类专业毕业生陆续进入就业市场以及各类用人单位在招聘用人的过程中出现的各种反馈信息来看，我国物流高等教育发展尚存在许多不足，其中物流知识的综合运用和实践能力的欠缺成为普遍关注的一个焦点问题。因此，培养适应社会需求的、既有发展潜能又有实践技能的应用型人才成为物流教育界人士面临的迫切任务，而作为传统高等教育中相对薄弱的实践教学环节的加强和完善也越来越成为物流教育领域的重点研究课题。

第一节 物流实践能力基本概念

物流实践能力的培养是一项十分复杂的系统工程，需要来自学生、教师、高校、企业以及社会各个方面的努力。在探讨物流实践能力的培养之前，本节重点阐述物流实践能力的相关概念。

一、物流实践能力的相关研究

目前，绝大多数地方高校都已明确定位于教学型大学，培养高级应用型人才。如何培养学生的物流实践能力，使物流管理及其相关专业的毕业生掌握胜任职业工作的核心本领是具有现实意义和探索价值的研究课题。

美国学者墨菲（P. R. Murphy）和波伊斯特（R. F. Poist）经过广泛调查和文献研究，指出物流管理人才的技能包括商业技能、管理技能和物流技能三个方面；物流管理人才的专业技能则应包括客户服务、库存管理、运输管理、仓储管理、需求预测、采购管理、设施选址等方面的能力，而且中高级物流管理人才与刚进入该行业的管理人员的要求不尽相同。Murphy 和 Poist 的研究结论得到普遍认同。

我国学者周艳军将学生需要培养的实践能力分为基本技能、专业技能和综合技能三大模块，基本涵盖了物流职业所需能力。另外，王辉等将企业对物流管理专业人才的能力要求分为通用能力与专业能力，其中后者包括物流设计与规划能力、物流信息管理能力、成本分析能力等。根据《物流师国家职业标准》（劳社厅发〔2003〕1号、〔2004〕7号），该职业对物流管理人才的要求主要包括采购管理、仓储管理、运输与配送管理、生产物流管理、国际货运管理、物流信息管理、供应链管理、物流系统规划、物流战略管理等方面的能力。唐丽敏等调查了我国20余所知名大学的物流管理专业（方向）的培养目标，并进行分析和对比，提出物流实践能力的培养方向：①体现物流管理专业特点；②体现学生毕业后适合的就业领域；③体现本校（专业、方向）特色；④体现对专业人才的层次定位。近年来，很多高校纷纷开设物流管理专业，并提出了物流人才的培养方向和层次，从中也可以看到高校的广大教育工作者对于物流实践能力的深刻理解。例如，南开大学、郑州大学、云南大学致力于培养跨学科的复合型人才，武汉大学、东南大学则提出培养具有良好科学素养、坚实数理基础和较高分析解决问题能力，而且具有现代经营意识和战略眼光的物流人才。

二、物流实践能力的定义

既然要培养学生的物流实践能力，就要使学生快速、较好地适应和满足物流相关岗位的要求，那么，在谈到培养物流从业人员的职业能力之前，首先要对物流相关的岗位进行了解和划分。物流相关岗位，粗略地可以包括以下三大类：操作层次的物流岗位、管理层次的物流岗位和物流决策与规划层次的物流岗位。其中，操作层次的物流岗位包括司机、叉车工、库管员、理货员、订单员、采购员、质检员、保管员、拣货员等一线岗位；管理层次的物流岗位包括仓储经理、运输经理、物料经理、物流营销经理等中层管理岗位；物流决策与规划层次的物流岗位包括物流企业高层决策岗位、供应链管理经理、供应链规划岗位等高层物流岗位。

通过对物流相关岗位的划分，可以发现这些岗位大多要求有较强的动手能力和实际操作经验，即物流实践能力。然而，目前部分的本科教学过程中，重视的多为讲授专业知识，对学生的物流实践能力的培养尚有欠缺。因此，我们要针对学生未来职业的发展需要，挖掘影响物流实践能力的相关因素，体现在教学方式方法中就是，加强实际的模拟与操作，以物流实践能力培养为重点，进行课程开发、设计，对教学方法手段进行不断的完善和改革，充分体现实践性的要求。

综合以上分析，本书将物流实践能力定义为：综合运用理论知识的能力、较强的动手能力和社会实践活动能力、分析问题和解决问题的能力。简单地说，就是在特定方法引导下，有目的地合理利用专业知识和技能独立解决问题并评价成果的能力。

三、物流实践能力的层次

虽然近几年我国已经开始大规模地培养物流人才，但是在物流人才培养中也出现了很多问题，即高校培养的物流管理专业人才与社会市场需求脱节，管理能力不高、动手能力不强是物流管理专业大学生普遍存在的问题。

近几年来物流活动市场化、大众化、精细化程度越来越高，物流专业人才的需求非常大，尤其是对具有一定理论基础、有实践操作能力的物流技术人才和物流管理人才的需求缺口非常大。如何培养与企业需求对口的具有一定物流实践能力的应用型物流人才是当前高校物流教育需要探索的重要课题。几乎所有高校物流管理专业都将培养目标定位于物流企业作业第一线的岗位群，培养既能掌握现代化物流管理专业知识，同时具有良好的职业道德和较强的实践能力，能够直接对口上岗，又具有一定的综合管理技能、信息搜集能力和信息综合分析处理能力的物流企业作业管理第一线需要的高等应用型人才。

从斯腾伯格实践智力的内涵以及实践能力分类的角度出发，本书认为，物流实践能

力的内涵可以分为以下三个层面:

(1) 专业基本能力。专业基本能力是从事物流行业所必须掌握的基本技能,体现为物流领域专门性知识、技术的特征。专业基本能力应具有相对稳定性,可为学生将来在物流领域内的转岗专业技能的提升,提供一个知识和技能的基础平台。一种职业由许多岗位构成,这些岗位需要不同的职业岗位能力,专业基本能力是对这些职业岗位能力的抽象,是它们的基础。

(2) 具体物流岗位的实践能力。具体物流岗位的实践能力是由具体物流岗位的性质、技术标准、劳动对象和物流设备、工具等特点直接决定的能力,通常具有多样性和可变性特点。不同物流岗位对应不同的技能要求,随着技术发展和工艺变革,会产生新的物流岗位,淘汰旧的物流岗位,对岗位能力的要求也会发生变化。例如装卸搬运岗位,以前主要是人工搬运,现在则使用叉车等先进设备工作,对物流人员的能力要求就不一样了。在物流实践能力培养目标中,具体岗位的实践能力是学生贴近职场、适应企业需要的优势所在。

(3) 物流创新能力。物流创新能力是学生在掌握了前两种能力的基础上,根据从事的具体物流岗位的特点,对所从事的工作或事务进行变革,从而使其得以更新与发展的能力。物流创新能力是对物流实践能力的发展和深化,与实践活动相辅相成。只有在掌握前两个能力的基础上,善于将科研成果转化为现实产品,能科学地解决物流作业中的问题或提出提高工作效率或减少工作能耗的有效方案的人才,才能称得上是具有物流创新能力的人才。

第二节 物流实践能力的性质和意义

了解了物流实践能力的内涵之后,有必要深入了解物流实践能力的性质和对其进行培养的意义。随着 21 世纪知识经济的深入发展和一场新的流通革命在世界范围内的兴起,物流业正成为一个新的经济增长点。为满足现代物流业的需求,我国的物流教育也迫切需要大力发展,我国高校作为培养物流实践人才的中坚力量,有责任承担起培养物流实践人才的使命。但我国高校在物流实践能力的培养方面存在某些缺陷,难以适应现代物流业快速发展的需求。因此,高校必须改进学生的培养模式,提升学生的物流实践能力。

一、物流实践能力的性质

实践能力是人们从事某种工作的多种能力的综合,因此,我们可以把实践能力具体化、形象化为一般能力、专业能力和综合能力。根据上节的定义,物流实践能力为综合运用理论知识的能力、较强的动手能力和社会实践(活动)能力、分析问题和解决问题的能力。通俗地解释,物流实践能力就是利用物流学科理论、专业知识解决实际问题的能力。

物流实践能力具有以下三个方面的性质:
1. 实践性
物流实践能力是主体通过实际实践活动与客体相互作用的产物。物流实践能力的形

物流实践能力培养与提升

成必然离不开物流作业活动,物流实践能力只有在主体的生活、工作情境中,通过主、客体的相互作用才能得以表现和发展,若离开了物流实践去培养学生的实践能力,基本就是空谈。

物流实践能力的实践性是指由物流作业目标或物流作业对象所引导、激发和维持的物流从业者的内在心理过程或者内部动力。实践性是人类实践活动的前提,对于个体的实践活动具有激活、指向、维持和调整的功能。

物流实践能够推动物流作业人员对于物流知识的认知,再促使物流作业人员将这种认识转化为实践,实践性能使物流作业人员的物流实践活动指向一定的对象或目标,有助于物流作业人员维持其进行的实践活动并不断改进。

物流实践能力的实践性体现在物流作业人员从事物流作业的心理倾向。这种心理倾向一旦形成,从业者就会对物流实践活动产生积极的情绪体验;对于物流实践活动的兴趣也会随着物流实践活动的顺利进行而不断被加以强化。

物流实践能力的实践性还体现在物流作业人员希望从事对他有重要意义的、有一定困难的、具有挑战性的物流活动,在物流活动中能取得圆满的结果和优异的成绩,并能超过同事、竞争者的动机上。

2. 情境性

物流实践能力以"现实问题解决"为核心特征,而现实问题是有情境的。例如,解决装卸、搬运货物的问题,不同的天气条件、经济条件、人力资源条件下,所需要解决的问题是不同的,所表现的物流实践能力也就不同。

在具体真实的情境中,物流从业人员根据自身业务能力和具体物流作业条件的相互关系,恰当地决定行动并付诸实现。当物流从业人员面临具体物流情境中的具体物流问题时,在综合考虑自身包括动机、一般实践能力基础、专项实践能力水平和环境条件的匹配关系后,做出行动决定并具体实施物流作业行为。例如,需要提供某一项目的物流服务时,企业在综合考虑自身能力和市场行情的基础上,决定是自营物流,还是将业务外包给第三方物流。

在具体物流情境中解决一个真实物流问题是非常紧张而复杂的过程。因为真实的物流问题往往受诸多条件的影响和制约,要求从业者具备相应的物流实践能力。有时候,物流问题是什么、问题解决的现实条件甚至目标状态都是含糊不清的,有些问题很紧迫甚至棘手,从业者能否解决物流问题以及问题解决的质量对其自身具有十分重大的影响。因此物流从业者对自身能力与具体情境物流条件的关系进行分析,在此基础上做出判断的物流实践能力具有重要作用。情境性是指物流从业者在反复实践的基础之上,最终达到对自身能力与具体情境关系的贴切评估,对物流过程各环节可能遇到的困难做出详尽的预案,在实践中能瞬间对突发的问题做出准确的判断和决策。在物流学科的教育领域,教育者应当向学生提供各种丰富、真实的物流问题情境,让他们在切实解决问题的过程中,锤炼其情境实践能力。

3. 综合性

现实物流问题本身就是综合性的,所以解决问题也需要多种能力的参与。例如买东西,你既要能计算价格和辨别质量,还要懂得交易过程和能把东西拿回来。

如今,很多高校在物流人才理论知识的培养上,已经提出应具备"管理学、经济学、物流技术和计算机网络背景知识;掌握现代生产经营和流通领域物流管理理论、方法和基本技能",应具备"坚实的数学基础,较强的外语、计算机应用能力,扎实的经济和管理理论知识,掌握现代管理理论和方法"等;在培养方向上,则提出"开放型、创新型和复合型的现代物流技术与管理高级专门人才""高层次的复合型现代管理人才"等。

二、培养提升物流实践能力的现实背景

近年来,现代物流业的快速发展导致对物流类专业人才需求的急剧增长,对于具有实践能力的物流管理人才的需求更加紧迫。然而,国内高校培养的本科层次物流类专业的学生达不到职业岗位对实践能力的要求,应届毕业生走向工作岗位总感叹在学校里学习的知识太过于理论化,用人单位也对其实际操作能力不太满意。这样一来,学生实践能力的不足更加剧了人才供需之间的矛盾。因此,加强对学生实践能力的培养势在必行。

学校一直致力于培养综合性人才,但在物流实践能力的提升上效果却并不明显,众多物流领域的专家和学者从未放弃过对实践教学的探索,作为物流类专业的老师,对此也应有所思考。

进入21世纪,我国物流存在着巨大的发展空间潜力。中国物流与采购联合会首席顾问丁俊发曾经肯定地说过:"现代物流业是中国国民经济的支柱产业,将逐步形成新的经济增长点。"但由于发展时间较短,跟发达国家相比,我国物流行业发展相对滞后,形势不容乐观。而我国物流行业发展面临的最大瓶颈便是:懂得现代物流理念的专业人才极度缺乏。

由于我国物流管理专业教育起步较晚,传统教学偏重理论部分,而实践教学内容偏少,因此学生实践能力的培养欠缺,导致学生不能很好地将所学理论应用于实际来解决问题,最终导致高校培养的学生与社会需求脱节。尤其是缺乏对实践教学的重视,对实验的软硬件和实训设备的投入严重不足等因素制约着学生实践能力的提高,其中的问题主要表现在以下几个方面:

1. 重理论、轻应用,教学体系不成熟

物流学科中的许多理论、方法和规范都是来自于生产、生活实际运作过程中长期遵循的潜在或固定的规律和规程,而且更多的物流知识点都源于生产实际,然而更多高校由于师资结构、教学计划及实训经费等的限制,教师只能局限于抽象的课程讲解和逻辑推导,使物流这门与宏观经济、微观经济都密不可分的学科远离生产和生活。

另外,由于物流管理专业大多是从经济类、管理类专业基础上新增、转化而来,物流理论的研究与学科体系的建设滞后,授课内容与实际应用存在一定程度的脱节,没有优先考虑专业的高实务性和应用性,设置的课程缺乏技术性、工程性,学生得不到物流技术与工程的基础方面的训练。实践教学方法和内容比较传统,对学生实践能力培养的作用有限。多数实践教学以教师演示为主,学生动手少;以学生参观为主,学生体验少;以群体学习为主,一对一辅导少;教学内容上也没有与实践很好地结合。

不仅如此,大部分高校的物流管理专业并没有把实践教学列入教学计划中,没有形成系统的实践教学体系,学生实践能力的培养也仅限于课程实习和毕业实习,没有突出

物流管理的专业特色，甚至流于形式。再者，很多高校没有从培养学生实践能力的角度安排实践教学内容，而是从教学角度考虑得多一些，并没有认真调查社会对该类人才实践能力的要求，从而进行有针对性的培养。

国内大多数本科院校对学生实践能力的培养没有突出自己的特色。不同类型的学校在培养学生的实践能力上应有所侧重，像研究型本科院校、应用型本科院校和高职类院校对物流管理专业学生实践能力的培养应有所不同，重点突出各自的特色。

2. 校内物流实验室建设滞后，校外实训基地匮乏

物流设施设备一般都比较昂贵，学校要建好一个能供学生实际操作的实验室，动辄上百万元，如果没有足够的资金支持，单靠一个专业自身的力量来满足实践教学的这种需求几乎不可能。因此，只有少数物流类专业的学生能在学校的实验室内进行实践活动，更多学校只是引入小型系统设备进行演示，学生只能观看，不能实际动手操作。事实上，物流类专业可以与相近专业的实验室资源进行整合，如工业工程与管理专业与物流管理专业在实践教学方面有些交叉，某些实验室资源应该能够共享，但事实上却各自为政，甚至重复建设。

另外，很多高校都积极与物流企业建立合作关系，将其发展为实训基地，这是能给在校学生提供实操机会的宝贵资源，但现实问题在于很多实训基地只是徒有虚名。一旦学生真正进入实训基地实训，企业就要花费额外的成本来安排实习岗位和指导人员，而这些往往是无回报的，部分企业甚至要倒贴给学生生活补助费用。另外，企业本身有其正常的运营秩序，出于正常工作的需要，并不能大批量地接受学生参观或实习，只有在毕业实习时，企业才可能帮助学校安排适量的实习岗位。综合以上因素，企业在校企合作中显得积极性不够。这就需要学校拿出对双方都有利的双赢合作模式来推动企业对学生实践能力培养的支持。

物流实验室建设滞后，实习基地缺乏，物流类专业学生在校内得不到应有的实验训练，在校外也很难得到企业实践训练的机会，致使各高校目前的物流毕业生还只能称为"准人才"，不能成为真正的"物流人才"。物流管理专业学生的应用能力是关系到学生能否顺利就业的根本，也是制约物流业发展的关键因素之一，打造物流管理专业应用型人才目前的关键任务就是要构建科学合理的实践教学体系，强化实践教学的改革研究。

3. 师资力量薄弱

现在我国高校在教师聘用上"唯学历论"的现象突出，在招聘机制上设置的高学历门槛把不少真正懂物流实际运营和管理的技术型人才挡在了门外。当高校教师招聘从以前的硕士学历逐步提升为现在的博士学历的时候，招入的教师中应届毕业生的比例越来越高，而物流作为新兴的学科，本专业毕业的硕士、博士非常有限，很多招入教师来自经济管理类、交通运输类、机械工程类等外专业。从毕业前学校的理论学习到毕业后直接走上讲台授课，中间没有物流实践工作的经历，跨专业教学时，物流本专业系统的培训与研究的缺乏，使得不少老师在教学时不得不边学边教，摸着石头过河，这样当然无法负担起学生实践能力提升的重任。

不少学校都会聘请物流企业的管理人员、物流领域的专家或学者为本校的客座教授或讲师，聘请他们来校讲学，借此让学生更多地了解本专业的实际运用问题或前沿理论与方法。但这些外聘人员由于自身也有繁忙的工作任务，因此往往只能在一年里来学校开设几次讲座。而真正涉及实践活动的具体问题，并不是在一两个讲座里就能讲得透彻明了的。由于讲座本身的时间限制，原本涉及实际操作的具体问题，专家或学者只能浓缩为理论上的精华来讲，这样就又回到理论讲座上了，没有达到与实践紧密结合的效果。

4. 物流领域的培训机制不完善

"物流热"在《国务院关于印发物流业调整和振兴规划的通知》颁布后进一步升温，各种有关物流领域的培训不断涌现。面对如此庞大的市场需求，传统的教育模式无法及时和适当地给以供给，于是形式各异的物流职业系列培训和短期培训如雨后春笋般纷纷破土而出。

物流培训机构很多，培训层次也很丰富。不同主管部门，如人力资源和社会保障部、中国物流与采购联合会、交通运输部等会颁发各种职业资格证书，培训机构更是数不胜数。全国约37个城市和地区均设有"全国物流考试认证授权培训机构"。名目繁多的证书，如"现代物流岗位资格证书""物流师职业资格证书""物流人员基础证书""物流运营经理证书"等也纷纷出现。现阶段，主要有以下三种类型的物流培训：

（1）经过系统培训考试，对合格者由某一行政部门、行业协会或者事业机构颁发某种类型的岗位资格证书。为有效争取生源，各培训机构力争提高考试通过率，大多数培训机构利用应试教育的方法，通过画重点、讲习题来达到目的，大大降低了培训的含金量。有的学生虽然通过了资格认证考试，拿到了相关的资格证书，但是专业能力并没有得到提升，这种证书在就业市场上也因质量高低不一而不受用人单位的认可。所以，培训机构在物流人才的培养上并没有发挥其应有的作用。

（2）由一些大学的物流研究和教学机构开设系列培训课程，经过结业考试，然后颁发结业证书。很多人在完成了一段时间的培训后抱怨"学无以致用"。相比之下，在职物流人员培训后普遍反响很好，实践一接触理论就会使人豁然开朗。高校和研究单位办的物流短期培训普遍给人偏重理论、可操作性较差的感觉。

（3）由一些咨询机构从国内外知名的企业和大学聘请专家学者就一些物流界普遍关心的问题进行讨论，名为培训，实为研讨。

归纳来讲，目前我国物流培训市场主要存在两大不规范现象：①体系繁多，不同的政府部门有不同的物流培训体系，而实际培训内容又大相径庭；②教材不统一，师资不规范，不少非专业"照搬书本"的物流教师混杂。"物流培训"的概念虽在业界炒得火热，但是培训与实际脱节等问题应加以重视。我们呼吁有关机构从学历教育、认证培训及企业培训等方面来提高培训质量和机构层次，并热切盼望有关物流培训机构规范化、统一化的机制尽早出台。

5. 考核方式单一

在物流教学中，部分实训课程开展了模拟上机操作，但大部分课程还是利用传统的课堂讲授法。在考核方式上，传统的以书面考试的方式进行统一考核仍是主流，这种考核方式的弊端已为很多人批判过：一方面试卷的考核仍有很多记忆性的内容，使学生在复习过程中不求甚解，只求死记硬背考点以便通过；另一方面是未能真正有效地反映出学生对课堂内容掌握上的差异，影响了部分具有上进心学生学习的积极性。

三、培养提升物流实践能力的意义

目前物流业界普遍存在着企业对人才需求旺盛，但学校培养出来的物流人才却因物流实践能力不足，满足不了企业的需求这一矛盾。究其原因，主要是由于学校培养的学生与企业的实际需求脱节，学历与能力不符，证书与技能不符，出现了大量持有物流专业学历证书的"物流专业人才"难以胜任本职工作，造成了企业物流实践人才短缺与物流专业学生难以就业的两难处境。培养实用型、具有物流实践能力的高素质人才成为当前物流专业教育中迫切需要解决的问题。

1. 提高教育质量、培养创新型人才的重要途径

质量是高等学校的生命线，是高等学校持续健康发展的永恒主题。我国的高等教育已经进入大众化的发展阶段，内部环境的变化对我国目前的高等教育质量提出了新挑战，这引起了高教领域工作者的高度关注。当前，提高教育质量的落脚点和要解决的关键问题就是加快培养创新型人才。可以说，培养创新型人才是新世纪高等学校的根本任务，也是衡量一所学校教育教学质量高低的重要标准。对于物流管理专业的教学，培养创新型人才，必须注重学生物流实践能力的培养和提高。这是因为创新型人才必须具有创新型思维，而物流从业者的创新型思维不可能凭空产生，有赖于物流实践的锻炼和培养。因此，提高物流实践能力是培养创新型人才的重要途径。

2. 培养现代物流人才的应有之义

随着时代和社会的发展，现代物流人才的内涵和社会对物流人才的要求已发生了明显变化。仅从技术角度讲，由于科学技术综合化的发展，物流各个环节相互影响的程度越来越明显，这种情况下再把物流从业者严格界定为采购员、库管员、搬运工等显然是不合适的。因此，现代物流人才要求的是在原来分工基础上更全面的综合素质。如果不加强物流实践能力的培养，不重视物流实践能力的提高，这种以供应链管理为重要背景的综合素质是培养不出来的，培养现代物流人才更是无从谈起。

3. 现代化建设对物流管理专业学生培养提出的迫切要求

高校的人才培养应该以社会需求为导向。在我国现代化进程中，面对坚持走中国特色新型工业化道路、建设创新型国家的历史使命，物流活动作为经济社会中不可或缺的一环，物流管理专业学生的实践能力培养显得格外重要。大力发展现代服务业是实现经济转型、调整经济结构的重要举措，而物流业作为现代服务业的重要组成部分，其发展层次与水平是当前需要给予关注的重要课题。发展现代物流业，需要面向实际物流操作的高素质物流人才，需要物流专业教育加强实践训练，提高物流实践能力，培养出能深入第一线的物流从业人员，为现代化建设服务。

4. 当前国际物流学科教育的基本走向

长期以来，国际物流学科教育发展模式比较有代表性的有三种：①日本模式，既重视理论基础，又强调实践环节，强调物流人才培养的针对性；②美国模式，重视学校期间打好基础，毕业后进行实践操作，比较注意物流人才培养的适应性；③德国模式，强调实践性，大学学习阶段非常重视实践教学环节，在学校内完成物流实践训练。目前，上述几种模式出现相通、相互靠拢的趋势，即注意适度拓宽专业面，重视必要的理论基础，与此同时更多的是强调物流实践，把大学期间的实践性教学环节放在更加重要的位置，重视学生物流实践能力的培养。

第三节　物流实践能力培养的方式

随着全国物流建设高潮的掀起，物流人才作为物流复合型产业的特殊部分，其培养过程是一个比较复杂的问题。如何培养出能全面参与全球化竞争、推动我国经济发展的具有一定物流实践能力的人才，不断提高物流从业人员的素质，使其适应社会和经济的发展需要，这就需要对物流实践能力培养的方向、原则与方法进行深入的研究探讨。

一、物流实践能力培养的方向

现代物流作为一门新兴的学科，一方面由于其所涉及物流活动的专业性、多样性和复杂性，另一方面由于我国对物流理论和实践的研究还不够深入，其学科体系尚未成熟，人才培养体系尚不完善，在培养方向、课程设置、教材选择等方面往往与人才的市场需求脱节，使得我国目前存在着物流专业人才匮乏、物流从业人员专业素养不高、物流管理水平较低等突出问题。比较而言，发达国家的物流教育经过几十年的积淀，已经形成了学历教育和培训教育相结合的较为完善的物流人才教育体系，这对于我国物流人才的培养可以起到很好的参照与借鉴作用。

随着近年来我国经济的飞速发展，物流人才的需求也在不断增加，物流行业所面临的具有一定物流实践能力的人才短缺问题进一步凸显，并成为制约行业发展的一大障碍。与此同时，大批的物流专业方向高校毕业生走出校门，迈入社会，为物流行业提供了很好的供给和充足的人才储备。然而面对日益变化、竞争激烈的市场，物流实践人才的供需关系是否能达到平衡，具备专业知识但是缺乏从业经验的高校毕业生是否能够达到用人单位、工作岗位的要求，无疑对物流实践人才的培养模式和物流从业者素质的提升提出了更高的要求。这也就意味着，对于高校教育来说，以培养学生实践能力为重点，更好地进行课程设置、教学模式的改革将成为解决当前物流实践人才供需不平衡的主要手段。

物流是一门学科交叉面积大、所需知识范围广、具有很强的实践指导意义的学科，物流学科的专业课程很难在各个所需的知识领域都有深入学习。对物流专业的学生进行物流实践能力的培养，目标是加强其在专业知识方面的学习和认识。因此，物流实践能力的培养方向应呈多样化，专业方向从总体上可总结为两个大方向：一是培养能实现和提高物流运作的物流实践人才；二是培养能够利用先进物流工具和技术的物流系统规划与应用的实践型人才。其中，前者还可分为物流自动化工程和物流信息化工程两类，后者则可分为物流系统规划及应用和物流管理两类。

经调研发现，国内的大部分物流专业是院校原有的一些专业在物流方面的延伸，这有助于培养复合型的物流实践人才。例如，在物流信息化工程方向的物流工程类人才培养上，结合物流理论与计算机技术和信息技术来设计和开发物流信息系统；在物流自动化工程方向的人才培养上，结合物流技术与自动化技术解决物流系统和 3G/RFID 等的集成问题；在物流系统规划及应用方向的物流工程类人才培养中，结合现代化计算机和仿真技术等进行物流网络规划设计；在物流管理方向的物流工程类人才培养上，结合物

物流实践能力培养与提升

流工程和物流管理理论，同时利用信息系统和设备进行物流作业设计和管理。

此外，由于我国大部分物流发达的地区和经济发达地区是沿海地区，而这些地区对具有良好外语能力的国际化物流工程人才的需求非常大，因此对物流人才国际化的要求也日益显现，尤其是对海运规划、国际物流等相关专业人才提出了较高的要求。在这方面，物流实践能力的培养也应给予高度重视。

总之，物流实践能力培养的总方向是：培养掌握现代物流专业基本理论和知识，掌握现代物流的基本方法和技能，能够对物流信息进行收集、整理及集成应用，能够进行物流信息系统的开发与维护，能够进行物流装备的嵌入式应用开发，具有分析和解决物流运作问题的能力和对物流系统进行规划、策划、设计及优化的能力，能够进行企业物流网络分析与规划，能够熟练进行国际物流业务应用的复合型高级物流实践人才。

二、物流实践能力培养的原则

随着经济全球化和信息技术的迅速发展，社会生产、物资流通、商品交易及其管理方式正在发生深刻的变革，而物流是伴随着商品生产和商品流动而产生的，是随着市场经济的逐步完善而发展的。作为"第三利润源"的现代物流业在世界范围内的广泛兴起有效推动了商品经济的成长。

近几年，物流行业已经成为新的经济增长点，随着全国物流建设高潮的掀起，具有一定实践能力的物流人才作为物流复合型产业的特殊部分，其培养过程是一个比较复杂的问题，需要有实践和理论的逐步探索。物流实践人才的培养必须有创新的思维、创新的理念。"物流"是一个技术含量很高的学科：大型的物流中心和配送中心一般都有高度自动化的物流设施，建设前需要大量的物流技术人员进行分析和设计，建成后需要物流技术人员进行维护和管理；物流的载体——运输车辆、自动立体仓库、装卸搬运设施的建设等，也需要进行科学的规划和设计。

因此，在学生实践能力培养体系设计时应遵循系统性、全程化的设计理念，以学生为主体，结合院系的实际情况，突出培养特色、学生个性和创新能力，并具有可行性。

1. 面向需求并突出特色

物流人才培养的市场导向性特征是物流管理专业教育的重要特征之一。这是由物流管理专业人才培养目标决定的，社会对物流人才的需求会因时因地而变化，与一定的市场职业技术等条件有紧密的联系。高校培养的物流人才要得到社会的认可和欢迎，必须坚持以市场需求为导向，科学预测、未雨绸缪、适时超前地开办有发展潜力的专业。

不同物流类职业岗位对实践能力的要求有较大差异。例如，对一线员工要求以操作技能为主，对物流工程设计类岗位要求以设计能力为主，而对物流管理岗位则要求以分析、决策能力为主。因此，根据物流类专业设置和层次，在培养学生实践能力上应有所侧重。

物流实践能力的培养目标与模式应根据市场需求和学科理论的要求来确定，应重素质、重基础、重知识面的协调发展，应按照培养和提高学生创新精神和实践能力的要求，研究物流实践人才成长需要的知识结构，强化基础知识和实务技能，培养具备物流管理、规划设计等较强实务能力的高素质物流实践能力人才。

2018年，全国开设物流管理专业的高校共498所，开设物流工程专业的高校共122

所，开设采购管理专业的高校共 7 所。而物流管理专业的设置也有所不同，有的设在管理科学与工程学科下，有的设在工商管理学科下，这样一来，即使同为物流管理专业，不同学校学生培养的特点有所不同，有的侧重工商管理，有的侧重管理科学，因此对学生实践能力的培养也有所不同。

2. 相互渗透

根据目标培养体系的要求，实践能力培养在纵向上有相应的层次性要求，在横向上有相互关联的系统性的要求。例如介绍仓储技术方面，物流学概论、物流设备与物流技术、配送中心设计与规划以及物流系统分析与设计等都会涉及相关的这个"点"，但彼此从实践能力要求体系上既有联系，也有层次方面的不同。那么在进行这个"点"的相关实践环节培养时，就可以在相互渗透的基础上注重区别，完成专业课程相关的课程实验，进而完成阶段性的综合实践，甚至具有一定目标的创新设计性实践。

通过相互交融和各层面循序渐进地对学生进行实验实践能力的训练，帮助学生掌握本专业的基本理论、基本知识点的实践技能，更能促使其具备科学研究的基本能力，再通过创新能力训练，形成加强学生实践创新能力培养的体系。

3. 互动反馈

实践能力培养体系是创设一个生生不息、循环递进的教学环境，而导致这个环境以及环境中培养主体的进化发展的主要因素应该是环境的反馈系统，需要形成培养对象与环境间的良性互动，形成实践场所（企业等实习基地）与培养单位的良性互动，实现已毕业学生与在读学生的良性互动。

许多高校物流实践教学采取的是联系一些物流企业，看看人家的物流设施，以及参观一些可以不保密但价值不高的物流作业流程（学生对这些可能早就了解了）。而企业本身由于经营风险很大，不愿让学生直接参与实际物流运作或管理过程，导致学生参加各类专业实习时，大多停留在"走马观花"的状态。即使部分企业让学生参与某一物流活动的实际管理，学生也无法了解企业物流管理的全貌。因此，要做到企业与学校的良性互动、循环递进，不是每一届学生在到企业实践时都是从"零"开始，而是注重积累，每一次实践活动都有一些反馈和提高。在指导教师的引导下，学生发掘问题，为企业解决实际问题，开发校企维系沟通的长久渠道或平台。而上下年级、已毕业同学和在读同学的良性互动也是塑造好的培养环境的一个关键。良性互动对增加信息量、减少后来者的盲动、提供借鉴提高的捷径是相当有益的。

另外，对物流实践能力的培养应形成完善的教学流程和管理制度，真正将学生实践能力的培养融入教学计划中，安排特定学时进行培养，认真实施；进而对学生实践能力进行评价和考核，提出考核不合格的改进措施。值得强调的是，学生实践能力培养方案的设计并不是一项一蹴而就的工作，需要根据专业发展、学生培养效果和社会需求不断进行优化。

4. 完善体系

构建整体的实践教学体系，重视"点"的实训，更强调"面"的融合。所谓实践教学体系，是指围绕专业人才培养目标，基于系统论的原理和方法，对组成实践教学的各个要素进行整体设计，在制订教学计划时，通过合理的课程设置和各个实践教学环节（实验、实习、实训、课程设计、毕业设计、创新设计、社会实践、参与科研等）的合理配置，建立起来的与理论教学体系相辅相成的结构和功能最优化的教学内容体系。

培养物流实践能力的实践教学体系，应着眼于拓宽基础、突出创新、注重能力，根据"厚基础、宽口径、强能力、高素质、广适应"的原则优化课程体系，更新教学内容，形成结构合理、相互衔接、功能互补的物流课程体系，以培养出基础扎实、知识面宽、能力强、素质高的专门人才。

构建实践教学体系，必须整合各实践教学环节，把培养学生综合实践能力的实践教学作为一个整体考虑，根据人才培养目标和培养规格的要求，结合专业特点，制定具体的实践教学环节、教学目标，构建综合实践能力整体培养目标体系，通过各实践教学环节的落实来保证整体目标的实现。

实践教学体系的建设同时也是一个目标体系的建设。目标体系既在一定程度上决定着实践教学体系的内容，又取决于实践教学体系的整体功能水平。在确定实践教学体系的目标时，应充分考虑学生身心发展规律，遵循教育教学规律。实践教学体系的目标具体可包含以下三个层面：①加强基本实践能力，帮助学生加深对理论课程教学内容的理解，以培养学生进行科学实验的基本能力；②提高综合实践能力，培养学生综合应用所学的理论知识和实验技能解决实际问题的能力；③发展创新实践能力，培养学生综合应用所学知识和能力，对选定的问题进行分析、提出解决的方案并通过一定的实验实践进行研究的能力。

三、物流实践能力培养的方法

在物流知识传授的过程中，理论与实践的结合十分必要。对学生来说，实践一方面有助于学生对抽象物流知识点的理解，另一方面有助于激发学生对物流学科的研究热情。高校进行校内、校外双重实践教育模式：在校内展开高级物流技能等级培训、自动化物流仓库实体实验、企业物流及海关流程实验、基于 AutoMod 和 Flexim 仿真平台的虚拟实验以及不定期的与物流专家面对面交流等；在校外充分依托校企合作的实训机会，将课堂转移到实训基地，进行跨区域、多类型的物流企业实践学习和生产企业物流学习。

1. 延伸教学场地以拓展教学资源

校企合作被认为是培养学生实践能力的一种有效方式，但目前学校与企业的合作更多只是停留在初级层面上，深层次的合作还很缺乏。主要原因是目前校企合作时企业给学校实践教学的资源和环境都是免费的，这种没有回报的付出使企业在合作时缺乏积极性。

在这种情况下，建议学校把学生学费的一定比例提取出来交付给合作的物流企业，作为实践教学基地的合作费用，这笔费用可以用来购买企业使用过的旧设备，建设学校的实验室，也可以用来支付企业讲解或培训人员的劳务报酬等。

（1）学校可以以较优惠的价格从合作企业手中购买闲置的或者较旧的物流设施设备，一方面给企业解决了废旧资产闲置的问题，另一方面学校可以在实验室的建设上逐步完善，给学生提供校内实际操作、演练的机会。

（2）学校可以支付相应的市场报酬的方式请企业的人员对师生进行实际操作方面的职业培训。一要强调培训要包括老师，因为直接从学校毕业走上讲台的老师对这一块也是无经验的,需要对他们这方面的能力进行培训。二要强调并不是一次性针对全体师生,那样工作量太大。可在每一次培训时安排在此方面无实际工作经验的老师轮流接受培训,同时这种培训也主要针对大三、大四的高年级学生进行,可选取一个年级中专业功底扎实、实际动手能力强、具有上进心的同学 5~10 名,和轮训老师一起接受企业的专业职业培训。待培训结束后,轮训的老师作为带队老师,组织和指导已接受培训的学生对自己班级的学生进行全面培训,具体是一个班级一次性培训还是分批次培训视班级规模来定。

(3) 学生在接受完培训后,以模拟招聘的方式去应聘合作企业的实际操作岗位,应聘成功后,在固定的时段在企业工作人员的指导下进行物流业务的实习。实习作为学生毕业必须修取的实践学分,这是强制性要求,而且整个企业实习阶段像其他理论课程阶段的修读一样,需要有企业指导人员的合格评价才能取得学分,实习阶段的相应工作也是无偿的。这样虽然给企业增加了一定的额外工作量,但实习学生或多或少地也能帮指导人员分担一部分工作,在一定程度上提高了他们在指导过程中培养实习学生实践能力的积极性。

(4) 老师更应在校企合作中提升对物流实务操作内容的认知能力。老师和学生一起到企业里挂职锻炼、顶岗培训,以取得工作第一线的实际资料,以此丰富自己的课堂内容。同时,学校应保持和企业培训人员、高层管理人员的密切合作,不能仅要求他们一年只开一两次讲座,还应要求在周末或平时许可的时段真真正正地给学生上实实在在的课,讲讲真实完整的企业实况,从实践的角度传授给学生技能。

(5) 企业如有相应的研发项目,也可以邀请在校师生参与。对于一些大型项目建设、系统设计等,可以从广大师生中征集设计思路或解决方案,对那些给企业研发提供关键性思路或建议的师生给予一定的奖励。这样一方面可以使企业集思广益,获取更多的信息;另一方面也使得师生更有效地学以致用,增强解决实际问题的能力。

(6) 加强物流实践能力的培养,提高实用技能,也必须将先进的现代化教学手段引进课堂。应对传统的教学模式进行改革,提高学生在教学过程中的参与意识和主体地位,把交互式教学、启发式教学、案例教学、模拟教学等教学方法融入教学中,通信视频技术、网络技术、多媒体技术等现代化教学手段要广泛应用到教学中,加速物流知识的传播和更新,使物流教育突破传统的课堂教学。另外,要重视物流实验室建设,为实验教学、师生科研以及实践教学体系的实施提供良好保障,逐步建立现代化的多媒体教室和模拟第三方物流实验室,配置物流管理软件系统及物流硬件设备等。

2. 丰富实践层次以拓展培养方向

以不同经济区板块的重点城市为区域物流行业调查切入点,以点带面,全面了解整个经济区内物流行业发展状况和特点,放宽学生物流学习和就业的视野,使其切身感到经济区域发展与物流行业发展的紧密性。在开展物流专业的认识实习时,可以分别设计安排在内陆城市和港口城市。在内陆城市的实习、学习中,学生对内陆城市物流发展状况可以进行一定程度的了解;在港口城市的实习、学习中,学生对沿海港口城市物流发展状况有了崭新的认识,对空港物流、港口物流、保税物流等物流职能和作业有了真实体会,对大规模、机械化、信息化的现代港口物流运作有了直观理解,完善了校内物流知识体系,对港区物流行业发展有了深刻的认识。

物流实践能力培养与提升

现代物流包括运输、仓储、装卸搬运、流通加工、包装、配送及信息服务等环节,同时企业供应链管理与物流过程密不可分,采购物流、生产物流、销售物流、金融物流及第四方物流(4PL)服务等新型综合物流服务广泛应用于社会经济发展中。因此,单纯在某一物流企业实习很难对整个物流过程一窥全貌,进行多类型物流企业实习可以将物流知识与实践有效结合,并加深对物流专业知识的认知。在不同类型物流企业实习过程中,学生可对已学物流知识和实际物流形式有实际认知,并对金融物流、国际物流等新兴服务有初步认识。例如参观大型区域性陆路运输枢纽,可以学习一站式综合物流服务的模式;参观以海陆空国际货运代理业务为主的国际化大型物流企业集团时,可以学习金融物流、多式联运、国际物流等特色物流服务;在参观铁路运输的物流中转站时,可以学习到大宗货物铁路运输及中转服务的相关内容等。

生产企业物流过程不仅仅局限于生产物流,还包括采购物流、销售物流等,所涉及的物流服务更具有行业代表性,如烟草物流、图书物流、医药物流和冷链物流等。因此,进行生产企业物流实习对物流专业的学习和理解更有必要,而且通过访谈及参观,对企业内部管理模式和现代技术应用情况也会有更新的认识。

3. 调整教学体系并强化实践训练

物流是一个复合性要求很高的新兴交叉学科,需要从系统的观点对物流规划、物流管理、支持物流系统运行的物流自动化和物流信息系统进行很好的结合,因此,很多大学多通过与原有的工业工程、系统分析、计算机科学和管理科学等专业结合来发展物流工程专业。

物流专业教学体系的设计与调整多是校内教师参考其他院校的教学计划形成的,此时可能在实践能力的培养方面有所忽略,建议学校聘请校外的物流企业家、专业培训讲师和行业协会代表等有更多实践经验的专业人士参加专业教学体系的设计。他们在设计理论体系时必然与自己的实际工作相结合,提出一些完善性、创新性的建议,使学校教学体系的设计与社会实践的结合更紧密。

物流人才实践能力的培养必须打破传统的学科教育体系,强化实践操作和技能训练。可在一年级强调英语和计算机基础能力的培养;二年级开始物流基础知识的讲授,以参观、演示、模拟操作等多种方式加强学生对专业内容的认知和理解,同时可开展物流管理知识、物流技能大赛等活动提高学生学习的积极性;三年级主要利用系统的案例分析来培养学生理论结合实际的能力,组织学生多参加创业大赛、物流设计大赛等活动,提高实践能力;四年级则以专业实习为主,在物流企业真正地顶岗实习,在基层工作中积累实践经验,为毕业后走向社会打下基础。

培养物流实践能力,关键是教师的业务水平尤其是实践水平要提高,有了高水平的教师,才能培养出应用能力强的学生。应以全面提高教师整体素质为核心,坚持引进与培养并重,造就一批具有较高技能的实践性教学师资队伍。一方面可通过让理论知识较系统的在校教师分期分批到企业顶岗实习,掌握本专业的技能,在实践中成长;另一方面也可以根据需要聘请一部分在企业生产管理一线的工程技术和管理人员担任兼职教师。

4. 链接培训机构来发挥整体效用

目前,学校和培训机构两者对人才的培养是各自独立的。培训机构主要是服务于职

第二章 物流实践能力理论

业资格的取得，职业等级证书的认证，属后续教育领域。学校和培训机构在人才培养上各有优势和特色，如果能够打破各自为政的局面，将双方资源进行整合，把理论知识与实践能力的培养有效结合，对物流人才实践能力的提高将具有十分重要的意义。

学校本身就具有偏理论教育的特点，而培训机构在进行相应职业资格、职业等级培训时，大部分也是进行理论培训，而且有很多培训讲师就是学校里的老师，这一部分内容培训机构可以外包给更擅长此方面的学校来完成；培训机构还有实操方面的业务培训，他们具有实操培训的设施设备和案例资料等条件，而这些正是有的学校欠缺的，学校则可以同样以外包的形式将此交由培训机构来完成。小而全、大而全并不是好事，只有学校和培训机构都专攻其擅长的，才能发挥更大的整体效用。

另外，还可由政府对各省市较典型的物流企业投入实践人才培养专项基金，帮助企业建立较为完善的物流人才实训基地，更规范地进行物流人才实地操作的培训；同时，政府也应给这些为教育事业投入一定精力的企业某些经济政策上的优惠，以鼓励更多的企业承担起人才培养的社会责任。

5. 考核方式多样以综合考察能力

老师对学生的考核应由期末卷面的单一考核方式向能力考核为主、常规考试与技能测试相结合的考试制度转变。在考核时应加大平时的考核比例，弱化期末成绩的影响。在平时，对一些需要拓展的内容让学生课后收集资料进行整理，在课堂上进行陈述；对一些需要理解分析的问题，让学生分小组课后或课堂上讨论，提出相应的解决方案；对于实训方面的课程，则分阶段检验实际操作的水平；除了以试卷考核外，还可以以口试、调查报告、分析报告、论文等方式结合考核，将不同阶段的考察结果按一定的权重加权后得出考核成绩，避免期末一刀切使得学生只在考试前突击以求勉强过关的不良现象出现。

对于高校来说，理论与实践相结合的物流人才储备更应着重强化物流实践能力的培养。通过在校内外的探索性实践，尤其校外的校企合作实训，可以考虑开展多层次多方面的物流实践能力培养模式，从校内和校外两个方面提出物流实践能力培养的关键环节，尤其对校企合作的实训企业类型进行分析和必要性及可行性论述，对高校物流人才储备具有一定的指导意义，对其他学科的实践能力培养也具有一定的借鉴意义。

第四节 物流实践能力培养的典型案例

发达国家的物流教育经过几十年的积淀，已经形成了学历教育和培训教育相结合的物流人才教育体系，能够有效地满足物流人才需求的多样性。欧洲物流协会统计数据显示，欧洲2000年就有87所大学开展物流高等教育，其中54所大学设有物流管理或供应链管理硕士和本科专业，另外33所院校在其他专业培养方案中，开设有物流管理或供应链管理的课程；美国的加州大学伯克利分校、麻省理工学院等共计50多所大学开设了物流管理专业；德国科隆大学、英国克兰菲尔德管理学院、瑞典斯德哥尔摩经济学院、日本早稻田大学、日本流通经济大学、新加坡国立大学等都开设了物流管理本科专业。

就课程体系的设置方面而言，国外物流课程的设置一般是基于配送和运输等物流核

物流实践能力培养与提升

心要素开展的，典型课程包括物流战略、物流系统设计、运输与仓储的规划管理、配送信息系统及应用软件的开发与使用。其中，商学院设置的物流管理专业强调供应链管理，课程包括供应链管理技术和应用、供应链物流战略与应用、战略采购与供应链管理，也包括相关的分析管理技术和方法，如仿真技术、统计学、运筹学、管理会计、人力资源管理以及法律与商业之间的交叉学科。

此外，发达国家除了在高等院校培养物流专业人才外，各种非正规的培训也非常普遍。物流行业协会开展物流职业教育，开设的课程既涉及整个物流流程，又各具专业针对性，有明确的培养目标和课程大纲，能够使学员有针对性地去选择所需课程。同时，欧洲国家、美国和日本等国都建立了物流职业资格认证体系。欧美相关物流专业协会的研究表明，欧洲及美国物流人员接受本科教育的比例相对稳定，而接受研究生教育和本科以下教育的人数有所减少；同时，物流人员中接受专门培训和获得物流职业资格证书的比例有所提高。此外，调查数据还显示，物流人员的知识结构不断变化，其趋势是物流专业知识和工商管理知识的需求显著增加。就欧美企业整体需求而言，管理工程、工业及信息技术的教育占有越来越重要的地位，物流人员需要掌握更多的企业管理和现代科学技术知识；就在职人员渴望的培训内容而言，调查研究表明，信息技术、国际物流供应链及财务管理是重点。

一、美国麻省理工学院的物流实践能力培养

麻省理工学院（Massachusetts Institute of Technology，MIT）是美国一所综合性私立大学，有"世界理工大学之最"的美誉。MIT 院长在年度报告中指出："在当今的背景下，MIT 将其人才培养目标定位为要培养不仅具有扎实的理论基础，有发现和解决实际问题以及与人合作的能力，并且能更好地服务于国家和世界的 21 世纪的工程领袖。"

MIT 的物流与供应链课程设置目标体现着时代的特征，与社会经济发展、人类需求紧密结合。MIT 的物流与供应链课程设置结构由必修课、信息交流课、专业核心课、专业领域课程、实验课程和提高类课程六部分组成。强调基础课程与以项目为载体的课程以及实验课程同等重要，既给学生打下了良好的知识基础，又提供了实践应用的机会。MIT 斯隆商学院为了使学生能够获得综合性的知识和实际动手能力，规定必修课中学生要选择自然科学、人文社会科学、技术、实验等方面的基础课程；同时，还必须学习以交流为主要内容的信息交流课，以便适应未来解决实际问题的需要。

另外，MIT 斯隆商学院凭借其科研优势采取了利用课余及假期加强学生的工程实际训练的办法，他们现在实施了三个计划：①本科研究导向计划（UROP），在教授指导下做一些研究实验，可吸收 70%~80% 的本科生；②本科实践导向计划（UPOP），与企业结合，组织学生参与某项设计或工程实践，目前有 30% 的本科生参加；③技术创业计划，只是少数优秀学生参与，探索创新，甚至允许办个小公司去实施。这些课外实践被统称为 Co-curriculum，不影响课程学习，是自愿参加的，四年累计总时间可能相当于全部课时的 1/3 左右。这些计划在培养学生能力方面起了很大作用。

二、法国高校的物流实践能力培养

法国是世界第一所工程学校 Ecole des Ponts et Chaussees 的发源地，被称为"顶级

工程师的圣地"。200多年来，法国的高等工程教育经历了曲折的发展，并逐渐以精英教育的体制在世界上形成了其鲜明的特点，不仅成为国家领导人和诺贝尔奖获得者的摇篮，也为法国的社会发展和社会服务做出了杰出贡献。

法国高等院校开设了运输和物流专业多种形式的教育培训，并有向职业化教育发展的趋势，主要为生产型企业和运输企业培养运输与物流领域的人才。ITIP（法国国立国际运输与港口学院）提供两年制课程项目培养该领域的技术人员和管理人员。不少院校还开设了该专业的职业课程。阿尔图瓦大学Bethune分校开设了质量、工业物流和组织专业的大学技术文凭课程，格勒诺布尔第二大学的商业与销售大学职业学院设置了信息系统管理硕士专业，艾克斯-马赛第二大学设立了管理、物流与战略硕士学位。另外，有一些工程师学校也开设了相关的硕士课程。例如，ENPC（国立路桥学校）通过一年一度的竞考选拔外国工程师专业学生在该校城市、环境和交通运输学院就读工程师第二年的课程，法国国立高等航天航空学院（ESTACA）开设交通运输工程欧洲硕士专业（航天、汽车、海运或空间技术方向），勒阿弗尔大学下属的物流高级研究学院则是全法唯一有资格授予物流专业工程师文凭的院校，诺曼底管理学院开设了支持链与物流管理专业理学硕士课程，马赛欧洲地中海管理学院设置了国际海事管理硕士课程项目。

法国的教育工作者非常清楚物流学科教育的核心就在于它的实践性，使学生在校学习时能接受大量的实践训练。法国物流学科教育的成功之一就是注重教学与实际密切结合，主要表现在：①与物流企业共同制定课程，教学内容根据企业的物流业务需要不断调整，所以法国物流学科教育没有指定的教材和课本，只有老师的讲义，学生需要有非常好的记笔记的能力；②相当大一部分教师是聘用的经验丰富的企业物流岗位人员；③学校里设有与物流、交通、供应链专业相应的工作车间及实验室，学生可以自己设计制作产品；④让学生搞课题研究，研究题目都来自物流行业的实际问题，由于规模小学生少，这些事做起来相对容易；⑤越来越多的物流学院、科系都办有与自己专业相关的下属企业，企业物流技术人员参与教学，学生通过实习参与企业物流管理活动。另外，学生实验中所采用的物流设备等，都是实际物流作业系统中真实采用的。他们认为，这样培养的学生，将来在从事物流相关工作时会有很好的适应能力和开拓能力。

三、德国马格德堡大学的物流实践能力培养

理论课程与实践课程结合的典范当属德国。德国的高等工程教育体系分为理工科大学（TU/TH）和应用技术大学（FH）两类。TU/TH属于研究型大学，培养偏重理论的大学文凭工程师，学制一般五年左右，培养过程偏重于科学与研究方法；FH属于应用技术类高校，培养的重点放在实际生产与运用上。但不管是理工科大学，还是应用技术大学，都体现着重实践过程、重方法训练、重能力培养的特点。

德国是物流教育水平比较先进的国家。马格德堡大学于1997年设立物流专业，物流专业学生通过十个学期的学习，获得物流硕士学位。该校物流专业教学计划中，实践能力的培养占有重要的地位。大一学生入学后一个月，先到企业参观，实践能力的培养从第二学期开始，一直持续到第十学期，每学期都给学生布置很多实习作业。从第二学期开始，学生在物流实验室做物流项目实验，第五学期做物流学的实验，第六学期做配送中心实验，第七学期在企业实习，第八学期进行物流控制实验，第九学期做物流系统

物流实践能力培养与提升

规划,可见他们非常重视物流实践能力的培养。

物流专业实践教学形式多种多样,丰富多彩。主要实践教学形式有企业实习、实验室实习、案例分析、虚拟游戏、角色扮演、项目教学、计算机建模等。除第七学期在企业实习外,其余学期都是在校内通过实验、案例分析、虚拟游戏、角色扮演、项目教学等来完成物流实践学习。

1. 项目教学

以行动为导向的项目教学法,不是针对一个具体的教学内容来组织教学,而是将一个相对独立的任务交给学生独立完成。从信息的收集、方案的设计与实施,到完成后的评价,都由学生具体负责,教师只起到咨询、指导与解答疑难的作用。通过每个项目的现场实践,使所有学生能够了解和把握完成项目每一环节的基本要求与整个过程的重点难点。马格德堡大学物流专业学生的大学整个学习时间分为两个阶段,第一到四学期为基础学习阶段,第五到十学期为高等学习阶段。在基础学习阶段和高等学习阶段都有项目教学。基础学习阶段有三个项目,主要培养物流核心能力,一般以小组形式进行。每个项目完成后,每组学生要上台做报告。这三个项目是:①流量分析。包括车流量、生产车间部件流量、建筑废料流量、大学食堂人流分析。要求学生采集数据、处理数据。学生必须自己决定选择什么方式获得数据和用什么方法处理数据。②文献查阅。根据课题查找相关资料,培养研究能力。要求学生在图书馆查阅30种书籍,其中20种必须是近五年的期刊,目的是让学生不局限于教科书。根据课题写的小论文要求注明参考文献及出处,学会科研方法。最后要求学生做演讲,培养学生自主学习及培训的能力。③角色扮演。学生自己制定游戏规则,分组进行对抗赛,评选出最好的组并发奖品,其目的是让学生在学习中得到乐趣并获得知识。实习项目的安排,重点是培养学生的基本能力(分析、调查、统计、观察、学习、模仿能力),即"实践能力"。

进入高等学习阶段,有四个项目,主要是培养学生的创造力和团队精神。要求学生根据自己所学的知识,按照职业环境的要求,拟订具体的方案。每个项目需要团队协作才能完成,这有助于培养学生的团队协作精神。这四个项目是:①虚拟项目模拟,如仓库系统模拟。在实践中出现问题时,要提出解决方案。②运输方案比较。一般题目是运输某货物到某处,运输中出现了问题,要求学生通过讨论,提出解决办法,制订运输方案,并计算成本、做报告。这些问题都是物流活动中可能出现的问题。如果做得好,就将此方案交给企业,能得到报酬。所有的学生团队都能拿到一个项目来做。③知识准备。学生准备某一领域的所有知识。④计划方法。第三、第四个项目可由学生任选一项操作。要求学生所做项目的内容都是实际工作中的问题,如旧房拆除、垃圾处理。德国很注意环境保护,回收物流做得很好。在旧房拆除项目中,学生要学习怎样拆除旧房、废物如何利用。

2. 虚拟游戏

马格德堡大学物流专业教学中也常常使用虚拟游戏,人为营造环境或情境,使学生能够在模拟真实的职业氛围中学习职业必需的知识、技能和能力。物流企业有其特殊性,学生很不容易直接参与企业物流的操作过程,弥补的办法是在物流专业的学习中,通过虚拟游戏,模拟物流过程,在企业物流和供应链管理的学习中引入游戏,模拟企业生产过程、供应链管理过程等,使学生能充分了解企业生产过程各环节中物料的流动情况,以及供应链各环节的联系。模拟企业实际运作一段时间后,学生讨论运行中出现的问题,提出改进的方案,再模拟运行一段时间,再提出改进措施,再运行。模拟企业运行一个周期后,学生集中讨论运行中存在的问题,如企业库存量太大,导致库存成本增加;或不能及时给顾客送货,顾客不满意;或信息流动缓慢、市场反应慢等问题。将这些问题集中分析,提出改进的措施。

虚拟游戏常常和角色扮演结合使用。在游戏中,学生可以交换扮演不同的角色,分别扮演供应商、生产商、顾客,熟悉各个角色的任务和职责。通过几轮练习后,学生熟悉了企业整个生产和供应链管理流程,学会了如何管理企业生产和物料流动过程。

实施虚拟游戏一般有三个阶段:①准备阶段,教师介绍游戏的目的、各角色任务,并把学生分成几个小组;②游戏过程,做游戏,并得出游戏运行结果;③反馈阶段,将结果与目标进行比较,分析未达到的原因,提出改进措施和方案,应用于下一轮游戏。

3. 角色扮演

实验室实习和企业实习是实践教学中的重要环节。马格德堡大学学生是在第七学期进行企业实习,学生整个学期中都要到企业顶岗实习。而实验室实习是在物流仿真实验室中采用"角色扮演法"进行。

该大学仿真实验室尽量模仿真实的企业环境。例如模拟一个配送中心,学习配送中货物拣选练习时,就采取角色扮演法。把配送中心分成销售、仓库、包装、出货、送货等部门,学生分成小组分别扮演顾客、生产商、配送商、销售员、配货员、仓库管理员等。通过练习,熟悉订货方式、仓储管理方法、信息流,培养团队合作精神。运行过程有顾客订货、销售部门接受订货、仓库配送中心根据订单要求给货、分拣人员拣货和出货、配送员取货并送货给客户。同时,根据库存信息向生产商订货,生产商供货。最后要做评估,评价收到的顾客订单数是否与送货数相匹配,所设计的信息流节点是否合适等。实验结束后,讨论实验中出现的问题,提出改进方案,再次实验。整个配送模拟过程不用计算机操作,而用人工模拟,其目的是让学生熟悉整个过程。

4. 计算机建模

在马格德堡大学实践教学中,还经常运用计算机建立模型的教学方法。该校使用的物流三维仿真软件不是购买的,而是自己开发的,因而对物流教学的针对性、实用性较强。马格德堡大学教师自己开发了模拟动画软件,用于模拟企业生产流程、生产系统以及建模。学生在实验室利用模拟动画软件,可以进行物料流控制的实验和物流系统规划。

德国大学物流专业重视实践教学和学生能力培养,在教学中尽可能地模拟真实的职业环境,这无疑将为学生未来的就业奠定良好基础。

四、日本早稻田大学的物流实践能力培养

日本是世界上物流现代化水平较高的国家之一,并且是工业化生产与物流管理相结合最为有效的国家。在日本许多大学都设有物流专业,许多大企业也都设有专门的物流研究、咨询、培训机构。物流教育和培训已形成体系,有效地解决了物流实践人才短缺的问题。

日本早稻田大学物流专业课程体系将知识传授与能力培养有机地结合在一起。其物

物流实践能力培养与提升

流教育从总体上大致分为基础课程、专业引导型课程和两类专业课程。基础课程以英语、数学、物理为主；专业引导型课程主要包括运输总论、环境总论；第一类专业课程主要包括材料力学（包装试验）、计算机工学、交通计划论、交通经济论、信息处理、运输信息开发实习；第二类专业课程主要包括物流管理论、智能工学、物流系统论、国际交通论、信息系统论、信息环境论、环境经济学、运输信息开发实习、海上运输系统论、港口工学。

从早稻田大学物流专业课程体系安排上可以看出，专业课课程设置不仅强调多元化，而且突出特色，在"宽口径、厚基础"上下功夫，使学生打下扎实的知识基础。整个课程体系设置使数学、物理、计算机、物流管理、情报开发、环境经济学等多方面的知识形成一个有机整体。课程设置中不仅包括运输情报开发实习、包装试验等实践研究型课程，还包括海上运输系统论、港口工学等有特色的学科。这样的课程设置使学生知识面较宽，可以适应物流领域的多方位需求。

五、新加坡高校的物流实践能力培养

服务的专一性是新加坡物流企业能够提供高质量服务的重要原因。它们要么专门为某一行业的企业提供全方位的物流服务，要么为各行业的客户提供某一环节的物流服务。新加坡港口、机场附近均设有自由贸易区（保税区）或物流园区，提供集中的物流服务，在园区内就能找到运输、仓储、配送等各个环节的专业物流商，极大地方便了客户联系业务。例如樟宜国际机场附近的物流园，吸引了数十家大型物流公司进驻，达到了较好的规模经济效果。新加坡现代物流业已经转向"量身定做"的服务，以满足每个客户的不同需要为出发点和最终归宿点，服务范围之广之细可谓空前。公司和客户共同研究、选择出一种或几种最理想的服务方式，最终找出能最大限度为客户提供服务的低成本的解决方案。

因此，注重人才的培养、注重物流业的人才培养也是新加坡物流业可持续发展的重要方式。新加坡政府以讲座的形式向学生及公众介绍物流技术的最新发展，推出了政校合作、国际交流等多项物流人才培训计划，并配合市场的实际需要推出广泛的专门人才训练课程。高校也与政府、物流专业机构、协会或商会合作，推动举办物流展览会、研讨会，促进国际交流与合作。新加坡政府在新加坡国立大学和南洋理工大学等高等学府设立物流硕士课程，其宗旨在于培养、培训对采购、供应链、运输、物流、生产与库存管理各个环节都能够驾驭的应用型和专业型"双料人才"。

经济越发达，贸易越活跃，物流越是显得格外重要和不可或缺。经济全球化和贸易自由化是未来世界经济发展的主题，这给了物流一个更专业和更深广的发展空间。如今，新加坡国立大学和南洋理工大学的物流专业已经处于亚洲前列，而且成为区域物流人才培养的重要基地之一。

第三章 用人单位对物流实践能力的需求分析

随着我国现代物流产业的快速发展，对物流人才的社会需求也急剧增加，中高级物流人才的短缺越来越成为制约物流发展水平提升的瓶颈。高校物流学科在培养物流人才的过程中，不仅要注重理论知识的积累，更要关注用人单位对物流人才实践能力方面的需求。

第一节 用人单位的物流岗位设置

一、物流相关部门的职能范围

用人单位的物流组织活动首先应明确其管理的职能范围。关于物流相关部门的职能范围，虽然各个企业各不相同，但基本都包括物流业务与系统协调两大部分。物流相关部门的具体职能见表3-1。

表3-1 物流相关部门的具体职能

职能种类	职能描述	
计划职能	初级：根据企业总目标的要求，制订本部门的经营目标和物流计划；制定和完善物流业务管理规程	
	中级：为实现企业物流经营目标和计划任务，制定相应的策略和措施	
	高级：规划和改进企业乃至整个供应链物流系统	
协调职能	初级：经常与业务相关部门交换信息，调节物流活动	
	中级：强化与企业生产、销售、财务、研发、信息等部门的紧密配合	
	高级：发展与客户、合作伙伴之间的物流协同，建立长期合作关系	
业务营运职能	初级：组织、监督本部门各业务环节按计划开展日常业务，并进行简单统计	
	中级：评价物流工作计划和任务执行情况	
	高级：归纳并分析业务运营状况	
教育职能	定期开展物流相关人员培训	

二、物流相关部门的岗位设置

为实现以上业务职能，企业应该根据其组织机构特点设置相关的岗位。目前，我国企业的物流管理组织形式可划分为业务科室式、物流总部式、物流子公司式和事业部式四种。

1. 业务科室式

业务科室式是一种传统的物流管理模式，针对物流业务分散在不同企业业务环节的特点，因地制宜地采取分散的业务管理方式。相关物流岗位包括针对业务营运职能的运输、仓储、配送、采购、供应等业务员与业务主管岗位。这些岗位从属于各个企业业务环节，岗位职责应服务于其从属的业务环节绩效目标。

2. 物流总部式

物流总部式是把企业的全部物流业务，统一由企业的物流总部负责总体规划、设计、管理、调度和指挥。物流总部与生产、销售、财务等其他各职能部门处于平行位置，对企业决策层负责。物流总部的岗位设置主要包括总部经理、各项业务的主管与业务员。

3. 物流子公司式

一般是由企业独资或与社会上的物流企业共同出资建立一个独立核算的公司，母公司占大股，物流子公司的业务优先服务于母公司的业务需要，子公司的主要领导也可以由母公司派出，但子公司的管理和业务经营由子公司自行决定。这样做增强了子公司自负盈亏的责任，在承担母公司物流业务的同时又能对外承揽业务，具有专业化经营、业务水平和专业管理水平提高快、竞争力强的优势。物流子公司的岗位设置主要包括子公司总经理、各业务部门经理、主管和业务员。

4. 事业部式

事业部式大多出现在跨国公司和大型企业集团的管理实践中，这是一种按产品或服务种类划分的分权制管理方式，将下属各独立企业的全部物流业务进行横向整合，统一由物流事业部负责总体规划、设计、管理、协调和指挥。独立运作的物流事业部有助于调动该事业部的积极性，加强责任意识，更有助于通过成立高级别的管理实体来整合集团内部的物流供需资源，发挥规模经济的优势，突破单个企业的局限以形成更大的合力。事业部的岗位设置主要包括事业部总经理、各分区经理或业务部门经理、业务主管和业务员。

三、用人单位的物流岗位设置示例

考虑管理范围的差别，企业物流岗位的设置可分为业务员、主管、部门经理及总经理等不同层次的岗位，见表3-2。根据实现的职能不同，物流岗位则归纳为业务管理岗位和非业务管理岗位两大类，非业务管理岗位主要实现顾问咨询和教育培训等职能。而对于专业的物流企业而言，由于专业化分工的需要，物流岗位相对于一般企业将更进一步细化。此外，根据企业运营的需要，专业物流企业还将其他企业管理职能与物流职能相结合形成了一些新的物流岗位。

表3-2 物流职能、组织形式与岗位需求

职能种类	物流岗位需求			
	业务科室式	物流总部式	物流子公司式	事业部式
计划职能	业务员	业务员	业务员	业务员
	业务主管	业务主管	业务主管	业务主管
	—	部门经理	总经理、部门经理	总经理、部门经理
协调职能	业务员	业务员	业务员	业务员
	业务主管	业务主管	业务主管	业务主管
	—	部门经理	总经理、部门经理	总经理、部门经理

第三章 用人单位对物流实践能力的需求分析

(续)

职能种类	物流岗位需求			
	业务科室式	物流总部式	物流子公司式	事业部式
业务营运职能	业务员	业务员	业务员	业务员
	业务主管	业务主管	业务主管	业务主管
	—	部门经理	总经理、部门经理	总经理、部门经理
教育职能	业务主管	业务主管	业务主管	业务主管

某集团公司主营大型建材产品，其事业部式的物流岗位设置如图 3-1 所示。

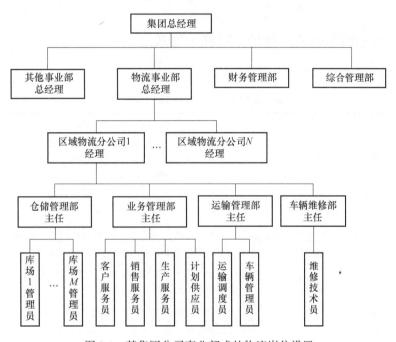

图 3-1 某集团公司事业部式的物流岗位设置

物流事业部为集团公司下属独立运作的实体，其最高领导为事业部总经理，全权负责物流事业部工作，由集团公司总经理直接领导。物流事业部承担集团公司所有分公司相关的物流业务，如原材料供应、产品配送、产成品仓储等。对应地，物流事业部在集团分公司所在的各区域设置了物流分公司，由分公司经理负责所在区域的仓储、运输等业务。各分公司分别成立仓储管理部、业务管理部（针对客户而言的业务）、运输管理部和车辆维修部，各部设置部门主任和业务员。例如运输管理部设主任，负责运输环节的运营支持工作。具体工作则分别由运输调度员和车辆管理员负责。

第二节 物流岗位对实践能力的要求

实践能力是个体在生活和工作中解决实际问题所显现的综合性能力，是个体生活、工作必不可少的。它不是由书本传授而得到的，而是由生活经验和实践活动磨炼习得的。从心理机制分析，物流岗位实践能力的形成可以概括为知识向技能的转化、内化及

物流实践能力培养与提升

知识技能的迁移过程。实践能力是将知识、经验运用到实际的物流管理之中,并帮助解决实际问题的应用技能。对于物流企业这种实用性较强的企业来说,需要的人才不仅仅要满腹经纶,更重要的是要把知识糅合在实践中,而求职者实践能力的强弱也往往成为企业是否聘用的重要依据。

为了解企业物流岗位对于实践能力的具体要求,多渠道的调查研究必不可少。以企业招聘过程中对拟招募物流人才的岗位能力需求为基本素材并进行归纳分析,有助于发掘各企业物流岗位对实践能力要求的共同点。

通过校园招聘和企业官网发布两个渠道,可以了解企业物流岗位对实践能力不同层次的要求。

一、校园招聘中物流岗位的实践能力要求

校园招聘中物流岗位的实践能力要求见表3-3。

表3-3 校园招聘中物流岗位的实践能力要求(部分)

企业名称	岗位	实践能力相关要求
北京国能电池科技有限公司	采购专员	具有良好的英文应用能力,熟练操作计算机,懂ERP系统操作更佳;熟悉相关质量体系标准,精通采购业务,具备良好的沟通能力、谈判能力和成本意识
京安资源集团公司(香港)	航运物流专员	熟悉期租及程租合约,计划、组织、管理、策划能力强,英语良好
北京市农林科学院信息中心	物流信息化技术研发工程师	具备技术难点攻关和项目材料撰写能力,有农资、农产品供应链管理信息化经验优先
上海和氏璧化工有限公司	物流专员	专业符合业务需要,计算机及英语熟练;语言表达能力佳、思路清晰、学习及执行能力强、文字和逻辑组织能力强
康师傅控股集团	物流管理员	熟悉计算机操作,熟悉商业交易过程,具有营销知识
润石珠宝饰品有限公司	仓库管理员	熟悉仓库进出货操作流程,具备物资保管专业知识和技能;熟悉计算机办公软件操作
苏宁电器有限公司	采购、物流管理业务员	良好的逻辑思维能力和适应能力;较强的沟通、协调、组织、执行能力;物流管理、交通运输类专业优先
美的集团邯郸制冷设备有限公司	物流业务员	较强的沟通协调能力、抗压能力,团队意识强;有参加社会实践活动的经验
上海光泰国际货运代理有限公司	销售总监	优秀的沟通、组织协调、客户开发和维护能力,具有建设、管理营销团队的能力和成功经验
三六一度(中国)有限公司	储备干部	品学兼优,物流管理等相关专业;具备优秀的沟通能力及团队合作能力,有责任心,能承受工作压力,热爱体育行业
江苏省邮政速递物流有限公司	仓库经理	英语四级及以上,熟练操作计算机及使用常用的办公软件;具备一定的适应能力、沟通能力、团队合作能力;具备分析、解决问题的能力
长城汽车股份有限公司	采购员	熟悉采购流程,有良好的沟通能力、谈判能力和成本意识;思维敏捷,具有较强的团队合作精神;英语能力强
澳华集团	仓管员	熟悉ISO9001体系,熟练操作办公软件;具备踏实的从业心态
青岛科昂集团	物流采购员	物流、国际贸易等相关专业;熟练的英语沟通能力

第三章 用人单位对物流实践能力的需求分析

（续）

企业名称	岗位	实践能力相关要求
敦豪物流（DHL）	储备干部	在校期间具有社会实践经验，有较强的领导能力、沟通能力和学习能力、良好的中英文听说读写能力、优秀的分析问题和解决问题能力，勇于创新，乐于接受挑战、承受压力
山东电力建设第一工程公司	物资管理员	英语六级（含）以上，吃苦耐劳，诚实守信；责任心强，乐观向上，适应能力强，具有良好的团队意识
苏宁云商	物流管理员	物流管理、交通运输类及相关专业；工作严谨，执行力强，有较强的抗压能力、良好的沟通能力及团队合作精神；对数字敏感，有较强的数据分析能力，精通 MS Office
超舒适国际家居	采购员	管理类相关专业，专业知识扎实，工作踏实，具备良好的学习能力和分析、总结能力；熟悉 Office、Excel 等各种办公软件的使用；有较强的沟通协调能力，逻辑思维清晰
广州广汽商贸物流有限公司	物流专员	物流管理、交通运输相关专业，熟悉物流管理、供应链管理的相关流程及知识，熟悉公司业务知识和财务基础知识；责任心强，诚信、细致；具备良好的计划、管理、沟通和协调能力；有较强的团队合作意识
兰亭集势贸易（深圳）有限公司	助理采购经理	优秀的执行能力，工作细致、认真负责，熟练使用办公软件；有较强的团队合作精神；沟通表达能力强，逻辑思维能力强，对数字敏感

二、企业官网招聘中物流岗位的实践能力要求

用人单位对实践能力的要求针对不同岗位有不同的侧重，企业官网招聘中物流岗位的实践能力要求见表3-4。

表3-4 企业官网招聘中物流岗位的实践能力要求

企业名称	岗位	实践能力要求
海尔集团	供应链管理工程师	具有较丰富的相关经验，主动负责、诚实可信
安吉汽车物流有限公司	物流经理/主管	两年以上物流企业、仓储管理、物流运作工作经验；有良好的人际沟通交流能力和协调能力，有团队合作精神
联想集团	采购总监	有十年以上供应链管理的工作经验
联想集团	项目供应管理经理	五年以上供应链相关的工作，有计算机领域的工作经验
远程集团有限公司	国际物流项目经理	从事国际物流行业三年以上，销售经验两年以上，拥有成熟海运和空运客户群体，可以独立开发新客户；熟悉国际国内海空航线，具有丰富的国际贸易知识
全球国际货运代理（中国）有限公司	仓库经理	三至五年本岗位工作经验，熟悉仓库的日常操作系统，计算机操作熟练，英语熟练，能交流
中粮我买网有限公司	仓储/物流主管	熟悉物流操作流程及相关标准规范，服务意识强；有良好的沟通能力、团队合作意识和独立工作能力，具备良好的组织能力
宝供物流企业集团有限公司	物流经理	五年以上物流业务运作管理经验，物流行业从业过程中有三年以上区域性业务运作管理经验与业务流程优化及实施经验；熟悉立体仓运作管理；熟悉各种物流运作模式，掌握异常事故处理技能，能组织实施仓库现场管理、改善方案，能够组织实施运输质量改善计划，能够进行运作流程设计与选择，掌握最新物流运用技术

从表 3-3、表 3-4 来看，针对应届毕业生的校园招聘，主要招聘的物流岗位集中在业务员、储备干部、助理经理等初级管理岗位，对于以业务管理为中心的技术人员和管理人员需求较多，因此实践能力的要求主要围绕业务知识和技能的掌握程度，同时也兼顾实际工作的潜力，如要求英语、写作和专业知识所能达到的最低水平，需要具备在实践中形成发现问题、分析问题和解决问题的能力，以及团队合作能力等。

在招聘的物流人才要求方面，校园招聘也有其自身的特点。它不会像一般社会招聘那样要求具有相同岗位的工作经验和能力，而只是泛泛地做出诸如学习能力、分析能力、沟通能力、逻辑思维能力、团队合作能力等方面的要求；在学历方面的要求一般会是专科、本科及以上；专业方面一般只要求是物流管理相关的专业以及更广泛的管理类专业，有的企业会根据自身所处行业的特点要求具有相同行业背景的专业。

相对而言，企业网站的直接招聘，主要招聘的物流岗位不仅包括一般业务人员，更多的是广纳英才，吸引高层次管理人才。主要招聘的物流岗位包括业务主管、部门经理、物流总监等。实践能力要求的最突出体现是相关管理工作经验的积累，如协调能力、统筹决策能力等方面。根据岗位不同，能力要求也各不相同，主要包括：熟悉相关的物流业务流程和操作技能；有一定年限的相关工作经历和经验，熟悉相关的企业管理软件，有良好的数据分析能力；能够把握行业发展动态，有较强的管理能力、综合分析能力、领导创新能力、判断决策能力。

第三节 企业对物流实践能力的评价

现代物流业是一个兼有知识密集、技术密集、资本密集和劳动密集特点的外向型和增值型的服务行业，企业对人才的需求已从单一型转变为复合型的高技能型物流人才。企业对物流从业人员从知识结构和能力结构两方面提出了新的需求。知识结构方面，物流人才需要有文化基础、专业基础、专业技术、信息技术、财务、专业外语、法律法规和安全等方面的知识。能力结构方面，不仅需要有职业素质，还要有业务能力，主要包括学习能力、系统性思维能力、灵活应变能力、协调整合能力和创新能力，以上能力需求都与实践能力息息相关。学习能力为实践能力的获得提供了便捷的通道，系统性思维能力、灵活应变能力以及协调整合能力使业务顺利开展，目标直指企业管理问题的解决，它们是实践能力在物流领域的具体体现。创新能力是实践能力的发展和升华。可以说，实践能力在提高个人成长与提升企业绩效方面发挥着极其重要的作用。

一、评价方法

企业对物流实践能力的评价是按照一定原则，采取科学的方法对物流从业人员和准从业人员实践能力进行主观和客观度量。企业对物流实践能力评价一般采取的评价方法大致可分为八种：自我评价、考试（笔试）、专家评判（面试）、考核、定量考评（群众测评）、情景模拟（评价中心）、系统仿真测评与人工智能专家系统测评。其中，常用的方法有：

第三章 用人单位对物流实践能力的需求分析

(1) 自我评价。主要通过个人简历、应聘材料、问卷反馈等主观评价自身实践能力的高低，以供企业评价时参考。

自我评价的问卷量表举例。被试者根据自己的实际情况回答以下四个问题：

Q1：我能够很好地能用专业知识解决工作中的实际问题

Q2：我善于通过人际沟通解决工作中遇到的问题

Q3：我具备分析决策能力，遇到事情我能做出合理判断并决定

Q4：我具备应变适应能力，遇到突发情况我能很好地随机应变

被试者根据自己的实际情况回答以上四个问题。评价时，企业可采取 Likert 5 分量表的问卷进行测量，每个测量变量取值从"1"到"5"，其中"1"表示非常不同意，"2"表示不同意，"3"表示一般，"4"表示同意，"5"表示非常同意。

(2) 考试（笔试）。主要用于测量应试者利用基本知识、专业知识、管理知识、相关知识以及文字表达水平等分析问题和解决问题的能力。

(3) 面试。面试是通过测试者与被试者双方面对面的观察、交谈，收集有关信息，从而了解被试者的素质状况、能力特征以及动机的一种评价方法。面试的特点表现在对象的单一性、内容的灵活性、信息的复合性、交流的直接互动性和判断的直接性。从操作规范程度上划分，面试可分为结构化面试、非结构化面试和半结构化面试。结构化面试也称标准化面试，是相对于传统的经验型面试而言的，是指按照事先制定好的面试提纲上的问题一一发问，并按照标准格式记下面试者的回答和对他的评价的一种面试方式。非结构化面试就是没有既定的模式、框架和程序，主考官可以"随意"向被试者提出问题，而对被试者来说也无固定答题标准的面试形式。而半结构化面试则介于二者之间。物流实践能力的面试，需要有经验丰富的管理人员和技术人员参与，以便于面试官与被试者形成有效的交互效果。

(4) 情景模拟，又称行为模拟。被试者在模拟情景中从事某职业劳动，按测试者提出的要求完成一个或一系列任务，评价的组织者通过被试者所表现出来的能力，评价其真实的管理才能，以此来预测被试者的实际工作能力和水平。相对于面试，情景模拟法更有利于考察被试者对实际物流管理问题的解决能力和执行效果，能够获取更客观的实践能力评价。

二、评价模型与指标体系构成

根据一般评价指标的基本体系构成，结合以上物流实践能力的具体体现，企业对于物流实践能力评价可参考以下基本模型：

$$f(x) = k_1 x_1 + k_2 x_2 + k_3 x_3 + k_4 x_4$$

式中　$f(x)$——实践能力的综合评价结果；

$x_i (i = 1,2,3,4)$——4 个不同的实践能力一级指标；

$k_i (i = 1,2,3,4)$——各个指标的权重值。

根据需要还可设置每个一级指标下属的二级指标和三级指标，见表 3-5。

对上述指标值的权重，结合其定性及定量的指标特征，通常可以采用德尔菲法、层次分析法以及模糊综合评价等方式进行处理。从实践上看，采用基于德尔菲法和层次分析法的专家打分方式来综合确定各指标的权重，具有较好的可操作性。

表 3-5　实践能力综合评价指标体系示例

一级指标	二级指标	三级指标
执行能力		
沟通协调能力	业务沟通协调能力	内部沟通协调能力
		外部沟通协调能力
	非业务沟通协调能力	
适应能力		
异常事故处理能力	突增业务处理能力	
	业务变化处理能力	
	突发事件处理能力	

三、评价实施建议

评价实施建议方面，物流实践能力评价体系必须把握认证标准的科学性、认证程序的规范性、认证方法的有效性、认证结果的实用性以及认证组织的严密性。在实际评价过程中，应以能力和业绩为导向，克服重学历、资历，轻能力、业绩的倾向。从理论与实践相结合的视角，侧重考察物流人才在物流实践中取得的业绩、积累的经验和具备的能力，并通过受评者对实际问题的观察、分析与建议，来测查其认识水平和潜在能力。此外，还应摒除传统书面考试的单一性方式，注重全过程采集受评者信息，通过构建高标准的评价专家小组，综合应用测评技术，多角度测查考生能力，既保证综合评价的质量，又有效促进其他环节的质量改进与提高。

第四章 物流实践能力的获取方式

物流实践能力的获取方式是指获得物流实践能力过程中所采取的方法和形式。物流实践能力通常可以通过校外人才培养基地、校内理论教学的实践环节以及自我实践等方式来获取。

第一节 校外人才培养基地

一、校外人才培养基地概述

1. 校外人才培养基地

人才培养基地是指培养人才的地点或设施。它具有较为先进和完备的教学条件，拥有较高水平的教师队伍，较为科学、先进的人才培养方案和教学管理办法，能够培养并提高物流管理专业学生的实践操作水平。

校外人才培养基地则是指经校企双方协商（有协议），由企业（泛指校外合作单位）向学校学生提供的稳定的实践场所，或虽没有协议但已经连续三年在同一个企业实践实习的场所。

作为企业，最现实的人力资源策略是直接择用已具备相关知识、技能和能力的专门人才，即人力资本的直接获取和使用。作为高校，其社会公益性决定了其主要使命是培养社会所需人才，即人力资源的培养和造就。这种校企之间的差异是客观存在的矛盾。解决这种矛盾的主要途径，在于高校方应该着力培养学生对生产和社会的实践能力。走校企合作的道路，建立校外人才培养基地，发展产学合作教育和科研，则是培养学生实践能力的有效途径。

另外，学生个人和社会是统一的，个性的全面发展只有在社会中才能真正实现。突破单一的、只在"象牙塔"内培养人才的模式，寻求学校、社会两种教育环境，特别是注重社会环境培养创新人才，已成为世界各国高等教育界关注的焦点。从学校的角度看，校外人才培养基地能够提高学生的职业能力、创新能力和综合素质。

（1）提高学生的职业能力。通过在校外物流企业的实习基地开展实境训练，强化学生的实际操作能力和社会适应能力，培养学生的职业素质，树立职业的忧患意识与责任意识，做好大学学习规划、职业规划，并在学习和实践中不断校正罗盘，修订航向，保证人才培养的质量。

（2）激发学生创新意识，提高学生的创新能力。学生创新能力的培养离不开实践教学，通过发挥物流企业的优势资源，让学生在实践中发现问题，在实践中解决问题和思考问题，培养学生的创新能力。

（3）提高学生的综合素质。大学生热衷于独立思考，教学实践为此提供了一个极

物流实践能力培养与提升

好的机会和条件。通过实践教学更能调动学生的积极性和自觉性，锻炼他们分析问题、解决问题的独立工作能力，提高其综合素质，具体表现在以下几个方面：

1）形成优良的思想道德品质。通过实践，可培养学生的职业道德（爱岗敬业、对待劳动有正确的态度等），使其讲诚信，形成良好的心理素质；面对挫折有较强的承受能力，在困难面前不低头；增加社会阅历和工作经验，弥补学校教育的空缺与不足。

2）形成合理知识结构，培养和锻炼实用能力。实用能力包括社交能力、决策能力、语言文字沟通能力等，这些能力可通过社会实践和实习活动等得到锻炼和提高。

3）培训团队合作精神。企业分工越来越细，任何人都不可能独立完成所有的工作，他所能实现的仅仅是企业整体目标的一部分。因此，团队精神日益成为企业的一个重要文化因素。很多公司认为，员工的团队合作精神是所有技能中最为重要的一种，假如每一位员工都具备团队合作精神，则企业不仅可以在短期内取得较大的效益，而且从长远来说也十分有利于企业的发展。

在校外人才培养基地的实践过程中，学生还会发现自己学习上的不足，从而有意识、有针对性地学习，进一步完善自己的知识结构。通过社会大课堂的锻炼，学生不仅可以提高运用理论知识解决实际问题的能力，还能提升自己的职业素养。

2. 提供校外人才培养基地的企业的特点

作为校外人才培养基地场所的提供方，企业应具备如下几个特点：

（1）企业的规模较大。大规模的企业具有庞大的有形资产和无形资产。学生实践具有很强的针对性，而且学时较短，校外人才培养基地能使学生的专业理论得到实际运用。而企业规模结构较为完整的大企业涉及的专业岗位较多，物流设施设备较为齐全，物流操作管理较为多样，有形资产的产出效率基本稳定，能够使学生在商务管理、商品包装、装卸搬运、货物运输、物品配送、仓储管理、物流信息管理等多方面的专业管理技术上得到有效的培养。

另外，规模较大的企业还具有较大的社会影响力，无形资产转化为效益的能力很高。这种资源转化为效益的能力表现为：一方面校外人才培养基地的建立容易得到地方政府相关部门的大力支持；另一方面物流实践人员的培训成效容易得到社会的认可。

（2）企业有较长的发展史。物流企业管理是物流管理专业所需掌握的一个重要内容。较长的企业成长轨迹所含内容丰富，在企业员工的变迁、组织规模的变化、物流技术的研发应用、物流管理方式的柔性变革、应对物流市场变化的决策等方面，对于学生应用企业管理理论，都是非常生动的现实案例学习材料。

另外，具有较长历史的企业有着较为深厚的文化底蕴，具有良好的自我发展意识，有较强的社会责任感，能够积极根据社会经济的发展情况，结合本企业对高级技术、管理人才的实际需求，与相关院校联合制订培养计划，筹集充足的教育培养经费，提供实习场地，选派实习指导教师，组织学员参与企业日常关键问题的研究。

（3）企业有适合自己的培训技术和模式。作为人才培养基地，需要具备专业的培训技术和培训模式，既能对新入职员工进行企业发展历程、技术沿革、管理创新、安全生产、生态文明建设等方面的培训，也能对一线员工、班组长进行生产技能的强化培训，还能对中高层管理人员进行管理新理论、生产新技术等方面的培训，也是企业提升员工工作技能、业务知识、思想教育水平和对外展示的集中平台。

第四章　物流实践能力的获取方式

（4）企业有专门的培训基地和模拟训练场。在相关的培训部门，具有明确的实践教学的目的和任务，有稳定的教师和辅助人员队伍，有实习的项目，场地、设施能够满足人才培养的需要。

3. 校外人才培养基地的类型

与企业合作共同建设校外的实习基地，是加强实践教学的一个重要举措。通过组织学生到校外基地接受实训或实践，不仅可以使学生把书本知识与企业物流业务的实际相联系，而且可促进学生对社会、对物流企业或企业物流的了解，同时也能拉近学校与企业之间的距离。物流管理人员的工作大多比较艰苦，学生到基地参加实践，也能磨炼意志，锻炼吃苦耐劳的精神。

显然校外人才培养基地的建设是为教学服务、为培养人才服务的，因此学校必须要有一定的基地数量，使之与物流专业的办学规模相适应。另外还要注意企业的代表性，以使实习实践的内容基本涵盖物流专业学习内容的主要方面。以北京交通大学所建设的六个稳定的物流管理专业校外人才培养基地（见表4-1）为例，其各自的业务特征比较明显，实习实践的主要内容各不相同。

表4-1　校外人才培养基地的类型

序号	校外人才培养基地	企业类型	实践能力培养
1	北京嘉和嘉事医药物流有限公司	连锁企业配送中心商贸批发、零售企业	培养学生有关仓储、配送中心运作及管理、分拣及装卸搬运方面的实践能力，使其了解相应的物流设备
2	北京西南图书物流中心	物流企业（第三方物流）	培养学生有关各种图书物流服务模式的业务管理，尤其是第三方物流业务的运作与管理方面的实践能力
3	中铁吉盛物流有限公司	物流企业（车站、堆场、货代）	培养学生有关铁路运输涉及的各种载运设施设备、装卸搬运设备管理方面的实践能力
4	苏州工业园区物流商贸人才实训基地	物流园区（国际货代、船代、港口物流）	培养学生有关国际物流业务的运作及管理、多式联运模式的运作与管理方面的实践能力
5	诚通集团中国储运总公司	流通企业	培养学生有关商贸物流服务方面的实践能力
6	中国出版物流中心	物流企业	培养学生有关图书物流设施设备的认知及实践能力

注："企业类型"一列括号内为企业的主营业务或企业拥有的主要物流设施。

4. 校外人才培养基地管理体系

校外人才培养基地的管理实行学校、企业两方负责，校院领导、系主任以及物流管理专业教师和物流企业负责人、部门经理以及基地实践导师三级管理与交互实施的模式，如图4-1所示，成立由企业高层管理者和学校相关部门领导、物流管理专业教师组成的专家指导委员会。

校院领导由主管副校长、教务处处长以及学院主管副院长组成，校院相关部门作为校方校外人才培养基地的第一管理部门，主要起着指导作用，负责基地建设的基本原则、建设目标、建设内容、基本要求以及管理运行机制。

系主任负责物流管理专业校外人才培养基地的领导工作，具体落实学校关于校外人才培养基地建设的指导精神和组织原则，建立校外人才培养基地管理执行机构；制订校外人才培养基地的详细规划、目标和内容，拟定校外人才培养基地实践大纲；确定校外

物流实践能力培养与提升

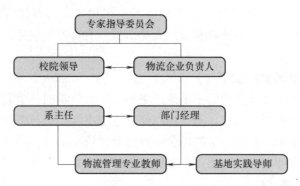

图 4-1 校外人才培养基地管理体系

人才培养基地建设项目,与建设项目合作企业进行沟通交流,制订详细的基地运行计划;在校外人才培养基地的运行过程中,帮助做好实践准备工作,检查实践效果和质量,通过校外人才培养基地的运行总结管理经验。

学校派教师到企业调研或挂职,一方面深入实际了解企业;另一方面又可利用高校教师的知识与智力的优势帮助企业解决一些管理中的问题。此外,还能对企业员工提供多层次、多形式的继续教育和在职培训,支持企业的人力资源开发等,也使校企之间的合作与互动更为协调、更为密切。被选派的教师一般也成为校外人才培养基地建设、运行管理的直接执行人,主要职责是将校、院、系等各级领导关于基地建设、运行的相关工作落实到实处,执行基地的具体建设和运行。在校外人才培养基地运行过程中,与基地实践导师一起协作,共同完成物流管理专业学生的人才培养任务。

作为校外人才培养基地的第二方重要参与者,企业负责人、相关部门经理以及基地实践导师共同组成企业方的基地建设组织机构。企业负责人对接校院领导,就校外人才培养基地建设的基本原则、建设目标、建设内容、基本要求、管理运行机制等进行协商,提出指导性思想。

部门经理对接系主任和学校物流管理专业教师,具体负责基地建设项目的具体领导和基地的日常运行。在基地的日常运行过程中,由部门经理根据物流管理专业课程组递交的校外人才培养大纲和实践计划,确定学生具体的培养内容和实践岗位,宣讲实践岗位相关基础业务知识、实践岗位的具体要求和各项注意事项;确定学生实践小组,指派岗位责任现场实践导师。

基地实践导师协助企业部门经理共同完成校外人才培养基地的人才培养工作。在基地运行过程中,基地实践导师在学校物流管理专业教师的协助下,指导实习生完成实习大纲规定的实习任务。

二、北京嘉和嘉事医药物流有限公司人才培养基地

1. 基地简介

北京嘉和嘉事医药物流有限公司人才培养基地(简称嘉和基地)是北京交通大学物流管理专业建立的第一个校外人才培养基地。北京嘉和嘉事医药物流有限公司是专门从事医药物流的企业,注册资金 6000 万元,地址在大兴区亦庄的光电开发基地。公司一期工程于 2005 年 2 月 27 日开工进行厂房建设,2005 年 11 月投入使用。一期工程占

第四章 物流实践能力的获取方式

地 5.3 万 m², 14m 四层货架拥有 5000 个储位; 25 部射频 (RF) 手持终端、1500 个电子标签负责 6700 多种商品; 德国进口叉车 5 台; 冷库 300m³, 8700m³ 储位; 200m 长的自动分拣流水线。拥有自己开发的物流信息系统, 同时配备 RF 电子标签拣货 (DPS) 系统, 实现了进货、来货验收、入库、出库等的信息化过程。公司现在采用 ABC 分类法对商品进行保管。在二期工程: 引进日本大福医药物流设备, 设 8 个巷道, 拥有自动分拣合流系统和快速拣选系统; 完全自动化, 不用叉车; 16000 多个储位, 运营面积 30000m², 年配送能力达到 90 亿元。

公司具有较强的核心竞争力: ①快速反应能力, 做到安全、及时、准确、高效、低成本运营。从接受订单到发货、送达, 市内 4h, 控制在 6h, 但是实际一般为 4h。②集成稳定运行, 在降低物流成本和运营成本的基础上, 在客户可以承受的价格范围内, 吸引客户。③提供优质的物流服务, 满足客户的基本要求。

嘉和基地被列为校外人才培养基地的重点建设项目, 在校、院和系所大力投入下, 经过多年的建设, 基本完成了既定的建设目标, 在服务方向、服务功能、实习规模和实习质量等方面都取得了明显成效。

嘉和基地是一个综合的人才培养实践系统, 下设学校课堂、学校综合试验室以及北京嘉和嘉事医药物流有限公司生产车间三个主功能人才培养模块, 从而形成了以"五结合"为内涵的立体式人才培养基地。"五结合"是指: 物流管理和物流工程相结合、物流理论与物流实践相结合、试验模拟训练与全真岗位训练相结合、学校前沿物流理论讲座与物流业界尖端领袖讲演相结合、学生服务学校与服务企业相结合。目前嘉和基地可容纳实践工位 120 多个, 拥有每年约 600 人的实训规模。各人才培养模块相互配合, 设备先进、布置有序、流程合理、配套成龙, 已成为国内高校一流的校外人才实践技能评估实习基地。

2. 基地人才培养内容

根据不同的业务岗位, 将整个人才培养的实践过程分设七个环节: 学校课堂、学校综合试验室, 以及生产车间进货、验货、存储、拣选、发货等。专岗可完成物流管理专业各类专业技能单项, 轮岗可完成综合实践项目。主要实践内容如下:

(1) 在学校课堂和综合试验室了解新企业模式、新技术、新材料及现代物流管理方法等的应用, 了解物流行业的新规范。

(2) 了解嘉和基地生产车间的组织机构设置和运作方式, 熟悉嘉事堂及嘉和嘉事的经营方式及主要工作内容, 分析嘉和嘉事主营业务管理的关键问题。

(3) 了解嘉和基地生产车间物流工程的性质、规模、生产过程、物流建筑构造与结构体系等, 提出个人对物流系统规划的见解。

(4) 参加部分嘉和基地生产车间物流组织管理工作, 主要内容如下:

1) 参与拟定物流方案并独立完成部分工作。当已有物流方案时, 可通过熟悉方案并结合现场实践提出个人见解。

2) 参与编制物流配送进度计划, 通过了解编制方法、执行情况和现场管理等提出个人见解。

3) 完成单项物流环节的作业设计工作。

4) 参加或熟悉物流财务预算的编制。

5）有条件参加物流系统施工项目管理实施规划的拟定。

（5）进行专岗实践。了解嘉和基地生产车间1~2个主要物流环节的实施方法、操作要点、主要物流设备及用途、质量要求，然后提出合理化建议及设想等。

（6）了解嘉和基地生产车间的组织管理系统、各部门的职能和相互关系，了解物流部门的组成，了解各级技术人员的职责与业务范围。

（7）了解嘉和基地生产车间物流组织的运作，熟悉其物流管理的具体步骤及内容，了解物流管理的主要方法与手段，分析某一企业物流管理的关键问题。

（8）参与嘉和基地生产车间现场组织的技术交流、学术讨论会、工作例会、技术革新、现场的质量检查与安全管理等。

嘉和基地的建设，对于改善学校人才条件、提高人才培养质量、改革教学方法、加强校企合作都起到了很好的促进作用，其成效具体可归纳为以下几个方面：①满足了教育部对物流管理专业学生的培养要求；②适应了培养物流专业高技能人才的教学规律；③主动适应了国内外物流市场蓬勃发展的态势；④对于促进学校物流专业在业界校誉的稳定做出了贡献；⑤弘扬校企合作精神，取得了明显的社会效益。

三、北京西南图书物流中心人才培养基地

1. 基地简介

北京西南图书物流中心（简称物流中心）位于北京丰台区榆树庄，与全国最大的火车编组站之一——丰台西火车站相邻，与北京西站也相距较近，公路交通与京石高速公路西四桥路口相距800m，与四环相距不到1km，交通十分方便。北京西南图书物流中心拥有建筑面积30多万平方米，绿化3万多平方米，库房25万m^2。主要包括招商、托管、分拣、信息中心、客户服务部、编辑、维修中心、工程八个部门。该物流中心有200多家出版社入驻，是全国最大的图书物流企业，已经成为全国很多学校的校外人才培养基地，能够提供实践工位300多个，拥有每年约1200人的人才培养规模。

物流中心的业务包括自管、托管和一些增值的第三方物流服务。其中托管和增值的第三方物流服务是其核心业务。所谓自管，就是出版社承租物流中心的库房，其他业务，包括入库、出库、质检等由出版社自己管理。托管就是图书的印刷由出版社负责，抽检、质检、入库、保管、出库、发货、图书退货等一系列业务由物流中心负责。增值的第三方物流业务包括：为出版社提供较为便宜的仓储；利用规模经济为出版社节省运输费用；为出版社提供准确的好书、残书数据，使出版社了解其图书库存的现状；为出版社提供发货、退货的历史数据，供出版社分析，为下一步图书的发货提供依据等。

2. 基地人才培养内容

（1）图书入库。对于托管业务的出版社，图书的印刷由出版社及其印刷厂负责。图书印刷完成后，由出版社组织将图书运到物流中心。物流中心进行抽检（抽检率为5%）、质检后签收、点数、入库位、入账。然后，在第一时间（1h以内）通过传真通知出版社。同时将送书单交到数据处理中心，制票。送书单共6联，1联送到出版社，其余5联留在物流中心。由于入驻物流中心的出版社几乎都是北京的，中心每天派一次车将送书单送到这些出版社。

（2）图书出库。出版社、各地新华书店每天下午4点将发书单通过电子邮件等传到

物流中心,物流中心的接单员将这些发书单打印出来,一共3联。1联送库房,另外2联转账务员销账,然后再转票务员打贴头。库房收到发书单后,分出快、慢件。快件包括铁路快运、本市客户以及一些急件。快件必须当天晚上分好书、打好包,第二天一早就发货。对于慢件:如果快件较多,有可能第二天上午再配书;如果送书单少,当天配书。正是因为这样,工人每天下午4点钟以后是最忙的时候,加班到晚上9点、10点是很正常的情况。为了确保发书的准确性,采用一人配书、两人负责的办法。打包好的书运到分拣中心,分拣中心将各仓库运来的书按地区分类好,再发出去。

(3)运输。物流中心的运输包括海运、铁路运输和公路运输。海运的量不大,主要是发往国外的书。因此,物流中心的主要运输是铁路快运和公路运输。铁路快运指的是火车客运列车。这类运输的特点是快,可靠性好,头天发货、第二天走、第三天到,但运费较高。公路运输又分为两块:京内运输为自营,中心拥有20多辆货运车;外地运输为外包,外包给从事运输业的第三方物流公司。外包运输采取每年招标的形式。公路运输的运费低,提供门到门服务,但时间长,可靠性差。由于运输的如上特点,物流中心每一单书的具体运输无法控制,不能及时送到顾客手中、丢书的现象也时有发生,会出现很多意外。这会影响物流中心的服务质量,还会带来额外的成本,如重新发货、追查丢失图书等。

(4)图书退货。由于图书这一商品的特殊性,图书经销商没有销售出去的图书,出版社给予100%退货。退货的流程如下:

检查退货数与单子是否相符,即拆包、分类、清点,看数量与包内所附退书清单是否相符;用POS机扫条码,记录数据,然后登录信息系统,查相应的库位号;再把书分为好书和残书,好书再入库,再发行,残书归残书堆。

(5)信息系统。物流中心的信息系统经历了手工记账、经销存系统、业务系统(在原来系统的基础上增加退货功能),到现在的信息系统。信息系统的主要功能是图书管理数据库和仓储管理。它准确记录仓库中各种书的数量,但是却不能准确管理库位,而且物流中的数据库不能与外界接口,只服务于本企业的库存管理。

四、中铁吉盛物流有限公司人才培养基地

1. 基地简介

中铁吉盛物流有限公司地处京南物流商港的核心地带,北临南六环路,西靠京开高速,毗邻京哈、京九、京广、京沪等干线铁路,交通体系发达,地理环境和产业环境十分优越。中铁吉盛物流有限公司成立于2004年5月18日,为中铁快运股份有限公司旗下全资子公司,主要是负责行邮(包)专列的接发车作业、调度组织指挥、基地管理服务、行包专列安全管理、装卸搬运、仓储保管、配送服务、培训、5100矿泉水等业务。

物流基地占地20万 m^2,总建筑面积10万 m^2,建有三个大型库房以及中铁吉盛物流大厦:

一号库位于基地东侧,库区面积3.6万 m^2,南北长500m,东西宽72m,建有四条铁路线、三个作业站台库,物流疏散能力充裕,是目前亚洲最大的封闭式站台库。主要用于行邮(包)专列始发作业,承担北京至上海、广州、哈尔滨、乌鲁木齐、成都、

东孚、沈阳、棠溪八对行邮（包）专列的始发到达作业服务任务。

二号库位于基地西侧，北临三号库，东临一号库。仓库建筑面积2.8万m^2，使用面积2.6万m^2，建有地上一层、地下一层，为门式轻钢结构，现为中铁快运分拨中心和5100矿泉水中央库。

三号库现为中国邮政华北分拨中心，建筑2万多平方米，是华北最大的邮件分拣处理中心、行邮（包）转运和物流集散处理中心。

中铁吉盛物流大厦是集办公、会议、培训、住宿、就餐等于一体的综合性服务大楼。建筑面积8500m^2，共有地上七层、地下一层。

2. 基地人才培养内容

该基地能够一次性提供200多个实践工位，主要培养内容为行邮（包）专列的配套设施、接发车作业、调度组织指挥、基地管理服务、行包专列安全管理、装卸搬运、仓储保管、配送服务、培训等业务。

第二节 校内理论教学的实践环节

物流管理专业校内理论教学的实践环节指的是按照高等教育的培养目标，有组织、有计划地引导学生深入模拟情景，深入实际社会，来提高学生综合素质和专业能力的一种实践活动。内容主要是指教学计划中规定的实践环节，包括军训、基础课实验、课程实验、课程设计、课程调研、课程认知实习、学年论文、毕业设计等。其中，军训、基础课实验重点在于培养学生的综合素质基本能力；毕业设计主要培养学生的综合素质和专业理论知识的综合应用能力，包括毕业实习和毕业论文的写作，学生个人自主性较强，可以归类为自我实践范畴；课程实验、课程调研、课程设计、认识实习、学年论文等主要是为配合物流专业课程的理论教学而设计的实践环节。

一、课程实验

1. 课程实验概况

课程实验是指经过特别安排，用来验证课程学习中的某种假设、理论，通过人为控制某个物流环境进行操作，来获得对某个物流事实的认识，从而对该物流事实所反映的物流理论获得感性认识的一种方法。课堂学习的内容通过实验表达出来后，更为生动形象，易于被学生所接受，从而收到事半功倍的效果。通常实验要预设"实验目的""实验环境"，进行"实验操作"，最终以"实验报告"的形式发表"实验结果"。

课程实验的主要作用在于：①可以增强对学生实际操作能力的培养。让学生通过实际操作更好地理解物流过程及物流概念，通过物流作业模拟，提高学生掌握物流基本流程、环节与操作的能力。②培养学生掌握关键物流技术的能力。采用先进、实用的物流技术及设备，锻炼学生的物流技术及设备的操作水平。③提升学生对物流系统全面分析的能力。通过对系统流程的分析和运用，加强学生对物流内在信息、职能和流程的掌握，逐步提高学生的物流应用和分析能力。④培养学生入职企业的基本素质。通过模拟和讨论，确保学生深刻体会物流在企业管理中的重要性，通过角色的互换和交流，掌握企业对物流各个岗位的入职需要和技能。

第四章 物流实践能力的获取方式

课程实验包括验证性实验和综合性实验。验证性实验以传授知识为主，要求学生掌握基础知识、基本技能。在教学中教师讲解实验原理、方法、实验步骤。教师在传授知识的同时，逐步培养学生严格认真、独立思考的实验态度。综合性实验以掌握设计的思路和方法为主线，倡导自学。综合性实验要求学生通过综合运用所学理论知识和原理掌握设计方案的思路，在实验过程中解决所碰到的具体问题，通过实验报告总结提高。教师以解答学生的疑问为主，实验前检查实验预习报告，在学生实验中遇到问题时，不是简单地帮助学生解答问题，而是提出产生问题的几种可能性，由学生自行解决，鼓励学生提出问题和不同的见解。

2. 专业课程验证性实验

专业课程验证性实验一般是结合专业课程教学的需要，针对物流某个或几个环节的活动开设验证性实验，训练学生的动手能力，使学生深入了解和掌握课程的理论知识。专业性课程实验通常在课堂上进行，也可以在实验室进行。

例 4-1："采购管理"课程实验。

实验目的：采购学是一门实践性很强的课程，因此在教学过程中，引进实验教学环节，将大大提高学生的学习兴趣，深化其对知识的掌握，提高其实际操作能力。实验的目的是使学生通过切身参与实际采购管理过程，熟悉采购业务，提升从事企业采购工作的能力，为以后从事企业管理的实践工作奠定基础。

实验环境：以联想集团选择物流服务提供商的实际资料为背景，进行课程综合实验。

实验流程：如图 4-2 所示。

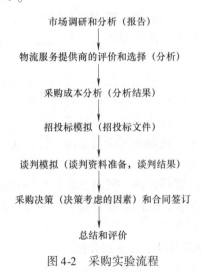

图 4-2 采购实验流程

实验报告主要内容如下：

（1）市场调研和分析。学生自主通过网上调研、实地调研、资料研究、访谈等方式，获取能满足采购方需要的市场信息，包括供应商分布、价格、服务质量等方面的信息，形成调研分析报告，上交。

（2）物流服务提供商的评价和选择。在上述市场调研的基础上，运用学过的有关理论和方法，对可选提供商进行评价和选择，提出拟选名单，分析入选原因，形成物流

物流实践能力培养与提升

服务提供商的评价报告和选择结果,上交。

(3) 采购成本分析。针对上述已经获得的市场和供应商信息,测算采购方的预期采购成本(招标底价预算),为进行招标采购和谈判奠定基础。形成采购成本预算方案,上交。

(4) 招投标模拟。即通过采购招标、投标、开标、评标过程的模拟,理解招投标的功能及实现过程,掌握招标文件、投标文件的编制技巧。上交招投标文件。

(5) 谈判模拟。谈判模拟是在上述招投标之后,针对入围的供应商进行的。当投标方不能完全满足招标方的要求时即需要进行谈判。进行模拟前需要学生准备谈判资料和谈判中的策略技巧(上交材料),并在课堂上实际模拟谈判过程。

(6) 采购决策和合同签订。进行采购决策,提交规范的采购合同。

(7) 总结和评价。

3. 综合性课程实验

综合性课程实验是为了让学生了解物流企业的整体运作,了解物流企业内部各部门的管理和协调,一般应在高年级安排综合性实验。通常是以一个物流企业为背景,利用实验室的软硬件设备,模拟现代物流企业运作的全过程,使学生按岗位承担实验任务,并进行轮岗,以全面认识物流企业的业务流程,了解企业运营的关键点和控制点,避免盲人摸象似地片面认识事物,而且能够提高学生的实际运作能力。

综合性课程实验可以采用沙盘模拟的形式在实验室进行。沙盘模拟是通过创设生动形象又具对抗性的物流情境,让学生亲身参与到物流与供应链管理活动中,从而全面了解、掌握课程所学相关理论知识。沙盘模拟是以第三方物流企业为背景,把物流企业运营所处的内外环境抽象为一系列的规则,将学生分成若干个小组,每个小组数人,各代表着总裁、财务总监、营销经理、运营总监等管理角色。由不同学生小组扮演成物流企业和供应链的上下游企业,各个扮演企业在同一个市场环境下,在同样的规则条件下,连续从事数个会计年度的经营活动,通过模拟物流企业的整体运营过程,让学员进行备货、运输、仓储、配送、订单履行、运输线路设计等战略、战术、运营层面的决策与实施。沙盘模拟通过学生参与——沙盘载体——模拟经营——对抗演练——讲师评析——学生感悟等一系列的实验环节。其融和理论与实践一体、集角色扮演与岗位体验于一身的设计思想,使学生在分析物流市场、制定战略、营销策划、组织生产、财务管理等一系列活动中,参悟科学的物流管理规律。同时,在沙盘模拟的过程中,学生既能从战略高度来观察物流企业管理的全貌,也能从执行角度来亲身体验物流管理的主要环节,并学习如何解决实践中会遇到的典型问题。

4. 北京交通大学物流管理与技术实验室介绍

北京交通大学物流管理与技术实验室是北京市重点实验室,拥有现代化实验装备和高水平学术团队,是国内物流领域有重要影响的开展原始创新科学研究、集成创新、消化吸收再创新技术研发和高层次人才培养的创新型基地,在学科发展、人才培养等方面发挥着"思想库、成果库和人才库"的作用。

实验室针对我国物流产业高速发展的需求,围绕铁路等典型行业物流、区域与城市物流所面临的关键科学与技术问题,发挥高校学科综合交叉与融合的优势,研究具有原创性的物流基础理论与方法,开发具有自主知识产权的物流相关技术,在物流领域的研

第四章 物流实践能力的获取方式

究方面取得了突破性的创新成果。

实验室作为将实物、模拟、仿真、自动控制与自动识别、先进计算机技术和现代物流管理方法相结合，以物流运作为研究基础，全面体现供应链一体化思想的物流研究和技术开发平台，为我国物流基础理论和共性关键技术的研究提供了开放的、不可替代的综合实验环境。

到目前为止，依托于该实验室，产生出了一系列高水平研究成果。其中，获得省部级科技成果奖励12项，获得国家专利1项，研究成果应用于教学，培育出国家教学名师1名，获得了国家级和北京市教学成果奖3项、北京市精品课程2门、北京市精品教材15部。

实验室主要实践内容有：

（1）物流信息技术设备：手持数据读写终端、条码打印机、单据输出设备、激光条码扫描器。

（2）普通仓储设备：托盘货架、轻型平板货架、托盘、物流盒、纸箱。

（3）第三方物流实践区

1）运输配送区：叉车、堆垛车、AGV小车含控制系统。

2）自动化立体仓库区：自动化立库堆垛机、立库货架、堆垛机控制柜、动力出入货台、输送机。

3）电子标签拣选区：电子拣货系统、流利货架、无动力辊筒链、模拟商品。

4）流通加工打包封装区：自动打包机、手动捆扎机、手动封箱器、价格标签机及耗材、封口机。

（4）商业连锁经营模拟：POS机软硬件系统、超市货架、电子秤、超市推车、超市篮。

（5）物流软件仿真实验

1）供应链管理系统。包含供应商系统、生产企业系统、销售公司系统、物流公司系统、教师管理系统、考试系统。供应链管理系统以制造企业为供应链的核心，整合多供应商、多销售公司、多物流公司来模拟整个供应链的过程。学生可以建立不同的供应商、销售公司、物流公司；并且不同的供应商、销售公司、物流公司有各自不同的数据账套。

2）第三方物流管理系统。包括基础资料管理、采订单管理、仓储管理、配送管理、运输管理、商务管理、客户管理、货品管理、决策分析、统计查询等。系统提供不同的工作岗位、角色，扮演不同部门的企业员工来体会：第三方物流公司的客户、企业管理人员、决策层领导等。系统以业务订单来拉动企业各部门之间的互动，以仓储中心、运输配送为核心，适应于不同种类的货物存储、集散、线路管理、配送、搬运装卸等业务。

3）仓储管理系统。其主要功能模块如下：

① 数据初始化：训练和实训前对货品、货位、库存等基础数据进行初始化。

② 订单管理：录入入库订单、出库订单和补货作业。

③ 入库作业管理：打印入库单、入库理货、入库上架、入库完成。

④ 出库作业管理：打印出库单、出库拣货、出库理货、出库完成。

⑤ 补货作业管理：补货下架、补货上架完成。

4）运输仿真系统。系统模拟多个企业角色，如总经理、销售代表、财务会计、订舱员、调度员、配载员、车辆管理员、司机、运输经理等角色。系统支持零担运输装载量的整合与优化，并利用运输优化工具，通过在途路线和装载量的优化，实时进行运输计划的调整。

5）港口仿真系统。针对码头企业岗位与流程来进行训练，所有岗位可自由切换，系统可自动下达任务。训练技能主要包含进口卸船、出口装船、龙门吊操作、集卡驾驶、闸口管理、闸口检查等码头企业任务。

（6）物流沙盘模拟模型。物流沙盘模拟模型包括铁路、公路、海运、航空四种物流区域。模型包含港口、岸壁式集装箱装卸桥、集装箱船舶、集装箱堆场作业机械，如底盘车、轨道式龙门起重机以及正面起重机、散货起重机、轨道式龙门起重机、散货起重机可以电动运行；其中的港务局、码头前沿、堆场、集装箱拆装箱库、指挥塔、大门、维修车间区分明确并标注；模型中的各类型物流机械设备，如装卸搬运机械、集装箱装卸专用机械、仓储设施等均按比例缩小制作，同时还设有第三方物流、信息中心、外贸中心、银行、海关、大型超市、仓储中心、加工企业等模型。通过该模型能够了解企业从生产到运输的作业流程。例如，对于铁路运输，制作出了铁路轨道、机车布置、上下货站区；对于空运作业流程，制作出了机场布置、空运局、停机坪、候机楼、航管楼及塔台、停车场、货运配送区、运输车辆、机场涉外宾馆等。整体设备制作仿真、精细、大方。

（7）电子商务模拟系统。电子商务模拟系统是为了配合电子商务课程的教学、培训而设计的模拟试验系统。它虚拟了电子商务流程中不可缺少的商业模式中银行、电子数据交换（EDI）信息中心、物流中心、销售商场、生产厂家、个人消费六种重要角色，模拟电子商务 BtoB、BtoC 两种经营模式，各个角色利用电子商务模式自主完成经营过程，共同构成商务循环。

（8）无线数据采集系统。无线数据采集系统是无线技术、移动计算技术、条码数据采集技术的结合，以 RF 手持条码终端为主，包含登录点、DT800 无线终端、条码打印机等软硬件，并广泛应用于物流领域的商业盘点、仓储出入库管理、货物检验、订货管理、工业生产线管理、邮政分拣、登单、接收、无纸化挑单、信息录入（查询）处理等各个环节，还能保障物品运输、配送、仓储等各环节的顺利进行，是供应链物流系统内快速、准确采集物流信息，达到信息流与物流完美结合的重要工具。

采用手持条码终端，仓库管理人员在任何地点都可以及时通过无线传输得到由 MRP/ERP 系统传来的出入预报通知，根据手持终端的提示进行出入库操作。同时一一扫描货物上的条码，校验货物的准确性。

（9）杰合配送系统。杰合配送系统（见图 4-3）是一套配送行业的管理系统。它集联络、销售、调拨、库存各环节的信息流、物流业务管理于一体，可广泛适用于物流行业中的配送企业，为城市物流配送企业构建以客户为中心的业务组织，提供客户关系管理、优化配送调度、配送作业监控、动态库存管理和配送绩效管理等功能，降低成本，提高效益，为客户提供订单响应式配送交付服务。主要有如下四大功能：

1）客户联络中心与客户关系管理。客户联络中心能够快速、准确地确认客户身份

第四章　物流实践能力的获取方式

图 4-3　杰合配送系统

和接受客户要求，并通过商业智能模块主动与需要服务的客户进行联络，从而使企业能够最大限度地利用客户资源，提高客户满意度和忠诚度，提高企业盈利能力。

2）客户营销中心与营销管理。建立货品资料数据，处理销售订单和客户关系，帮助企业在营销管理中对客户资料的挖掘和利用达到更高水平。

3）供应管理中心与库存管理。库存管理的核心是出入库管理、货品交接管理和补货备货管理。同时，通过对销售资料分析，系统实现库存点的优化分布，使企业决定库存分布有据可依，对于多级库房，系统可实现库房之间的调拨管理。

4）配送调度中心与配送调度管理。主要功能是对系统优化模块生成的作业任务进行调度安排，并对整个任务运行过程进行监控，提高整个配送过程的服务质量与客户满意度。

（10）ERP 系统。随着市场竞争愈加激烈，企业不得不面临着愈加频繁的业务高速和机构变更，这就是当前企业界经常提到的"企业重组"的问题。另外，企业的生产方式从单一模式变成混合模式，企业的业务需求向多元化方向发展的趋势，也表明信息系统不能仅仅是建立在以计划为核心的模式上，而是要根据每一企业的特点和关键需求，来设定信息系统的模式。

ERP 系统应运而生，其核心思想就是将物流和资金流的活动实时控制和集成处理，并以信息流的形态将其及时地传递到各管理层和决策层，从而做到对企业的物流、资金流和信息流的全面集成和统一管理。ERP 系统在考虑资源如何配置时，以企业关键需求为前提条件，对企业的资源配置从最佳和最全面的角度去考虑。

在此软件平台基础上，可以进行的企业物流的实践包括：

1）企业进销存的业务分析。

2）企业生产能力分析。

3）企业在制品、成品库存控制。

物流实践能力培养与提升

4）企业生产流程优化。

5）企业生产模式（拉动式、推动式）研究。

二、课程调研

课程调研是指针对课程学习中的有关物流理论、物流规律等，通过各种调查方式，如现场访问、电话调查、拦截访问、网上调查、邮寄问卷等形式得到受访者对某个物流事实或物流现象的态度和意见，进行统计分析，来研究该物流事物的理论、规律。调研报告是整个课程调研工作，包括计划、实施、收集、整理等一系列过程的总结。针对物流管理专业实践性强的特点，主要专业课程基本上都安排课程调研环节。

例4-2："物流学"课程调研。

"物流学"课程的现场调研是重要的学生实践方式，通过这项活动学生能够将理论应用到实践中，从而更深地理解理论知识。教师应引导学生选择合适的调查地点、进行合理的调查问卷设计、采取多种记录手段，最终完成优良的调查报告，并在学生报告、交流后进行及时总结。

该课程的实践环节采用分小组分课题的组织形式，将全体选课学生分为五个调研小组，分别完成如下的调研任务：

1）某地区物流市场分析。

2）物流政策调研。

3）循环物流现状调研。

4）中国物流企业现状调研。

5）传统流通业现状与电子商务发展调研分析。

三、课程设计

课程设计是某一物流专业课程知识应用的综合性实践环节，是学生学完课程后，综合利用所学的知识进行的设计实践。课程设计强调专业知识的综合运用，要求动手能力强、可操作性高。通常在主干专业课程中安排课程设计环节。

课程设计通过对实际系统的数据收集、建模和仿真，为实际系统提出改进和优化方案，是培养学生的规划与设计能力的重要环节。一般由教师给定设计目的和要求，学生自己拟订设计步骤和设计方案，在教师指导下完成设计过程，如提供一个虚拟的配送中心的数据，让学生规划一个配送中心的布局、设计一些简单的管理流程等。还可以利用实验室中的物流综合业务平台、仿真系统、各种硬件设备等，作为科研工具或科研对象，结合学生的毕业论文环节，带领学生进行二次开发或研究其技术原理。通过开设设计课程，可着重培养学生独立解决实际问题的能力、创新能力、组织管理能力和科研能力。

例4-3："物流系统分析"课程设计。

"物流系统分析"是物流管理专业一门重要的主干专业课程，其目标是通过对物流系统各组成部分相互关系的分析，进行合理布置，得到高效运行的物流生产系统，获得最佳的经济效益和社会效益。

第四章　物流实践能力的获取方式

物流系统作为一个生产系统，由人员、设备、技术等多种因素所构成，整个系统的效益即总投入与总产出之比应尽可能达到最高水平。系统布置设计（SLP）方法提供了一种以作业单位物流与非物流的相互关系分析为主线的规划设计方法，采用一套表达力极强的图例符号和简明表格，通过一套条理清晰的设计程序进行物流系统设计。这种方法为设施设计人员与生产管理人员广泛采用，实践效果良好。系统布置设计不是一种严密的设计理论，而是一套实践性非常强的设计模式和规范的设计程序。学习和掌握系统布置设计方法最有效的手段就是直接参与设计工作。

1. 目的与要求

"物流系统分析"课程设计是物流管理专业课程的重要实践性教学环节，是综合运用所学专业知识，完成物流设施设备布置设计工作而进行的一次基本训练。其目的是：

（1）能正确运用系统布局的基本原理及有关专业知识，学会由产品入手对物流系统进行调研分析的方法。

（2）通过对某物流系统布置设计的实际操作，熟悉系统布置设计方法中的各种图例符号和表格，掌握系统布置设计方法的规范设计程序。

（3）通过课程设计，培养学生学会如何编写有关技术文件。

（4）通过课程设计，初步树立正确的设计思想，培养学生运用所学专业知识分析和解决实际技术问题的能力。

2. 主要内容

课程设计的题目为某医药物流公司的系统设计。针对给定的公司实例，要求学生在教师的指导下，独立完成整个设计过程。具体进行下列工作：

（1）进行产品分析、产量分析，确定生产类型。

（2）进行物流系统分析，绘制物流系统结构图。

（3）进行物流流程分析，得到作业单位物流相关表。

（4）进行作业单位相互关系分析，得到非物流相互关系表。

（5）将作业单位物流相关表与非物流相互关系表加权合并，求出作业单位综合相互关系表。

（6）绘制作业单位位置相关图。

（7）绘制作业单位面积相关图。

（8）参考公司的实际情况，列出影响布置的修正因素与实际限制条件。

（9）产生三套布置方案。

（10）对布置方案进行自我评价，从物流效率、物流流程要求及生产变化的适应性等方面对各方案进行评价比较，得出最佳方案。

（11）以上步骤是应用 SLP 方法进行工厂设施布置的全部过程要求。同时，基于 SLP 方法中求出的作业单位综合相互关系表，应用 Tompkins 关系表技术给出该医药公司最满意的总平面格子状的布置图。

（12）编写设计报告阶段。要求学生编写出详细的设计报告书。

（13）答辩阶段。答辩是为了检查学生是否达到了课程设计的基本要求和目的。

3. 进度计划

进度计划设计实践为两周（10天），具体安排建议见表4-2。

物流实践能力培养与提升

表 4-2 进度计划表

	设计内容	完成时间/天	备注
1	物流分析	1.5	
2	作业单位相互关系分析，物流与非物流相互关系合并	1.0	
3	绘制作业单位位置相关图	1.0	
4	绘制作业单位面积相关图	0.5	
5	绘制布置方案图	3.0	
6	编写课程设计报告	2.0	
7	准备答辩与答辩	1.0	

4. 设计成果

设计成果要求课程设计报告应包括各阶段工作数据、各布置方案简图及文字说明。字数不少于 12000 字，课程设计报告采用 16 开纸。其中 SLP 方法包括的七个表、三套图都分别用 A4 纸表示：

（1）表（七个）：物流强度汇总表、物流强度分析表、作业单位相互关系表、作业单位非物流相互关系表、作业单位综合相互关系计算表、综合接近程度排序表、作业单位综合相互关系表。

（2）图（三套）：作业单位位置相关图、作业单位面积相关图、布置方案图。

另外，设计成果中主要包括 Tompkins 关系表，Tompkins 关系表中包含关系工作表、拼块图、格子状的布置图。

四、认识实习

1. 认识实习基本内容

认识实习是在学生系统学习专业课程之前，为帮助其了解专业内容、提高专业意识而组织的实践性教学环节。认识实习是学生初步接触专业课后第一个实践教学环节，目的在于使本专业学生初步了解物流管理工作的实际运行，增加对本专业的感性认识。

学生在全面系统地学习本专业理论知识之前，认识实习是对以后知识更好地了解的一个重要阶梯，能够使学生将原有的模糊专业认识知识与实际专业领域的应用结合起来，对商品流通、货物运输、商品包装、装卸搬运、流通加工、仓库存储、商品配送、物流信息等有初步认识；同时，在实习中培养学生良好的职业道德、严谨的科学态度和工作作风，巩固原有的"物流学"上所学的相关知识，培养分析、解决问题的能力，从而为将来三年，乃至毕业后从事物流管理工作打下基础。

认识实习的目的是理论联系实际，使课堂的理论教学与生产实践中的物流管理问题密切结合，使学生加深理解已学过的物流管理方面的基本理论知识，对物流组织及其管理活动有初步的感性认识；在认识实习中初步培养学生的独立工作能力和解决实际问题能力，在初步了解物流组织及其各方面的基础上，使学生能够利用所学初步进行面上的物流管理活动分析；了解物流组织的机构设置和运作方式；使学生熟悉其经营方式、主要工作内容和工作方式，增强学生的物流管理意识；引导学生热爱物流管理专业和献身物流事业，增强学生的事业心和责任感，为下一步专业课程的全面学习打下良好基础；培养学生的职业意识，使学生在思想品德、工作态度及作风等方面得到良好的教育，同

第四章 物流实践能力的获取方式

时,使学生在社会实践能力和社交能力等方面都得到培养和提高。

认识实习的主要任务是学生在教师的带领和指导下,实地参观一些典型物流企业的组织机构、厂区布局、生产工艺、物流设施设备和物流流程等。通过收集资料和现场观测记录,完成一份认识实习报告书。为了顺利完成这一任务,学生需要达到以下三点基本要求:

(1) 初步学会对物流企业现场资料的收集、整理和分析的基本方法。

(2) 初步了解商品流通、货物运输、商品包装、装卸搬运、流通加工、仓库存储、商品配送、物流信息处理等的主要方法、主要设备和基本业务流程。

(3) 初步掌握调研报告的编写格式与书写方法。

认识实习的具体内容分为两个方面:企业物流管理认识实习和物流企业管理认识实习。企业物流管理认识实习侧重于企业供应链管理的认知,主要了解不同企业物流组织的运作;熟悉物流管理的具体步骤及内容;了解物流管理的主要方法与手段;分析某一企业物流管理的关键问题。物流企业管理认识实习侧重于物流活动要素的认知,主要了解物流企业的组织机构设置和运作方式,熟悉物流企业的经营方式及主要工作内容,分析某一物流企业主营业物管理的关键问题。

2. 认识实习实践:联想自动化仓库配送中心

2012—2013 财年,联想集团营业额达 340 亿美元,是全球个人计算机(PC)厂商巨头之一,也是 PC + 产品领域新晋领导厂商。联想客户遍布全球 160 多个国家,有着创新的产品、高效的供应链和强大的战略执行力,产品线包含 Think 品牌商用 PC、Idea 品牌的消费 PC、服务器、工作站以及包括平板电脑和智能手机等的一系列移动互联网终端。2013 年,全年发货量达到 5377 万台,第一次成为全球 PC 市场的全年销量冠军。

(1) 物流系统。联想公司物流系统集成了当时国际上最新的立体仓库技术。巷道堆垛机是立体仓库系统的关键设备之一,其中的运行调速技术、激光测距技术、货叉调速技术、起升机构的认址技术、变截面立柱技术等 10 余种新技术均为我国的最新研究应用成果或国际先进技术。输送机设备采用了组合式结构、悬臂式升降台等多项新技术和托盘自动收集技术。分配车在运行调整、认址等方面均采用了最新的研究成果。双车避让技术的采用使分配车达到了比设计要求更高的能力。货架结构采用有限元分析。表面处理采用表面喷塑新工艺,美观耐用。控制系统采用了 PROFIBUS 现场总线控制技术,与 R/3 系统的高度集成体现了该立体仓库系统在与大型信息系统集成方面取得的突破成绩。联想公司自动化物流系统是我国自行研制的具有国际先进水平的物流系统,该系统的成功运行标志着我国物流自动化技术水平又上了一个新台阶。

(2) 供应链管理。联想集团主营计算机制造业,其物流系统从属于供应链管理。联想的客户,包括代理商、分销商、专卖店、大客户及散户,通过电子商务网站下订单,联想将订单交由综合计划系统处理。该系统首先把整机拆散成零件,计算出完成此订单所需的零件总数,然后再到 ERP 系统中去查找数据,看使用库存零件能否生产出客户需要的产品。如果能,综合计划系统就向制造系统下单生产,并把交货日期反馈给客户;如果找不到生产所需要的全部原材料,综合计划系统就会生成采购订单,通过采购协同网站向联想的供应商要货。采购协同网站根据供应商反馈回来的送货时间,算出交货时间（可能会比希望交货时间有所延长），并将该时间通过综合计划系统反馈到电子商务网站。供应商按订单备好货后直接将货送到工厂，此前综合计划系统会向工厂发出通知，哪个供应商将在什么时间送来什么货。工厂接货后，按排单生产出产品，再交由运输供应商完成运输配送任务。运输供应商也有网站与联想的电子商务网站连通，给哪个客户发了什么货、装在哪辆车上、何时出发、何时送达等信息，客户都可以在电子商务网站上查到。客户接到货后，这笔订单业务即算完成。

（3）生产物流。借助联想的 ERP 系统与高效率的供应链管理系统，利用自动化仓储设备、柔性自动化生产线等设施，联想在采购、生产、成品配送等环节实现了物流与信息流的无缝对接：

1）供应商按联想综合计划系统提出的要货计划备好货后，送到联想生产厂自动化立体仓库，立体仓库自动收货、入库、上架。

2）生产线管理控制室的控制系统对生产线的流程进行控制，并根据生产情况及时向供货商或生产厂的自动化立体仓库发布物料需求计划。

3）自动化立体仓库控制系统与生产线系统集成并共享信息，当自动化立体仓库接收到生产计划要货指令后，即发布出货分拣作业指令，立体仓库按照要求进行分拣出货作业。

4）按照物料需求计划将货从立体仓库或储存区供应给生产线，生产线按排产计划运转。生产线装配工人组装计算机，并根据组装的情况，监测、控制上方计算机显示屏的"拉动看板"，及时将组装信息及物料需求信息反馈到企业生产控制系统中。

五、学年论文

学年论文就是高等院校要求学生每学年完成的一篇学术论文，这是一种初级形态的学术论文。其目的在于指导学生初步学会对一学年所学专业知识进行科学研究。每学年写一篇，逐步培养学生的科研能力，为将来写毕业论文打基础。撰写学年论文要在导师的指导下进行。

学年论文的选题应具有单一性，每位学生的论文题目都应该是不同的。论文写作应注意主题明确、结构合理、语言流畅。论文的内容应该较为新颖，论点应该有独立性，不得抄袭他人已发表的学术论文，需要引用时，应注明引文出处。论文的写作应该符合一般学术论文的要求，做到排版整齐，插图清晰准确，全文篇幅恰当，字数为 5000～8000 字。

学年论文是整个教学过程中一个极其重要的教学环节，是培养高等学校学生理论联系实际、综合运用所学知识能力的重要途径，也是综合考查学生运用所学知识分析问题、解决问题以及动手操作能力的一个重要手段。通过撰写学年论文，培养学生独立思考、勇于探索、理论联系实际、综合地运用所学专业知识和技能解决较为复杂问题的能力，并使学生受到科学研究工作初步训练，同时掌握撰写论文的基本方法，为其今后写作毕业论文奠定基础。

学年论文的基本内容和要求如下：

（1）学年论文的形式以学术论文为主，也可以是调查报告。论文篇幅要适当，论文在 5000 字左右，调查报告字数不限。

第四章　物流实践能力的获取方式

（2）论文要理论联系实际，运用所学专业理论和知识进行分析，论点突出，论据充分，观点明确，论证有力，具有一定的学术意义和现实意义。

（3）写作材料要充实，要有创新和自己的见解，树立良好的文风，严格遵守有关论文原创性的要求。

（4）论文要能系统地阐明论文题目所包括的主要问题，并力求做到概念明确、结构完整、文理通顺、逻辑严密、层次清晰。

（5）学年论文必须保证一生一题，不允许两名或两名以上的学生做同样的课题。

（6）学年论文采用国家标准规定的学位论文的格式，包括论文题目、作者、内容提要、关键词、正文、注释、参考文献等内容。

学年论文选题应在物流管理专业知识范围内，结合物流管理的实践和理论需要，从现代物流发展的重点、难点和热点问题中选出一题，并紧密结合调查所获得的第一手资料，运用专业理论方法展开分析和探讨，写出一篇调查报告或学术论文。

第三节　自 我 实 践

自我实践是指在校学生利用课余时间及寒暑假，深入到社团、企业、工厂、农村、街道、部队、医院、商场等进行劳动、考察、了解社会，并利用所学专业知识为经济建设和社会发展服务的实践活动。

自我实践活动是"跨世纪青年人才工程"和"跨世纪青年文明工程"的重要组成部分；是参与社会主义市场经济建设，促进教育改革的积极因素；是德育教育的重要组成部分；是引导广大青年学生健康成长的有效途径。

自我实践是高等教育教学内容的重要组成部分，是巩固所学知识、吸收新知识、发展智能的重要途径，它不受教学大纲的限制，学生可以在这个课堂里自由驰骋，发挥自己的才能，开创自己的基业，充分利用在校期间的以学习为主、学好和掌握科技知识的有利条件，在自我实践中磨炼自己，真正锻炼和提高自己的实际工作和适应能力。

自我实践的目的在于弥补学校教育教学工作的不足，丰富和深化大学生思想政治教育的实践内容，促进青年学生在理论和实践相结合的过程中增长才干、健康成长的重要课堂，从而优质成才、全面成才。①自我实践可以引导青年学生了解社会，了解国情，坚持走有中国特色社会主义道路的信念。②自我实践可以使学生增强责任感和使命感，树立正确的世界观、人生观、价值观，提高学生的综合素质。③自我实践可以充分发挥学生的知识和智力优势，为人民群众生产和生活基本需求服务，培养学生的劳动观念和奉献精神。④自我实践可以使学生合理利用课余时间，积极投身于各类社会实践活动中，全面提高自身素质，为就业做好准备。⑤自我实践可以使学生接近社会和自然，获得大量的感性认识和许多有价值的新知识，同时使他们能够把自己所学的理论知识与接触的实际现象进行对照、比较，把抽象的理论知识逐渐转化为认识和解决实际问题的能力。

自我实践的方式既包含部分教学计划中规定的实践环节，如毕业设计，也包含了教学计划外的实践活动，也就是通常所说的社会实践，主要有勤工俭学、寒暑期实践、社团、科研、科技竞赛和创新性实验计划、证书认证、交换生等。

物流实践能力培养与提升

一、毕业设计

毕业设计是完成教学计划达到培养目标的重要环节。它要求学生针对某一课题,综合运用本专业有关课程的理论和技术,通过专业实习或毕业实习、深入实践、了解社会、完成毕业设计任务、撰写毕业论文等诸环节,做出解决实际问题的设计,能使学生综合应用所学的各种理论知识和技能,进行全面、系统、严格的技术及基本能力的练习。同时,通过对某一课题进行专门深入系统的研究,巩固、扩大、加深已有知识,着重培养学生综合分析和解决问题的能力和独立工作能力、组织管理和社交能力。另外,毕业设计对学生的思想品德、工作态度及作风等都会有很大影响,对于增强事业心和责任感、提高毕业生全面素质具有重要意义。毕业设计是学生在校期间的最后学习和综合训练阶段,是学习深化、拓宽、综合运用所学知识的重要过程,是学生学习、研究与实践成果的全面总结,是学生综合素质与工程实践能力培养效果的全面检验,是实现学生从学校学习到岗位工作的过渡环节,是学生毕业及学位资格认定的重要依据,是衡量高等教育质量和办学效益的重要评价内容。

毕业设计的目的,首先是培养学生综合运用所学知识、结合实际独立完成课题的工作能力,其次是对学生的知识面、掌握知识的深度,运用理论结合实际去处理问题的能力、实验能力、外语水平、计算机运用水平、书面及口头表达能力进行考核。

1. 毕业设计的总体要求

(1) 培养学生综合运用、巩固与扩展所学的基础理论和专业知识,培养学生独立分析、解决实际问题能力,培养学生处理数据和信息的能力。

(2) 培养学生正确的理论联系实际的工作作风和严肃认真的科学态度。

(3) 培养学生进行社会调查研究,文献资料收集、阅读和整理、使用,提出论点、综合论证、总结写作等基本技能。

毕业设计一般由毕业设计选题、文献查阅、开题报告、数据资料调研、毕业论文写作、毕业答辩等过程组成。毕业设计的最终成果表现为毕业论文,也是学生毕业及学位资格认定的直接依据。

2. 毕业设计选题

毕业设计选题应符合专业培养目标和教学要求,以所学专业课的内容为主,不应脱离专业范围,要有一定的综合性,具有一定的深度和广度。毕业设计题目的来源可以是指导老师指定的题目,也可以是学生本人学习阶段的积累,还可以是专业实习过程中的一些观察、思考。毕业设计题目的选定是一个渐进的过程,题目宜小不宜大,只要在学术的某一领域或某一点上,有自己的一得之见,或成功的经验,或失败的教训,或新的观点和认识,言之有物,读之有益,就可以作为选题。通常结合学生本人的专业和偏好,可以先选出一个大的研究方向,再围绕该研究方向查找文献资料,通过阅读、思考、分析材料逐渐明确毕业设计的主体内容,最后把毕业设计题目具体化。

题目就是文章的眼睛,要明亮而有神。题目是毕业设计内容的高度概括,通俗地说,题目就是告诉别人你要干什么或解决什么问题。因此,毕业设计题目要注意以下几方面:题目应当科学、规范、精练并完整表达本毕业设计的意图,但切忌简单地罗列现象或者陈述事实;题目不宜使用公文式的标题;文章题目要体现设计的侧重点,要呈现

第四章　物流实践能力的获取方式

研究对象以及要解决的问题，能够概括出 3 个左右的关键词；最后确定的题目应简洁、明确、有概括性，字数不宜超过 20 个字，如果有些细节必须放进标题，可以分成主标题和副标题。

3. 文献查阅

毕业设计在一定程度上也是某所选题目领域的科研成果的描述与反映，必须掌握尽可能多的经典以及最新的文献信息资料。图书馆及其他文献信息机构收藏是主要的文献来源，其中的电子期刊数据库不但检索种类齐全，而且速度快，是目前基础理论型文献资料查找的首选。另外，互联网上数据资料也较为丰富，而且更新速度快，是目前统计数据资料查找的首选。

文献查阅一般根据毕业设计题目所反映出的关键词进行。关键词的选择必须保证两点：①专业性，即这个词是很精确的，可能简化文献查阅的结果，因而词甚至可以怪一点，尽量避免大众化的词。即使需要大众化词，但若加入一两个特征词，则结果将大大简化。②具有代表性，就是这个词具有代表意义，也即它包含在你所需的文献内，以免一些有用信息被遗漏。

4. 开题报告

开题报告就是当毕业设计题目方向确定之后，在文献查阅、调查研究的基础上撰写的报请毕业设计指导老师批准的选题计划。它主要说明本毕业设计的选题背景、选题意义、设计条件、主要设计内容、设计方法、预期设计成果以及时间安排、目前所查阅的文献及调研到的数据资料等问题，也可以说是对毕业设计选题的论证和设计，是提高选题质量和水平的重要环节。开题报告的主要内容包括：

（1）开题报告封面。封面上列有毕业设计题目、系别、专业、年级、姓名、导师。封面表明与实践者相关的一些个人信息。

（2）毕业设计的目的、意义和国内外研究概况

1) 毕业设计的目的和意义。主要回答为什么要进行本毕业设计，交代设计的价值及需要背景。一般先由存在的问题导出研究的实际意义，然后再谈理论及学术价值，要求具体、客观，且具有针对性，注重资料分析基础。

2) 国内外研究概况。即文献综述，要以查阅文献为前提，所查阅的文献应与研究问题相关，但又不能过于局限。所谓综述的"综"，即综合，综合某一问题领域在一定时期内的研究概况；"述"更多的并不是叙述，而是评述与述评，即要有自己的独特见解。要注重分析研究，善于发现问题，逐渐引出本毕业设计选题在当前研究中的位置、优势及突破点。

（3）设计的理论依据和方法、设计内容。设计的理论基础是毕业设计过程中要用到的现有基础理论和方法，可以是已有的理论。设计的理论基础和方法要基于设计内容进行选择。毕业设计题目是设计内容确定的根据，在决定研究内容的时候要注意工作量和涉及的内容。首先工作量一定要够，一般是安排 2~3 个重点内容；其次是涉及的面不能太散乱。设计方法是说明毕业设计过程中用到的主要设计方法。

需要注意的是，在设计之前，概念的界定特别重要。概念界定就是要对毕业设计的关键词下操作性定义，借鉴前人已有的经验和经历在自己的研究领域提出自己的新观点，尤其是要解释清楚本设计中的相关概念的实际含义。

物流实践能力培养与提升

(4) 毕业设计的条件和可能存在的问题。毕业设计的条件指的是目前进行该设计所具有的设施设备或者数据资料收集条件。可能存在的问题说明在毕业设计过程中可能遇到的最主要的、最根本的关键性困难与问题，以及可行的解决方法和应对措施。

(5) 预期的结果。说明本毕业设计的一些成果性指标。

(6) 进度安排。说明本毕业设计内容完成的时间进度。

(7) 参考文献。说明文献综述所引用的主要参考文献。

5. 数据资料调研

数据资料调研指的是以毕业设计为目的的数据资料收集、整理过程。根据毕业设计指导老师允许通过的开题报告，围绕确定的重点问题和设计内容，以及预期的设计成果，采用科学的方法或工具收集数据资料，对数据资料进行科学的统计分析，以充分论证设计过程中可能得出的相关结论或结果。

数据资料调研是为了获得最真实可靠、最丰富的第一手资料，调查研究时要做到目的明确、对象明确、内容明确。调查的方法一般有普遍调查、重点调查、典型调查、抽样调查。调查的方式可以是开会、访问、问卷调查、文献搜集。另外，实验与观察是搜集科学资料数据、获得感性知识的基本途径，是形成、产生、发展和检验科学理论的实践基础。

论证过程中必须建立在足够样本的基础之上。因此，数据资料收集需要确定统计样本的合理数量和代表性。合理数量是指每组样本的数量必须大到足够得到正态分布的统计结果，通常，每组样本至少 30 个。代表性是指所选样本对设计选题的范围而言是典型的，有足够的代表性。

对数据资料的选择，应该注重数据资料的典型性、可比性以及精确性。典型数据是最具代表性的材料，它显示着事物和现象某些本质特征，有着以一当十的力量。将一组有可比性的材料进行前后比较，能使观点更加鲜明突出，增加说服力。精确的统计数据具有很强的概括力和表现力，可以增强毕业设计的科学性、准确性和说服力。

在数据资料调研时，如下问题是较为常见的，应尽量注意：①经常出现无原则地简化调研过程，甚至将整个调研过程简化为一次调查或为一次问卷的行为，这样的样本确定的程序和方法不科学，数据的代表性不足，随意性大，没有典型，数据量远远不够统计标准；②调查工具（如问卷、量表等）源头不清、设计不科学或缺少信度效度检验就任意使用；③数据调研周期短，缺乏必要的数据对比（如设计方案前测与后测对比、实验组与控制组对比）或因干扰因素控制不力导致对比不可信；④数据类型或数据收集方法与所要解决问题的需要不符。

6. 毕业论文写作

毕业论文是毕业设计的最终表现成果，毕业论文的撰写是顺利毕业的重要环节之一，也是衡量毕业生是否达到毕业水平要求的重要依据之一。毕业论文的规范性要符合一般学术论文的标准，其基本内容和格式包括：

(1) 题目。独立成页，除了题目外，还包含院校、指导教师、论文完成时间等信息。

(2) 版权声明。独立成页。

(3) 摘要。要有高度的概括力，语言精练、明确，中文摘要约 300～500 字。

(4) 关键词。从论文标题或正文中挑选 3～5 个最能表达主要内容的词作为关键词。

第四章 物流实践能力的获取方式

关键词之间需要用分号或逗号分开。

（5）目录。写出目录，标明页码。包括正文中的一级二级标题（根据实际情况，也可以标注更低级标题）、参考文献、附录、致谢等。

（6）正文。正文字数一般应在15000字以上，包括前言、本论、结论三个部分。前言是论文的开头部分，主要说明论文写作的目的、现实意义、对所研究问题的认识，并提出论文的中心论点等；本论是毕业论文的主体，包括毕业设计的内容与方法、问题的分析、理论的构建，以及观点的论证，尽量反映出自己的科研能力和学术水平；结论是毕业论文的收尾部分，是围绕本论所做的结束语。其基本的要点就是总结全文、加深题意。

（7）参考文献。在毕业论文末尾要列出在论文中参考过的所有专著、论文及其他资料，所列参考文献可以按文中参考或引证的先后顺序排列，也可以按照音序排列（正文中则采用相应的哈佛式参考文献标注而不出现序号）。参考文献的著录一方面可以反映作者立论的真实依据，另一方面也是对原著者创造性劳动的尊重。

（8）致谢。简述自己做毕业论文的体会，并应对指导教师和协助完成论文的有关人员表示谢意。

（9）注释。在论文写作过程中，有些问题需要在正文之外加以阐述和说明。

（10）附录。对于一些不宜放在正文中但有参考价值的内容，可编入附录中。有时也常将个人简介附于文后。

7. 毕业答辩

毕业答辩是一种有组织、有准备、有计划、有鉴定的比较正规的审查论文的重要形式。毕业答辩的目的，对于组织者（校方和老师）、答辩者（论文作者）是不同的。校方和老师的目的简单说是为了进一步审查论文，即进一步考查和验证毕业设计作者对所著论文论述到的论题的认识程度和当场论证论题的能力，进一步考察作者对专业知识掌握的深度和广度，审查论文是否由学生自己独立完成等情况。对于答辩者来说，答辩的目的是通过，按时毕业，取得毕业证书。学生要顺利通过毕业答辩，就必须有针对性地做好准备，继续对论文中的有关问题做进一步的推敲和研究，保证论文中提到的基本资料准确，把有关的基本理论和文章的基本观点彻底弄懂弄通。可见，在答辩会上，答辩老师要查证学生在毕业设计论文中所表现的水平是真是假；而学生要证明自己的论点是对的。

二、寒暑期实践、勤工俭学及社团

1. 寒暑期实践

寒暑期实践是在教学计划外的寒暑假期间进行的一种社会实践，是课外教育的一个重要方面，也是学生自我能力培养的一个重要方式：①寒暑期实践有利于大学生了解国情、了解社会，增强社会责任感和使命感。②有利于大学生正确认识自己，对自身成长产生紧迫感。③有利于大学生对理论知识的转化和拓展，增强运用知识解决实际问题的能力。④有利于增强大学生适应社会、服务社会的能力。⑤有利于发展大学生的组织协调能力和创新意识。⑥有利于提高大学生个人素养，完善个性品质。

寒暑期实践的主要特点在于实践时间充裕，可以给学生一个充分认识社会、了解社会、提高自我能力的重要机会。

物流实践能力培养与提升

根据时间的便利性和气候环境的适宜性，可以在暑假和寒假期间安排不同性质的实践活动。暑假实践一般要求学生能够去企业单位从事具体的物流实践工作，以起到检验运用专业理论知识的目的。寒假实践一般要求学生就近一年来物流的新发展、物流热点问题等进行实地调研，特别是利用寒假回家乡期间的便利条件，带着预期的目的，进行有针对性的调研实践。

2. 勤工俭学

勤工俭学是指利用学习以外的时间参加劳动，取得合法报酬，用于改善学习和生活条件的社会实践活动。经济有一定困难的学生，或家境相对差一些的学生，为了缓解家庭的经济压力，利用业余时间做工赚取报酬，从而维持正常的学习生活。也有一部分家境较好的学生，他们勤工俭学的目的是增加自己的社会经验，丰富阅历。勤工俭学不仅能够获取一定的经济收入，还能帮助学生掌握系统的理论知识，提高实践能力，顺利完成学业，而且能使学生把握在勤工俭学过程中带来的契机，培养创新意识、凝聚创造能力，为将来就业创业打下良好的基础，成为建设现代化社会主义的栋梁之材。

勤工俭学是素质教育的重要手段，也是社会实践的重要组成部分。物流管理专业的学生应当以校内物流实验室、物流研究所，以及校外物流科研单位、商贸流通企业、专业物流公司、生产制造企业作为勤工俭学目的地对象，除了满足勤工俭学的基本目的之外，还能用上所学的物流专业知识，并能从工作中深入认识物流专业领域。

3. 社团

社团是指以文化、学术或公益性为主的具有某些共同特征的人相聚而成的互益组织。社团的结成基于两方面的社会需要：一是基于社团所属的成员的需要，执行为成员谋取利益的服务职能；二是基于政府职能的需要，履行服从国家和社会利益的管理职能。社团的社会功能主要包括：满足其成员发展的需要，包括知识技能的增长、社会交往、社会承认以及获得新的发展途径等；维护成员权益，包括对个人利益及群体利益的维护；参政议政；成为政府助手，担负着对各自社会成分的管理职能；经济参与，沟通经济信息、开展生产活动、参与市场活动等；参与社会公益活动。

社团可打破年龄、职业以及行业的界限，团结兴趣爱好相近的人士，发挥他们在某方面的特长，开展有益于身心健康的活动，有利于物流边缘学科和交叉学科的知识交流、传播，有助于他们了解物流实业、物流科技等领域的最新发展动态。

学生参加社团需要以保证完成学生的学习任务和不影响学校正常教学秩序为前提，以有益于学生的健康成长和有利于学校各项工作的进行为原则。

常见的物流社团组织有各种相关行业协会，如交通协会、铁道协会、民航协会、海关协会、船东协会、港口协会、货代协会、包装联合会等，属于专业性协会。物流协会是综合性组织，如中国物流与采购联合会、各省市区的物流协会。

学校内部的社团称为学生社团。学生社团是指学生为了实现会员的共同意愿和满足个人兴趣爱好的需求，自愿组成的、按照其章程开展活动的群众性学生组织。学生社团是校园文化建设的重要载体，是高校第二课堂的引领者。常见的学生社团组织主要是各种科技社团，包括物流学会和物流协会，其主要实践活动有举办或参与科技竞赛、创新性实验项目、大学生科技节、各类学术讲座、科技沙龙、大学生课外学术和科技成果展。

学习是一项社会化的活动，人们在群体中能最有效地学习。随着互联网技术的普及

第四章 物流实践能力的获取方式

应用,出现了一种新形式的社团组织——实践社区。实践社区也称移动学习共同体,是将对某一特定知识领域感兴趣的人通过移动终端联系在一起的网络,通过持续的互相沟通和交流增加自己在此领域的知识和技能。这里所谓的"实践",就是积极主动参与学习以及与专家和同行互动,实践者不用参加具体的实践活动,但是通过实践社区,就能获得其他实践者的实践技能。

实践社区作为非正式组织,为学习实践创造了大量的非正式沟通渠道,其沟通方式可能是定期开会或仅利用午餐休息时间讨论,或纯粹以电子邮件、QQ群、微信群、BBS等在线交流方式进行学习、技术交流。实践社区在人类学习活动历史上突破了时空的限制性。无论在办公室、教室还是在地铁、野外,只要拥有相应的移动通信设备,就可以随时随地地进行学习,充分利用零碎的或模块的时间,达到"充分参与",使学习真正成为社会实践的一部分。

三、科研、科技竞赛和创新性实验计划

1. 科研

科研,也即科学研究,是指对一些物流现象或物流问题经过调查、验证、讨论,进行推论、分析和综合,来获得客观事实的过程。学生参加科研实践的意义在于:①可以激发学生的科研兴趣;②能够拓宽知识面,获得更多、更新的知识;③强化知识理论与科技实践的结合;④有效提高学生的综合素质,包括培养团队协作精神,锻炼社会交际能力,培养创新能力,培养正确的科学态度。

科研实践是除课上学习外学生所参加的学术性最强的活动,它可以充分提高学生在各个方面的能力。①科研实践能够最大可能地调动大学生开展专业学习和科学研究的主动性、积极性,激发大学生的科研兴趣、创新思维和创新意识,提高创新实践能力。②科研实践过程能够培养一种工作能力和创新能力。现代企业之间的竞争非常激烈。如果要立于不败之地,企业必须及时对产品更新换代,提高科技含量。这就要求到企业工作的大学毕业生不仅要具备实际操作能力,还要有研发创新能力。大学生可以通过在学校的科研立项,锻炼这种能力,从而提高就业能力。③科研实践会让更多志同道合的人走到一起,在相互交往的过程中,不仅认识了新朋友,还增长了见识,开拓了眼界,更重要的是团队合作能力的加强,有力地提升了社交能力。④科研实践是学术性很强、涉及面较广的一项活动,也是一个学生走向成功走向成名的绝好机会,在这里可以尽你所学,把知识和实践很好地融合,增长了自己的学识,又活跃了整个班级乃至整个学院的学风,在业内、圈内逐渐建立起自己的声誉,增强了自信能力。

学生科研项目一方面来源于学校教师所承担的项目和课题,另一方面来源于学生的自选题目。

2. 科技竞赛和创新性实验计划

科技竞赛是指在高等学校课堂教学之外开展的与课程有密切关系的各类竞赛活动,是综合运用一门或几门课程的知识去设计解决实际问题或特定问题的大学生竞赛活动。创新性实验计划实质是一个综合性的课外教学活动,它以学生为主体,以创新项目实施为主线,在导师的指导下以学生特长、兴趣为出发点,注重过程训练和自主设计,激发学生科学研究兴趣,着重培养学生自主学习、团队协作以及提出问题、分析问题、解决

物流实践能力培养与提升

问题的能力。

科技竞赛和创新性实验计划的目的都是致力于培养学生的实践能力、创新能力和研究能力，引导学生关注世界，了解民生，以亲身的实践经历融入社会。首先，这些实践能够培养学生的逻辑思维能力、独立思维意识、科技创新意识和创新能力。其次，通过学以致用的方式，促进学生课内专业知识、课外综合知识的学习。再次，这样的团队行为可以培养大学生团队合作精神。最后，这类实践时间的有限性、流程的完整性以及作品的竞争性有助于磨炼学生的意志品质和心理素质。

常见的竞赛和创新性实验计划有全国大学生数学建模竞赛，挑战杯全国大学生课外学术科技竞赛、挑战杯全国大学生创新性实验计划、挑战杯全国大学生创业计划大赛，全国大学生物流设计大赛，首都高校物流设计大赛，全国大学生物流技能实训大赛，全国职业院校现代物流技能大赛，全国大学生电子设计大赛，全国大学生广告设计大赛等。

四、证书认证

证书是由机关、学校、团体等发放的证明某种事实、资格、能力或者权力的凭证。证书代表了某种方面一定的能力水平，在一定程度上代表了大学期间的学习状况，在很多方面同时也代表了一种追求上进、不甘平凡的学习工作态度。

可以考虑认证的证书一般包括英语水平能力证明、荣誉证书（学校学习、物流竞赛及科研等各种获奖证书，社会团体等的会员证书）、各种物流实践活动参与证明（如实习鉴定）、职业资格证（物流师、采购师、报关员等）、特种作业操作证（汽车、叉车、装载机等）。

五、交换生

交换生是根据学校间学生交流计划，为加强文化教育交流，互派学生前往对方学校学习，一般为一学期或一学年，所修学分相互承认的联合培养模式。通常是将学生送到相同研究方向的学院进行学习、探讨、研究，交换生可以选择到和自己所就读的学校有学术联系的学校上学，或者也可以称作插班生。"学生交换"的初衷是以促进不同地区、国家人民间的相互理解、尊重，培养青少年的世界观，即每一位参加交换生项目的学生同时也肩负着做一名文化交流小使者的重任。而相对于非交换生来讲，则主要是培养交换生本人独特的经历、成熟的心智和独立的生活能力。

交换生实践能力是通过在当地学校上学、交新朋友、学习规定的科目、参与学校社团活动等方式来进行的。首先是外语语言实践，再没有其他更好的方法能让学生在这么快的时间里熟练掌握一门外语。其次，陌生的生活、学习环境，以及肩负的学习任务，能够使交换生极大地提高自身的独立思考及应变能力。更难能可贵的是，通过在一年的在外交流生活，学生在各方面的能力都得到了磨炼，丰富了学生的人生经历，这些通过参与国际交流计划所获得的宝贵经验，往往被世界各国的一流大学和一流企业所看重。因为这些经历不仅会造就学生健全的人格和成熟的思想，还会造就将实际经验和书本知识融会贯通的优秀人才。

目前，物流管理专业的学生交流计划项目主要集中在比利时鲁汶工程大学、瑞典皇家理工学院、澳大利亚维多利亚大学，以及美国、韩国、日本等国家的多所著名大学。

第五章 物流实践能力培养实务

物流实践能力的培养与提升是一个系统工程，不仅实践能力培养的教学体系要设计得符合用人企业的需求，同时在培养过程中实务层面的操作也是非常重要的。通过实务操作将理论应用于实践，进一步培养与提升物流实践能力。

第一节 物流实践准备

我们经常看到如下一些事例：

（1）唐老师中秋节联系了几位老乡进行家庭聚会，准备了两副扑克牌，采购了一些瓜子、花生、苹果、橘子等零食，在网上学习了毛氏红烧肉、剁椒鱼头、茄子豆角的制作工艺。

（2）淘宝网为了迎接"双十一节"的到来，对数据处理中心的主数据存储交换设备进行了升级换代，高峰数据处理能力提升了上百倍。

（3）春节来临，北京市安排了10万 t 各类蔬菜、瓜果以及各种肉类，以备市民过上一个美好的春节。

（4）空港物流园区各项准备工作已经就绪，北京市相关领导在空港物流园区有关负责人的陪同下，就土地征迁以及"七通一平"等相关前期工作的准备情况进行了现场调研和指导工作。

上述事例说明了一个现象，人们在做某件事情之前，需要为这件事情做一些"准备"工作。俗话说"兵马未动，粮草先行"，指的是在出兵之前，先准备好粮食和草料，通常用来比喻在做某件事情之前，提前做好准备工作。

通过"准备"工作，我们可以对某件事情的概念、类型、目标、性质、内容、流程以及费用预算、事发条件、风险控制、意外处理、执行结果等形成一个可行的规划，从而能够使事情的发展按照我们的意志有序地进行下去。

物流实践准备工作是相当重要的。做任何一件事情，如果前期的准备工作没有做好，那么就直接影响到做事情的效率，同时会造成人力、物力和财力的浪费，造成成本的提高，做事效率降低。同时还会影响到物流实践后期工作的进度，影响到最终实践活动的效率和结果。由此可见，物流实践准备工作相当重要。

一、物流实践准备的概念

一般来讲，"物流实践准备"指的是为物流实践进行的预先安排或筹划活动。这个概念具备如下几个内涵：

（1）物流实践准备是指一种活动。

（2）这些活动是需要预先安排或者筹划的。

（3）这些活动是为了物流实践而进行的。

首先，物流实践准备是受一种完整的物流实践目的和物流实践动机系统制约的，由一系列物流实践前期活动构成的系统。物流实践准备总是由物流实践需求来推动的，实践人员通过特定的"准备"活动使物流实践工作能够顺利进行。

其次，物流实践准备是先行于物流实践的一种活动，是在物流实践主体工作进行之前而预先进行的安排或者策划。

最后，物流实践准备是为了物流实践这个目的而进行的，任何物流实践准备都应该是为了达到或者实现物流实践的目的而开展的。因此，可以认为，物流实践决定了物流实践准备的目的、性质、类型、内容。

二、物流实践准备的特点

1. 系统性

物流实践准备是由一系列物流实践前期活动构成的系统，它是一个复杂的过程，涉及物流实践准备的目的、物流实践准备过程的规划、物流实践准备资源的配备和调度、物流实践经费预算的制定和成本控制等复杂工作。同时还涉及物流实践活动的影响宣传和实践经费来源及实践者本人的职业规划。因此，物流实践准备不是一项项孤立的活动，而是由一系列活动有机组合而形成的一个完整的过程。强调物流实践准备的系统性，也就是强调物流实践准备的过程性和整体性。

2. 前瞻性

物流实践准备是一种预先进行的安排或者策划活动，先行于物流实践主体活动，因而具有前瞻性。物流实践准备的前瞻性就是根据物流实践的目的，把实践对象、实践环境、实践方式预定好，将相关的影响因素深入考虑。在当今社会状况复杂、经济迅猛发展的情况下，在进行物流实践之前，能够提前把握物流实践的相关因素是异常重要的。因而，物流实践准备也必须应该具备前瞻性。前瞻性要求对物流实践准备的牵连性、影响性、可行性等方面进行必要的把握，从而加强对物流实践动态的理解和调整。

3. 明确性

任何有组织的活动都有其目的性。物流实践准备作为一类特别的活动，更有其明确的目标。从对物流实践准备概念的剖析可以看到，物流实践准备的目标一般由成果性目标与约束性目标组成。其中，成果性目标来源于物流实践的直接要求，也是物流实践准备的最终目标。在物流实践准备过程中，成果性目标被分解成为各项具体的功能性要求，是物流实践准备全过程的主导目标；约束性目标通常又称限制条件，是实现成果性目标的客观条件和人为约束的统称，是物流实践准备实施过程中必须遵循的条件，是物流实践准备管理的主要目标。可见，物流实践准备的目标正是成果性目标和约束性目标两者的统一。

4. 服务性

物流实践准备具有明确的目标，就在于满足物流实践的各种基本条件，也就是说，物流实践准备是为物流实践进行服务的，因而，物流实践准备具有服务性特点。从服务性的理念上看，物流实践准备应该具有过程性、差异性、不可分离性、不可储存性等特点。不同的物流实践准备者的实践目的一般是不同的，实践内容也是个体化的，因而物

第五章 物流实践能力培养实务

流实践准备具有差异性。

有服务就有产出,物流实践准备的产出形态可以是有形产品,也可以是无形产品,但就服务的本质而言,物流实践准备关注的是服务的过程。由于物流实践准备者的个体化差异,物流实践准备的过程不像通常的有形产品那样有固定的质量标准,每个物流实践准备者所提供的物流实践准备应该具有较大的差异性。这种差异性的存在,也就意味着物流实践准备者是始终参与到物流实践准备各个过程中的,"服务"与"消费"始终相伴相随,具有不可分离性。可见,如果将物流实践准备搁置一段时间,物流实践准备的成效将消失,这也表明物流实践准备不具有储存性。

5. 可执行性

物流实践准备是为物流实践服务的,它的成果直接指导物流实践的进行,因此,物流实践准备需要有较好的"可执行性"。可执行性指的是贯彻战略意图,完成预定目标的可操作性。从本质上说,执行就是一个实现目标的过程,它不再是纸上谈兵、天马行空地构思一个方案和计划,而是如何让物流实践方案和计划落到实处,实现预期的构想。可执行性的最高标准就是"毫无瑕疵",不能马虎,不能差不多就好,而是力求完美。

在项目开发领域流传着一句话:"一流的创意,三流的执行力,不如一流的执行力,三流的创意。"那是因为很多人都可以设计出非常漂亮的创意方案,但却不是很多人都可以成功,这就是该创意方案的可执行性方面存在问题。

再好的实践准备,如果缺乏可执行性,将不知从何下手。另外,对实践过程中意外情况估计不足,也会导致实践准备缺乏可执行性。例如,实践过程中遇到了一些意外难题,物流实践准备的计划方案无法应对,就是可执行性差的体现。

物流实践准备工作具备可执行性的一个重要表现就是降低物流实践过程中可能产生的风险。一个好的物流实践准备者能够尽可能早地将未来可能产生的主要风险清除掉,以使物流实践的大部分工作能够尽可能地按照实践计划平稳地进行。但是,物流实践的准备工作不是一门遵守严格程序和模式的精密科学,要根据每一个物流实践活动的特点来灵活选择特定的降低风险的方法。具体细节随物流实践环境的不同,会有非常大的变化。

三、物流实践准备的要素

1. 需求

在准备工作的时候预先在物流实践"需求"方面做好充分的调查,就能在物流实践过程中把握主动权。需求是指在物流实践目标驱动下的一种有条件的、可行的又是最优的选择,这种选择使物流实践目标达到有限的最大满足。通常而言,需求越多,约束条件也就越多,所需要完成的准备也就越充分,所能达到的物流实践准备就越难,但同时完成相应的物流实践活动就越容易;需求越少,约束条件也就越少,所能达到的物流实践准备就越简易,但同时完成相应的物流实践活动就越不容易掌控。因此,从理论上来说,需求要素里面存在着"悖反"现象。

需求可以分为纲要需求和单个需求。

纲要需求是指物流实践组织单位或者物流实践岗位对完成某次物流实践所必须具备

的客观条件的反映。纲要需求具有明确的目标性、常态性和一致性。例如，就目标性而言，"课程认识实习"要求实习者对于课程所学知识在实习现场获得一些感性的认识，"××大赛"要求大赛参与者具备快速独立分析问题和解决问题的能力。

单个需求是指单个物流实践者完成一次物流实践活动所必须具备的主观条件的反映。单个需求具有明确的目标性、动态性和差异性。例如，就目标性而言：通过"课程认识实习"，就实习者个体所感兴趣的某些方面进行深入的认识和了解；通过"××大赛"，大赛参与者能够在大赛涉及的专业问题和综合知识问题的分析和解决方面得到深入的锻炼。

2. 选择

选择是判断多个选项中更值得选取的决定，它是一个决策要素。在实践准备时需要先了解可选择内容的多少。通常而言，选择的内容越多，选择的灵活性就较大，选择的过程就比较复杂，所需要完成的准备也就越充分，所能达到的物流实践准备就越难，但同时完成相应的物流实践活动就越容易；选择的内容越少，选择就比较单一，所能达到的物流实践准备就越简单，但同时完成相应的物流实践活动就越不容易掌控。因此，从理论上来说，选择要素里面也存在着"悖反"现象。

选择可以分为权属性选择和权重性选择。

权属性选择是指选择的第一属性，是将同一体系中的组成部分一一分析，逐步分解出来，再构造完成一个完整的体系。通常就是对同一指向的多个对象做出抉择。例如，决定构建物流实践准备的内容，就是一个权属性选择的过程。

权重性选择是选择的第二属性，就是在权属性选择的基础上决定某种要素在同一体系中的具体位置。例如，在构成物流实践准备的各项内容里面，决定哪些内容需要首先完成，就是一个权重性选择的过程。

3. 时间

"时"是对活动过程的描述，"间"是指人为的划分。时间是活动过程的分割、划分，可以刻画活动的延续性、间隔性和顺序性。当然，本质上，时间是对事件发生顺序的排序并进行标志的计量。物流实践准备的时间要素是指物流实践准备的时间安排以及物流实践内容的时间安排。

通常概念上的时间可以分为时刻和时期。

时刻是指某一瞬间，在时间轴上用点表示，通常是指活动过程中的具体的某一时间，也就是我们常说的时间点。物流实践准备的开始时间、结束时间等指的就是时刻。

时期是指时刻与时刻之间的时间间隔，通常是指活动过程中的一段时间，也就是我们常说的时间段，常用天、周、月、学期、年等为单位。物流实践准备期指的就是时期。

通常，物流实践准备的时刻越早，实践的内容相对越少，实践准备需要的时期越短，实践过程也越短；反之亦然。例如，从实践准备到实践完成：大二阶段的课程实践，需要1~2天的时间；大三阶段的课程设计，需要一周左右的时间；而大四阶段的毕业设计则需要一个学期的时间。

4. 知识

知识是指人类在实践中认识客观世界（包括人类自身）的成果。它可能包括事实、信息、描述或在学习和实践中获得的技能。它可能是关于理论的，也可能是关于实践的。

知识可以分为两类，即陈述性知识和程序性知识。

（1）陈述性知识。陈述性知识是描述客观事物的特点及关系的知识，也称为描述性知识。陈述性知识主要包括三种不同的水平：符号表征、概念、内涵。符号表征是最简单的陈述性知识。所谓符号表征，就是指代表一定事物的符号。例如物流设备的图形表示、物流量的计量单位、条码图等都是符号表征。概念是对一类事物本质特征的反映，是较为复杂的陈述性知识。例如物流、运输、装卸等概念。内涵是对事物之间关系的陈述，是复杂的陈述性知识。例如装卸的内涵，是"对物品进行垂直方向上的位移"。

（2）程序性知识。程序性知识是一套关于办事的操作步骤的知识，也称操作性知识。这类知识主要用来解决"做什么"和"如何做"的问题，用来进行操作和实践，它是关于认识活动的方法和技巧的知识。例如，装卸是"采用一定的工器具将物品装上载运工具或者从载运工具上卸下。"

现代社会对人才关于知识层面的要求是既要知识面宽，又要在某些领域有较深的造诣。也就是说，不仅在横向方面有广博的知识，而且在纵向方面也要有较深的专门学问，两者构成一个"T"字形的知识结构。然而，对在校大学生而言，例如，在物流大赛这种类型的实践中，实践个体应该尽量深入自己的专业知识，同时与具备其他专业知识储备的实践个体结合成团队，从而构成一个拥有纵横"＋"字形知识结构的复合体人才团队。

5. 关系

关系指的是人或事物之间相互作用、相互影响的状态，是人类社会中特有的一种人际互动形式，诸如家庭关系、学友（同学）关系、师生关系、社会关系、组织关系、社团关系等。它是被人亲身感受到的一种存在，可以说无人不处在各种关系交织的网络之中。因此狭义上，关系特指人际关系，可以说是人与人之间，在一段过程中，彼此借由思想、感情、行为所表现的吸引、排拒、合作、竞争、领导、服从等互动的关系。

互利性是人际关系的一个重要原则，人与人之间通过人际关系的相互依存，通过对物质、能量、精神、感情的交换而使各自的需要得到满足。在物流实践准备中，充分利用各种人际关系往往能够收到事半功倍的效果。

不少对大学生实践相关情况所做的调查显示，通过父母、亲戚、朋友、老师及院系安排进入社会单位实践的人数占到63%。其中，除了集中类型的实践活动外，本科学生多数通过父母、亲戚、朋友、老师介绍进入相关社会单位实践，而研究生则多数通过院系、导师的安排，进入与学校研究项目有合作的企事业单位进行实践。在实践过程中，少数能力和综合素质较佳者可以成为企业未来招聘人才的候选人。

就实践单位的选择而言，自己的交际圈，尤其是亲友老师，是进入实践活动的重要渠道。因此，主动与家庭及老师、学长进行沟通，建立并维护好正常的人际关系是物流实践准备最重要的因素之一。

四、物流实践准备的内容

"凡事预则立，不预则废。"做好物流实践准备工作是物流实践获得圆满成功的首

物流实践能力培养与提升

要条件。物流实践准备工作的内容很多。首先,要确立围绕什么问题去参与物流实践,也就是说要带着问题去寻求答案,对原来不懂的、不明白的、认识比较肤浅的,通过物流实践弄清楚,提高认识、加深了解、培养能力就是物流实践的目的。其次,要选择、确定好社会实践的地点、时间和对象,也就是要到哪里去实践、实践什么内容事先要经过认真的分析和选择。再次,携带好物流实践过程中个人需要使用到的工器具。最后,储备必要的物流实践基本常识,做好心理准备,树立安全意识。

1. 明确实践目的和性质

获取并领会、理解物流实践的目的和性质是物流实践准备工作的首要内容。物流实践的目的和性质决定了物流实践准备工作的难易程度,不同目的和性质的物流实践,需要完成不同的实践任务,实践准备是不一样的。例如,物流管理课程实践的目的,是在学习完一门物流管理课程后,通过选择与课程内容大致相类似的现场进行实地考察,使物流实践者能够更深刻地了解和领会与该门课程相关的内容,通过结合实践消化这门课程的相关理论知识,并做到在现实中融会贯通地运用。在这种目的的指引下,物流实践准备工作就比较简单。而物流专业毕业论文设计这种类型的实践,由于需要综合运用专业理论知识和个人基础素质能力,实践准备工作就要复杂得多。

通过物流实践的目的和性质可以明确物流实践准备的需求。对物流实践目的和性质的理解越充分,物流实践准备的需求分析就可以越详尽,对未来实践活动过程就越有针对性和指导性。物流实践准备的需求来自于两个方面:一是纲要需求,二是单个需求。纲要需求规定了物流实践所需要达到的硬性目的和实践性质,是必须要实现的。单个需求是根据实践者个体自身所具备的实践条件而自行拟定的。

物流实践准备工作中,物流实践的目的和性质来源渠道较多,既有来自实践者个体本身的,也有来自各种实践组织或者实践岗位的。如果是来自于实践组织的,物流实践的目的和性质可以通过个体通知、课堂宣讲、集体广播的方式告诉物流实践者,也可以通过物流实践任务书、物流实践指导书的方式下达给物流实践者,还可以通过物流实践组织者召开物流实践动员大会的形式传达给物流实践者。一般视物流实践的重要程度和实践内容的复杂程度而采取不同的传达方式。通常,课程实践,如课程设计等,主要以课堂宣讲的方式为主;个体性实践,如科研助理等,主要以个体告知的方式为主;群体性的社会实践,如寒暑假实习、物流大赛、勤工俭学、合作交流等,主要以广播的方式为主;集体性的理论实践,如集中认识实习、集中生产实习等,主要以动员大会为主;既有团体特征又有个体差异的物流实践,如物流专业毕业论文设计等,主要以任务书的形式为主。

一些物流实践的目的和性质示例见表 5-1。

表 5-1 一些物流实践的目的和性质示例

实 践 类 型	目的和性质
课程认识实习实践	通过对实习基地进行有针对性的参观、学习,可以提高学生对物流专业的了解和认识,增加学习兴趣和专业自豪感,为后续专业知识的学习打下良好的基础。同时,实习对学生了解社会、接触生产实际、加强劳动观念、培养理论与实践相结合的能力等方面亦具有重要的意义

第五章 物流实践能力培养实务

（续）

实践类型	目的和性质
专业知识应用实践（课程设计、科研助理、模拟训练等）	1. 强化学生动手能力，提高学生专业基本技能，使其掌握相关专业技术知识，以达到零距离上岗之目的 2. 培养学生吃苦耐劳的精神，锻炼学生承受挫折的心理素质，以利于良好职业道德的养成 3. 加强教师与学生、学生与学生之间的沟通与联系，培养良好的团队协作精神
综合能力训练实践（创新实验、物流大赛、生产实习、就业实习、毕业设计等）	1. 培养学生综合运用专业知识解决实际问题的能力，培养实事求是、严肃认真的科学工作态度 2. 通过和企业接触与社会的交流，改变学生就业观念，培养学生的创业精神和创业意识 3. 了解企业对专业人才知识和技能的需求 4. 加深对职业与行业的了解，确认喜欢或擅长的职业，为从学生向职场人士转变做准备 5. 增强就业时的竞争优势
社会实践（勤工俭学、社团组织）	1. 增加学生对社会的全面了解 2. 丰富学生社会实际经验 3. 提高学生综合素质

例5-1：关于开展寒假职业探索性质的假期社会实践的通知。

各位同学及家长：

假期社会实践活动作为大学生职业生涯规划的重要组成部分之一，已受到越来越多的在校大学生的重视，并逐渐成为当今在校大学生的自觉行为。为了精心打造"小社会、大课堂"的育人环境，着力培养学生的实际动手能力和创新能力，引导学生尽快建立职业生涯规划意识、目标管理意识，为了增强同学们职业生涯规划自主意识，学院在注重提高同学们个人职业发展能力的同时，帮助同学们进行自我探索、职业信息了解以及促进决策行动等。面对日益严峻的就业形势，我们应在加强理论指导的同时，提高同学们的实习实践能力。学院、社会、家长三方形成合力，帮助学生开启职业发展道路的大门，将目标付诸行动，为将来的求职就业打下坚实的基础。

寒假将至，为了让同学们的假期生活更加有意义，学院提倡利用本次假期，在同学们中间继续开展"职业探索性质的假期社会实践"，鼓励同学们根据本学期测评结果及个人自我认知报告，到企事业单位进行为期15个工作日的实习探访，完成实习调查报告书，修正个人职业生涯规划目标。开学后，我们将通过逐级推选和个人自荐的方式，评选出优秀假期社会实践者参与到职业生涯规划、实践经验交流与职业探索成果的分享当中，促进大家互相学习、共同成长！同时，学生在校期间参加的历次假期调查和实践活动，将作为今后评奖评优、推荐就业的依据之一。

为了同学们能顺利完成此次调查和实践，请同学们按以下要求做好工作：

(1) 按质按量完成至少15个工作日的实习、实践调查。
(2) 取得家长的支持和配合，及时和家长交流实习情况。
(3) 特别注意提高安全防范意识，保障自己的生命财产安全。
(4) 有任何问题出现时，请及时与本班辅导员联系。
(5) 认真填写《职业探索性质的假期社会实践调查报告书》。

物流实践能力培养与提升

请家长们按以下要求做好支持工作：

（1）协助学生完成假期实践。

（2）完成报告书中"家长意见反馈"一栏的填写。

（3）实践期间负责学生的生命财产安全。

特别提示：各位亲爱的同学，请在假期社会实践中，带着你发现温暖、发现美的眼睛，在寒冷冬季，记录下温暖你我的感恩的一件事，记录在假期社会实践报告书中，活动报告需在开学时交到班级相应负责人处，请各位同学引起重视。

班级报告书、统计数据提交时间：开学报到后三个工作日内

最后，预祝各位同学度过一个愉快充实的假期！祝各位家长工作顺利、万事如意！

2. 建立实践的个体目标

目标是实现目的的一些具体的标志性指标。在实践目的和性质的基础上，建立实践的个体目标，是实践成败的决定性因素。在实践准备阶段，我们需要建立一些具体的目标，以解决以下问题：提供给你实践机会的是什么样的单位？这个单位的性质是什么（政府部门、国企、私企、还是外企？大型企业还是创业型公司）？你是通过什么样的方式获得这个实践机会的？什么样的人会支持你在这个过程中获得提高？你在这个实践平台上最终想获得什么？这个组织的组织文化是什么样的（工作氛围比较轻松的，还是比较严谨的？有什么样的做事规则）？假设实践指导老师工作都很忙，没有时间给你更多的提点，你该如何偷师学艺？你的领导希望你有怎样的表现？你如何超越他的期望？清楚自己的需要和目标，然后有针对性地去实践，才会更有效率。

在构建实践的个体目标时，首先，应该将兴趣作为第一考虑要素。当你真正喜欢一件事情，你便会从内心对它充满热情，拥有源源不断的动力来完成它，在完成后也会充满成就感。因此，个体目标的构建是物流实践准备的关键一步，决定了物流实践活动的内容与方向。

其次，物流实践是贴近社会、深入社会的实践，活动需要具有一定的实际社会意义。个体实践目标的构建最好尽量从社会实际需求出发，具有一定的现实意义。时政民生、社会热点、企业实际需求等都是实践目标的选择来源。

再次，所构建的实践目标应该尽量具体化、精细化，避免目标过大、过空，导致难以达到实际意义以及较难操作。例如，"城市物流"是一个很大的社会实践领域，可以包括政策研究、方法探究、现状调查、前景分析以及环境保护、爱心呼吁等多个实践方向。作为大学生，最好选择其中的某一个内容或方向来开展社会实践活动。受客观条件制约，学生的人力、财力、物力都相对有限，更适合将有限的资源集中投入某一个方向中。

最后，实践目标的构建要有可达性。实践活动的顺利开展，依赖于实践活动是否具有实施可行性。所以，需要对实践目标进行充分的可达性分析，主要包括以下几个方面：①是否具备充分的相关专业知识背景支撑或相关材料；②是否能在可支配的资金支持条件下完成；③是否能在规定的时间内完成；④确定的实践目标是否能够得到相关人员的认同和参与。

3. 选择联系实践地点和单位

物流实践地点是物流实践发生的必要场所，不同的物流实践，发生的场所是不一样

第五章　物流实践能力培养实务

的。物流实践地点的选择需要考虑很多具体问题，考虑这些问题需要按一定的原则进行重要性分析。

（1）选择实践地点和单位需要考虑的因素

1）根据物流实践的性质和目的确定大的选择方向。有些物流实践，例如学校社团、物流大赛、科研助理、情景模拟训练、课程设计、专业集中实习、学校交换生、校外助勤等，实践地点是非常明确的。大部分的物流实践，则需要实践者自行选择联系。

2）要结合自己的兴趣偏好。物流所涉及的领域非常广泛，个人的兴趣偏好也是呈现广泛多样的。例如，专业知识方面，有专业性较强的物流公司、工商贸公司等，以及类似于银行（物流金融业务）、新闻媒体（财经物流板块）等具有物流业务相关岗位的非专业性质的公司；地域偏好方面，有大、中、小城市以及乡镇、农村；单位性质方面，有政府部门、国企、私企、外企，也有大型企业、中小型企业。

3）充分利用良好的人际关系。如果在某个地点有很多社会关系可用，如有亲戚朋友、同学、父母的同事上级等在那里，当然最好不过。

4）考虑气候环境的适应性。物流实践大多是在户外进行的，多雨地方的实践效果要大打折扣。南方人适应不了北方的严寒气候，北方人也不一定能适应南方沿海城市的潮湿，因此在有几个地点选择的前提下，还要考虑气候因素，即使是北方人，习惯了南方温和气候之后也适应不了北方的冬天。北方的冬季需要额外取暖，而且外出也不方便。西北地区的气候就不太好，冬天太冷夏天太热。另外，"三大火炉"城市夏天太热，对人的耐受能力也是一种考验。气候比较温和的地方是广东、云南、海南、湖南等地。

5）要选择符合自己生活习惯的人文环境。对饮食比较挑剔的人在选择工作地点时要考虑饮食习惯，饮食差别太大，也是一大缺陷。例如，在南方的城市吃有些北方地方小吃就很不方便，不是根本找不到，就是价格奇贵无比，或者没有了原有的色香味。另外，对于排外情绪比较严重的地方，要慎重选择。排外情绪比较严重的地方，实践过程中的合作就较难处理。方言不太好懂，如果一个实践地点流行方言，则可能会给实践活动制造一层障碍。

6）要考虑当地的社会治安状况。在人类五种基本需求的塔形层次图中，安全感的需求居于层次图的底层，是实现人类更高层次需求的基础。物流实践过程中人身安全是第一位的，实践所在地的社会治安状况需要重点考虑。

考察实践地点社会治安状况的主要内容涉及群众对当前社会治安状况的心理感受、群众对打击罪犯力度的评价、群众对政法工作和队伍建设的满意程度等方面，这也是在选择物流实践地点时需要注意关注的地方。

（2）物流实践地点和单位的选择来源渠道

1）网站。包括国内知名的及专门针对大学生的招聘网站，还有目标公司网站。

2）学校就业指导中心。现在很多高校的就业网站有专门的实习兼职板块，上面刊登的实习机会针对性较强。

3）校园 BBS。更新速度快，时间性强，但可能出现一些鱼龙混杂的现象，大学生需要仔细辨别。

4）他人的介绍。这是一个很重要的途径，因为很多公司的实践机会都不会公开招

物流实践能力培养与提升

聘,所以可以向老师、家长、亲朋好友等传达你要寻找实践单位的信息。特别强调一点,对于毕业生流向很集中的专业的同学来说,尤其要重视与师兄师姐的联系。譬如金融、建筑类相关专业,毕业生的流向都很集中,与师兄师姐联系,可以及时知道实践的需求信息。

4. 确定实践内容和环节

对于物流实践的内容和环节,需要做好详尽的计划方案,包括实践活动及其发生的时间、地点、相关人员、实践方案,以及对实践活动的目标期望等,相关内容参见本章第二节"实践计划书"。

5. 学习实践必备知识

(1) 要有良好的心理准备。在物流实践过程中,难免会碰到各种各样的问题,甚至会有一定的挫折感,因此,要有良好的心理准备。通常需要把握以下几点:

1) 物流实践重心在人才培养,以学习、运用知识为主,并非一定要解决实际问题。

2) 合理安排调研发生费用,尽量节省开支。

3) 参加物流实践收获的大小取决于自己的付出。

4) 大声批判不如静心分析,遇到问题多思考、少抱怨,方法总比困难多。

5) 调整好心态,接受调查、访谈是对方的权利而非义务,被拒绝是正常的,受到礼遇应感恩。

6) 信任学校老师、校团委实践部、校学生社会实践服务中心,这些个人或部门都可以为实践参与人员提供真诚、规范、务实、高效且人性化的服务。

7) 适时地撤除学校荣誉、家庭背景等形成的高傲或是悲观的情绪,把心态放平,客观分析自己在专业知识、交际口才、思维逻辑等方面的优势和弱势,带着自己的弱势以学习者的心态去参与物流实践。在条件允许的情况下,可以利用自己的专业理论优势去尝试解决实践过程中发现的问题。

(2) 要具备日常的基本知识。在自然灾害应对、疾病预防、发票管理、照片拍摄指南、视频制作指南、急救常识、人际交往、基本礼仪规范等方面应该具有常用的知识储备。

(3) 对实践单位要有充分的了解。通常需要注意:

1) 了解实践单位所在的行业动态。

2) 获取大量与实践对象相关的信息。

3) 梳理与实践内容相关的专业理论知识。

4) 涉及对单位和特定的人进行访谈时,一定要在出发前预约好。

5) 充分考虑是否存在语言不通等沟通障碍,做好应对准备。

6. 随身携带实践工具

1) 个人物资。包括手机、钱、防晒霜、伞、纸巾、各种充电器、记录本、笔等。

2) 影音器材。包括照相机、摄像机、录音笔等。

3) 证件。包括身份证、学生证、护照、通行证等。

4) 实践专用物资。包括专用工作服、介绍信、实践证明、调查问卷、访谈提纲、联系人信息、旗帜、实践宝典等。

5) 药品。包括感冒药、肠胃(止泻)药、晕车药、防治中暑药、驱虫药、跌打损

第五章 物流实践能力培养实务

伤药、个人特殊药品等。

6) 应急物资。包括打火机、手电筒、小刀、指南针、绳子等。

7. 树立安全意识规范

(1) 防范意识重于泰山

1) 树立人身安全高于一切的观念。

2) 必须学习防火、地震逃生、基本急救等安全知识。

3) 保证联络畅通,队员严格服从领队的领导。

4) 了解当地地理信息及交通信息,制订详细的出行计划和每日行程安排,落实住宿和交通方案,并确保随身携带地图、指南针等指向工具。

5) 对实践地在开展实践活动期间的天气、地质灾害预警及其他安全预警信息进行充分了解,避免在恶劣天气和存在安全隐患地区开展实践活动。

6) 必须考虑到所有可能发生的意外情况并制定合理的对策。

(2) 人身安全高于一切

1) 严禁涉足一切娱乐场所。

2) 禁止夜间开展实践活动。

3) 团队项目禁止单独行动。

4) 随身携带个人有效证件。

5) 外出尽量结伴而行,事先查好交通路线,不要前往危险地区调研。

6) 每天晚上了解天气情况,不在暴雨、暴雪、台风等恶劣自然条件下进行调研。

7) 必须每天与家里保持电话联系并告知活动地点。

8) 每天晚上检查手机电量是否充足,团队项目领队每天晚上对此进行检查。

9) 遭遇偷窃、抢劫以及其他意外伤害事故需在确保人身安全的情况下灵活应对并及时报案。

10) 事先查询并牢记实践地各类应急电话号码,必要时报警求助。

11) 遇到涉及安全的问题或困难时及时求助并联系校团委实践部。

12) 农村实践尤其注意不要被狗咬到。

13) 闻到异常气味须提高警惕。

14) 身体不适及时求助并就医。

(3) 交通安全牢记于心

1) 禁止搭乘非法营运车辆(黑车)。

2) 禁止自己驾驶机动车、摩托车或骑自行车外出开展实践活动。

3) 步行禁止进入机动车道。

4) 禁止闯红灯。

5) 乘坐汽车必须系好安全带。

6) 若遇交通事故必须依法通过交通安全管理部门处理。

7) 遵守其他相关交通法规。

(4) 住宿餐饮安全高度重视

1) 自带饮用水。

2) 不在初次交往者的家里吃饭。

3）高度重视就餐餐厅的卫生状况。

4）注意饮食安全，切勿吃生食、生海鲜、已剥皮的水果，切勿光顾路边无牌照摊档。

5）禁止在非法营业的场所就餐和居住。

6）不得露天住宿。

7）入住宾馆酒店后及时查看宾馆房间及安全通道分布，并仔细阅读防火逃生指南。

（5）财物安全谨记于心

1）不要携带贵重物品，如必须携带，则将贵重物品放置在隐秘安全位置，锁好住所门窗，拴好门链，谨防被盗。

2）不要携带大量现金，现金应分散放置。

3）准备适量零钱以备紧急需要。

4）保管好各自随身携带的物品，时刻保持警惕。

5）将身份证与银行卡分开存放，取款时注意周边环境安全，取款后请及时带走银行卡。

（6）交往安全切莫忽视

1）牢记要面子、耍脾气是很肤浅的。

2）时常反思自己在公共场合的行为举止是否符合社会规范。

3）与人沟通时注意礼貌，交往时注意文明礼仪。

4）避免与人发生冲突，禁止与人争执、争吵、斗殴。

5）保持谦虚，发生冲突时学会退让，采访交流时不能傲慢。

6）与前来搭讪的人保持距离。

7）事先了解实践地风俗习惯，必要时可找当地居民咨询。

第二节　实践计划书

一、实践计划书的概念

正如第一节所说，物流实践准备工作很重要，实践准备工作的表现就是制订一个可执行的计划，形成具有指导价值的实践计划书。

古语说："用兵之道，以计为首。"无论是单位还是个人，无论办什么事情，事先都应有个打算和安排。实践计划就是对即将开展的实践活动所做的设想和安排，如提出任务、制定指标、完成时间、时间地点、实践方案和实践步骤等。实践计划书则是指，为了达到其实践的目的，在前期对实践活动科学地调研、分析、搜集与整理有关资料的基础上，按照一定的逻辑顺序排列的记录，在实践时间、实践地点、实践方式和实践内容等的预先系统设定，根据一定的格式和内容的具体要求而编辑整理的书面材料。

二、实践计划书的特点

1. 预见性

这是实践计划书最明显的特点之一。实践计划书不是对已经形成的事实和状况的描述，而是在实践活动之前对实践活动的任务、目标、方法、措施所做出的预见性确认。但这种预想不是盲目的、空想的，而是以上级部门的规定和指示为指导，以本单位的实际条件为基础，以过去的成绩和问题为依据，对今后的发展趋势做出科学预测之后做出的。可以说，预见是否准确，决定了实践计划书的实际成效。

2. 针对性

实践计划总是针对实践目的而开展的，但又与实践活动发生发展的具体环境息息相关，具有很强的针对性。

3. 可行性

可行性是和预见性、针对性紧密联系在一起的，预见准确、针对性强的实践计划，在现实中才真正可行。如果目标定得过高、措施无力实施，这个计划就是空中楼阁；反过来说，目标定得过低，措施方法都没有创见性，实现虽然很容易，并不能因而取得有价值的成就，那也算不上有可行性。

4. 约束性

实践计划一经通过、批准或认定，在其所指向的范围内就具有了约束作用，在这一范围内无论是集体还是个人都必须按计划的内容开展工作和活动，不得违背和拖延。

三、实践计划书的作用

有了实践计划书，实践活动就有了明确的目标和具体的步骤，就可以协调大家的行动，增强实践活动的主动性，减少盲目性，使实践活动有条不紊地进行。同时，实践计划书本身又是一系列对工作进度和质量的考核标准，对大家有较强的约束和督促作用。所以实践计划书对实践活动既有指导作用，又有推动作用。

从某种意义上讲，实践计划书的作用就如同驾车外出旅行时常需的道路指南。有了它，实践者就能够知道起点在哪，终点在哪，所要经过地方的确切位置。否则，虽可出发旅行，但却无从得知去什么地方，或能否抵达目的地。

具体地说，实践计划书的主要作用有：

（1）保证不会遗忘主要实践活动任务。

（2）清楚地说明了实践活动的相关职责。

（3）预先设定了物流实践活动的前后关系。

（4）作为是一种尺度，可用于衡量实践活动的效果，是用作监控、跟踪及控制物流实践活动的重要工具。

（5）作为与实践活动提供方的一种交流和管理工具。

四、实践计划书的内容

实践计划书的主要内容应该包括6W1H1B，即实践活动的目的与目标（Why）、实践活动时间安排（When）、实践活动地点（Where）、实践活动指导老师（Who）、实践活动对象（Whom）、实践活动内容（What）、实践活动方式（How）以及实践活动预算（Budget）。

1. 实践活动的目的与目标

明确实践主要目的与目标，意味着首先需要明确的是此次物流实践希望达到什么样的目的。实践主要目的影响实践的性质、类型,并且决定实践结束后采取什么方法,以什么视角来总结、分析、评价实践活动。例如,实践目的可以如下:①观察某个物流现象,研究某种内在规律。②进入某个物流领域或群体,发出某种声音或呼吁。

2. 实践活动时间安排

实践活动时间安排就是将每天的实践安排在日期中,并做一个有效的记录,方便管理日常的工作和事务,达到工作备忘的目的,同时也具有对实践日常活动进行指导、监督的作用。时间安排是计划中最为具体的一种格式,由于每天的实践内容已经比较确切、单一,不做具体安排就不能达到目的,因此其内容要写得详细一些,这样容易使人把握。时间安排通常用来说明某项物流实践的具体活动的开始时刻、持续时间以及结束时刻。

3. 实践活动地点

实践活动地点说明每项具体的物流实践活动所发生的具体地点。地点的描述应该明确、精准。

4. 实践活动指导老师

指导实践活动的实践单位人员,即实践活动指导老师,应是具有一定理论知识、掌握生产实践才能、培养独立工作能力、传授工作经验的现场工作师傅。实践活动指导老师应对实践者做如下指导和督促工作:

1)实践开始时,应根据单位情况及实践大纲要求,指导实践者拟订全面的实习计划,确定实践项目、内容、实施方法和步骤。

2)负责实践人员在单位实践期间的政治思想工作和日常的考勤工作,解决实践人员在实践过程中遇到的各类问题,全面安排工作和业务指导,提供有关资料。

3)协助实践人员解决生活上的困难,经常提醒学生注意安全。

5. 实践活动对象

实践活动对象是实践活动的主体,是指进行实践活动的特定直接参与者,是实践活动的直接受益人。个人实践活动的实践活动对象也就是实践计划制订者本人。

6. 实践活动内容

实践活动内容受制于实践活动的目的和性质,不同实践活动的具体内容是不一样的。

(1)实践单位的概况。主要包括实践单位的名称、性质、规模、组织机构、业务流程、物流建筑构造与结构体系,及其在行业中的地位等。这部分内容应该安排在实践准备阶段或者实践活动开展初期。

(2)物流业务实践。应该主要计划各相关物流环节的实施方法、操作要点、主要物流设备及用途、质量要求以及本人可能感兴趣的合理化建议及设想等。

(3)管理业务实践。计划安排参与现场组织的技术交流、学术讨论会、工作例会、技术革新、现场的质量检查与安全管理等,尽量协商安排制订物流项目方案、编制物流配送进度计划、设计单项物流环节的作业工作、参与物流财务预算的编制、参加物流系统施工项目管理实施规划的拟定。

(4)实践总结及技术交流。经过一段时间的实践,需要对已经发生的实践情况进行回顾、分析,并与实践同伴或者实践指导老师进行技术上的交流。这部分内容的安排

第五章 物流实践能力培养实务

一般是计划在每天的实践活动结束后或者是整个实践活动结束后进行。

7. 实践活动方式

上述工作完成后，需要思考采取什么样的办法，以什么样的途径来完成上述实践内容，从而达到实践目的。例如，实践基本方法可以有如下参考：①当实践目的是观察某种物流现象，探寻其中的规律时，则可以考虑采用社会调查统计的基本方法（如问卷法、访谈法、资料法、专家法等）来收集信息，以社会调研实践的视角来分析研究信息；②当实践目的是进入某个物流领域或群体，发出某种声音或呼吁时，则可以考虑采用新闻调查法的基本途径来收集信息与实现传播效果。

8. 实践活动预算

做资金预算时，需要综合考虑各方面的需要与实际情况，注意以下几个方面：①要根据实际情况做出资金预算，包括交通费、食宿费、物资准备经费以及一部分机动经费等；②在预算时应予以一定程度的预留，以防意外，比如行程耽误导致食宿费、交通费的增加等；③需要明确实践活动可报销资金与自费资金的比例，制定结算、统计办法并告知实践活动负责人。

五、实践计划书的编制

实践计划书的编制关键在于思路清晰、节点明确、操作灵活。篇幅不必过长，阐明要点即可，一般采用表格的形式。在实践计划书编制过程中要集思广益，充分调动相关人员的积极性与能动性。同时，在实践计划书编制完成后，应请实践指导老师予以指导。

根据实践计划的内容，实践计划书的编制主要完成以下七个方面的内容：

1）实践目的及目标：列出实践的主要目的和目标体系。
2）实践的基本方法：写明达成目标的基本策略、途径和方法。
3）实践的主要实施步骤。
4）实践的时间安排。
5）实践的人员分工。
6）实践的预算情况。
7）实践的预期成果。

例 5-2：个人实践计划书的编制实例见表 5-2。

表 5-2 奥运场馆实践计划书

实践目的	作为 2008 北京奥运会、残奥会服务志愿者，我将尽力把所学的物流知识运用到实践中，做到学以致用，使场馆的物流作业顺利运行和开展，用自己所学知识为奥运服务画上一个圆满的句号 1. 通过此次机会难得的实践，深入了解北京 2008 年奥运会筹备以及赛事运行期间的物流管理方式，在实践中验证、巩固和深化已学的物流管理知识，丰富和扩大自己的专业知识领域 2. 通过志愿期间所接触到的相关物流业务，进一步强化运用所学的知识了解和分析物流管理活动的能力；增加实践经验，为毕业设计和就业打下基础 3. 通过专业实践，对物流系统的构造和物流组织管理等内容进一步加深理解，巩固课堂所学内容 4. 参加实际的场馆运作过程，灵活运用已学的理论知识解决场馆涉及物流业务的实际问题，培养自身独立分析问题和解决问题的能力

物流实践能力培养与提升

（续）

拟去实践地点	北京奥林匹克森林公园北区场馆	联系电话	010-66633×××	联系地址	北京奥林匹克森林公园北区场馆
实践主要环节	第一步：了解奥林匹克森林公园北区场馆群曲棍球场馆大致运作过程，熟悉掌握自己所要负责工作区域的具体工作步骤和工作内容。同时，了解场馆所涉及的物流活动的具体操作步骤和运行流程，了解场馆物流管理的主要方法和手段。同时还要了解场馆物流活动的组织管理体系，各业务口的职能和相互关系，了解物流部门的组成等 第二步：重点了解自己所负责区域的涉及物流活动的实施方法，操作要点，主要物流设备及用途、物流运作方式等。同时针对目前场馆中出现的问题提出本人的合理建议及想法。并且协助场馆物流部门进行场馆赛事保障 第三步：到场馆物流部门进行深入了解和调研，分析管理过程中存在的一些弊端，提出相应的方案并形成书面报告					
实践时间安排	1. 7月20日至8月7日进入场馆进行有关知识和技能的培训，做前期准备工作。熟悉场馆的基本运行状况，并初步了解所做工作涉及物流的具体步骤和内容 2. 8月8日至8月24日奥运会期间的志愿服务工作。在志愿服务过程中了解和发现工作中所涉及的物流活动。分析这些物流活动的利弊，针对现状提出自己的合理建议和想法 3. 8月25日至9月5日残奥会的前期准备工作 4. 9月6日至9月17日残奥会期间的志愿服务工作					
预期成果	1. 做好委派的各项奥运志愿服务工作，为奥运会与残奥会的圆满成功做出贡献 2. 微笑感动全世界。让场馆的工作人员、运动员及观众等都感受到我们真诚、一流的服务 3. 努力保证场馆物流运行的顺利 4. 奥运会、残奥会志愿服务期间，体验奥运物流的运作过程，从中学习物流在实际中的运用过程，从而巩固和升华所学专业课程知识，将自己所学知识运用到实践中					
学生姓名			提交计划时间		2008年7月15日
指导老师意见			指导老师签名		计划通过时间

例5-3：实践单位实践计划书的编制实例见表5-3。

为了促进××公司北京交通大学物流管理专业实习基地的更好发展，利于双方更好地合作，特编制本次实践计划书。

表5-3 ××公司北京交通大学物流管理专业实践计划书

日期		实习内容	主讲人/负责人	培训（实习）地点
星期二	7月1日上午	9：00学生报到，安置住宿		报到地点：办公楼二楼大会议室
		熟悉物流环境，分发挂牌		
	7月1日下午	13：30—15：30 介绍公司概况		办公楼二楼大会议室
		15：40—17：00 物流日常管理制度培训		
星期三	7月2日上午	9：00—10：00 物流收货验收作业信息系统流程培训		办公楼二楼大会议室
		10：10—11：30 药品基础知识及药品验收养护质量管理和相关法律法规培训		
	7月2日下午	14：00—17：30 物流收货、验收、养护岗位实践		物流待验区

第五章 物流实践能力培养实务

（续）

日　　期		实习内容	主讲人/负责人	培训（实习）地点
星期四	7月3日上午	9：00—10：20 物流 DPS 作业信息系统流程培训		办公楼二楼大会议室
		10：30——11：30 药品储存保管基础知识及相关法律法规培训		
	7月3日下午	14：00—17：30 物流 DPS 分拣组岗位实践		物流 DPS 分拣组
星期五	7月4日上午	9：00—10：20 物流 RF 作业信息系统流程培训		办公楼二楼大会议室
		10：30—11：30 药品分拣、复核、出库质量管理制度培训		
	7月4日下午	14：00—17：30 物流 RF 分拣组岗位实践		物流 RF 分拣组
星期一	7月7日	物流 DPS 分拣组实践（分组）		物流 DPS 分拣组
星期二	7月8日	物流 DPS 分拣组实践（分组）		物流 DPS 分拣组
星期三	7月9日	物流 RF 分拣组实践（分组）		物流 RF 分拣组
星期四	7月10日	物流 RF 分拣组实践（分组）		物流 RF 分拣组
星期五	7月11日	个人实习心得小结（14：00 前交）		物流经理办公室

第三节　实　践　日　志

一、实践日志的概念与特点

1. 实践日志的概念

在日常生活、工作中，人们经常把当天发生的事、处理的事务或观察的东西写下来，就形成了所谓的日记。日记就是指对每天所遇到的和所做的事情的记录，有时候也特指每天记事的载体，如日记本。日记的内容来源于每天的工作和生活，凡是自己在一天中做过的，或看到的，或听到的，或想到的，都可以是日记的内容。

日志是日记的一种，不同工作环境下，日志可以代表不同的含义，有着不同的内容。例如在计算机领域，日志主要是指应用程序的日志，或者也叫作调试信息和错误日志，主要的目的是跟踪应用程序的底层行为，跟踪应用内部所执行的过程，当应用程序发生错误时，就可以查看这个错误是从什么时候开始的；而且日志也会记录每天的开机关机，以及服务器的登录情况。可以认为，日志就是一个完整的流水账，其本意就是记录下当天发生了什么。

实践日志就是记录实践阶段期间的日志，顾名思义，就是针对自己的实践工作，每天记录实践的内容、所花费的时间以及在实践过程中遇到的问题，以及解决问题的思路和方法，特别是在实践过程中出现问题时，最好详细客观地记录下当前所面对的选择、自己的观点、观察，以及方法、结果和决定。实践日志是实践个人积累学习收获的一种重要方式，也是评价实践效果的重要依据。实践个人应该每天认真记录工作情况、心得体会和工作中发现的问题。

物流实践能力培养与提升

随着社会生活工作节奏的加快，人们对于时间资源的需求也越来越大，而时间的碎片化往往让很多实践者在结束一天实践的时候，却想不起来一天到底做了哪些实践工作，实践日志在帮助人们抵抗时间碎片化方面能够起到一定的作用。写实践日志，看似增加了工作量，其实是为实践保证正确的焦点和提高效率。如果想要亮眼的工作业绩，那么，写实践日志会为实践者打下坚实的工作基础，同时，对于个人能力培养也具有重要的意义。

2. 实践日志的特点

（1）真实性。实践日志是自我服务性质的，必须记录亲身经历中的所遇、所思、所想、所感，无须编造，这是日志价值之所在。由于实践日志是对实践活动的事实过程的记录，这就决定了真实性是实践日志最重要、最突出的特性。真实性的内容可以是客观事物，也可以是主观感受，但都是来自于实践活动中的事实。

实践日志的真实性特点，要求日志的事实是真实的，强调与客观事实的符合性。通常按照"根据事实来记录事实"的原则，实践日志必须完全立足事实、引用事实，特别强调实践过程的真实性，并以事实为根据进行判断，得出的结论仍然是明显的事实。

（2）客观性。所谓"客观"，是指事物在人的意识之外，它不受人们思想意识的影响。此时，被观察事物的性质和规律不随观察者的意愿而改变。客观性是指实践日志所记录的内容是客观存在的。客观性要求实践日志应该是以一定时间点为节点的真实过程记录，能够"再现真实"。

实践日志的客观性随实践者的认知水平不同而不同，因此，实践日志的客观性并非总是能够绝对反映客观世界的，只能是尽量达到反映实践过程的真实性。

（3）全面性。全面性是指按事物本来面目去考察，完整地反映事物的全貌。该特点要求实践日志不能是选择性地记录，而是要全面，以能完整地反映实践活动过程的全貌。

实践日志除了能够反映实践的客观过程，还需要反映实践者个人的感想和体会这样主观性的内容，这就要求实践日志切忌主观臆断，要做到点面结合，使实践日志的内容能够全面如实反映事情发生的原因、经过、结果，同时也要反映实践者的真实思想。

日志，顾名思义就是一日一志，全面性的另一个表现就是实践日志记录的持续性。持续性是指一种可以在一定时期内长久维持的过程或状态。实践日志贵在持之以恒，中途因故中断，都应补写，否则达不到日志的目的，这也是与日记不一样的地方。

有的实践日志仅仅是为了应付，有事有想法但是没有写进去；有些刚刚开始进行实践的新人，害怕自己的任务没有完成，担心被看到实践内容，成为反面教材，有问题也不写进去。这都违背了实践日志的全面性特点。

（4）流水账式。流水账原指每天记载金钱或货物出入的、不分类别的账目，也指记流水账的账簿。用来指文章时，表示只需简单交代事情经过，无描写，无抒情，是不加分析、罗列现象的记叙或记载。

日记必须以有一定意义和有价值的事作为写作内容，切忌罗列，具有较强的灵活性。而实践日志是工作记录，恰恰需要的就是流水账式的写法，行文格式比较僵化。

需要注意的是，实践日志行文风格的流水账记法，除了要做到记录清楚时间节点上的过程现状外，还需要对较大问题的曲折发展过程和主线、代表问题性质的典型事例进行深化记载和简单分析，也即在必要的时候，需要交代清楚例外产生的前因后果。

第五章 物流实践能力培养实务

二、实践日志的作用

1. 个人综合能力的培养作用

（1）培养实践者个人的毅力。毅力也叫意志力，是人们为达到预定的目标而自觉克服困难、努力实现的一种意志品质。毅力是人的一种"心理忍耐力"，是一个人完成学习、工作、事业的"持久力"。当它与人的期望、目标结合起来后，会发挥巨大的作用。毅力是一个人自信、专注、果断、自制和忍受挫折的结晶。

毅力是实现理想的桥梁，是驶往成才的渡船，是攀上成功的阶梯。通过每天的实践日志，可以使实践者工作踏实、专注自信、办事果断、专心自制、忍受得住挫折。

（2）锻炼简洁、精准的文字表达能力。文字表达能力也就是运用文字水平的能力，运用语言文字记叙生活工作，阐明自己的观点、意见或抒发思想、感情的能力，是将自己的实践经验和决策思想，运用文字表达方式，使其系统化、科学化、条理化的一种能力。文字表达能力是人应该具备的最重要的能力之一。现代社会要求时间观念强，办事效率高，生活适应能力强，具有较强的竞争能力。随着社会的快速发展、科学技术的日新月异，要想在现实生活中打拼出来，就要能做到在有限的时间内掌握比别人多的知识，就要比别人更能有效地处理好事情。

实践日志在实践过程中产生，边工作边日志，这就要求在很短的时间内把工作内容记录清楚，记录的文字就需要简洁、精准。

（3）培养良好的时间观念。科学地安排时间、计划用时、讲究效率是现代时间观念的基本要求。有时候我们往往因为兴趣，对自己喜欢做的工作在时间上没有限制，这样会影响那些我们不喜欢做却又很重要的事。而实践日志本身就提高了我们在安排时间进度方面的能力，帮助我们有效地管理时间。

（4）培养严谨的工作作风。严谨的工作作风是在点滴之间培养起来的。只有把工作中的点点滴滴都做到了，做好了，才能把工作做好。由点及面、由细到深，在这一点上就需要良好的工作习惯——工作日志来解决这个问题了。只有在实践当中多记、多想，才不会疏漏这些小点滴、小事情。因此说实践日志培养了严谨的工作作风。

（5）增强了思维的逻辑能力。在撰写实践日志的时候，需要把记忆中的东西再转变成书面文字，在这个过程当中，必然要对已完成的实践工作在大脑中进行一番整理。这样保证了大脑的清晰性，使实践工作内容更加透明，梳理了工作条理，增强了思维的逻辑性。

2. 提醒作用

实践日志是记录任务来源及任务输出的过程，因此，对于实践者来讲，实践日志的提醒作用就体现得非常明显。在实践过程中，可能会同时进行多项工作（尤其是在企业的管理岗位），可能会因注意小的现象而忽略重要的事情，所以及时查看实践日志并进行标注，对实践者个人具有非常重要的作用。

3. 跟踪作用

从实践单位管理者的角度上，不同的员工从事的业务是不同的，其工作内容就会有本质上的不同。因此企业员工的效率及工作的及时性就非常难以控制，因此企业的最高管理者就应该把工作日志看成是跟踪的重要手段。企业的最高管理者应根据实践日志所记录的内容，对相关实践人员的重要事件进行跟踪，在跟踪过程中增加资源支持的优势，把风险降低到最低限度。

4. 证明作用

明晰职责、确定权利是企业内部考核员工的一个重要内容，实践日志可以作为工作考核的一个重要信息来源。特别是在实践过程中出现差错时，通过对日志的查阅，可以获取该错误发生的具体环境，包括错误发生的时间、地点、参与人员、实践内容等，由此可以确切分析出是什么原因引起该错误，什么样的条件下对该错误不会造成影响，明确相关实践人员的责任划分，从而起到对以后开展类似的实践的警戒作用。

5. 总结作用

这里的总结应该包括几个方面：①实践过程的经验总结。例如将实践中遇到的问题及其解决过程随时在日志中记录下来（先概括记下来，如果有必要再写成问题分析文章，以后遇到类似的问题就能节省很多时间）。②任务的总结。例如今天的任务完成得怎么样，为什么有些没有完成，问题在哪里。③对第二天的实践计划进行必要的修订，以有效避免同类问题的发生。

三、实践日志的内容

将实践活动发生的时间、地点、人物以及事情的原因、经过、结果等记录下来，这就成了实践日志。凡是在一天实践中做过的，或看到的，或听到的，或想到的，都可以是实践日志的内容。

实践日志的内容包括以下方面：

(1) 实践工作描述：今天在什么时间什么地方做了什么实践工作。

如实地记录自己的实践时间，将自己在某些事情上花费的时间记录统计出来，从而判断自己实践工作效率究竟如何；将实践地点记录下来，可以明确实践发生的具体环境；真实地描述实践内容，可以再现实践过程。

(2) 效果评价：对当天的实践内容做出总体评价。

主要描述实践任务完成的情况怎样，是否理想？如果没有完成是什么原因造成的，离最后期限还有多少天？

(3) 实践体会：今天的实践有哪些心得体会，对明天的实践活动有哪些期待。

人是理性和感性的混合体。实践工作中肯定会有失败的苦闷和成功的喜悦，哪些实践工作很成功？哪些实践工作很失败？这些感性的认知可以丰富人生的阅历。同时，通过实践日志也可以记录自己实践过程中的喜怒哀乐，能够缓解自己实践工作压力，保持对未来工作的积极态度。

(4) 计划修订：明天要完成哪些实践任务，具体的细节如何，可行性有多大。

每天的工作中，有一些事情是自己原来安排好的，有的是临时发生的，有的任务是短期独立存在的，有的任务是长期并且和其他任务相关的，有的事情自己一个人就可以搞定，有的任务可能需要自己的同事、朋友、指导老师等多方参与。今天实践活动完成情况如何，对于第二天的实践活动有很重要的借鉴作用。

需要注意的是，实践日志是用来标识问题的好方法，但不可过度使用，不要为了日志而日志。太多的日志也会为事后阅读、查找问题带来困难，因此不要包含一些与实践

第五章 物流实践能力培养实务

活动不相干的内容。如果要记的是自己从书本上看到的或从别人那里听到的，写下这个知识的要点即可，那篇幅就可以短些。总之，只要把该记的写清楚就可以了，可短的不要勉强拉长，长的不要刻意缩短。

那么日志是不是只能写当天的事呢？不是的。日志也可以写以前的事，如果单篇幅的日志，或是当天无事可写，或是以前发生的事未及时去写，都可以在以后的时间里补上，经过回忆思考再写下来。写的内容不需要用很好的词组来修饰，只要连贯，读起来舒服就行了。

当然，日志虽然不一定只写当天的事，但还是当天的事当天写好，尽量不要把当天的事放到以后再去写，尽量做到当天的日志当天完成，每天实践总结都要有所提高。

四、实践日志的撰写

实践日志既写给自己看，也写给其他实践参与人员看，所以行文时要言之有物，采用客观、简洁、通俗的描述方式，必要时可以附上图表。

日志通常由书端和正文两个部分组成。书端用来专门写日志的日期、星期和天气情况，通常处于日志的第一行。正文常以第一人称记下当天生活中的所见、所闻、所做或所想的事情，一般用记叙文的形式写，有时也可以用议论文的形式来写。由于实践日志需要客观反映实践工作的真实情况，采用记事体的行文方式为常见，而且常用表格的形式，便于突出实践时间、实践地点、实践人员等关键信息。

正文的篇幅可长可短，长的可以写成千字，短的可以只写一两句话。这要由自己所写的内容来决定。如果要详细地记下一件事，既要把事情的前因后果交代清楚，又要把事情的经过写得具体，那篇幅就要长些。

开始写工作日志的时候，可能只是简单的问题记录，俗话说，熟能生巧，只有和每天面对的问题见面的次数多了、熟了，才能找到解决的好办法。对问题处理得好的情况，可以借鉴，应用到以后类似的问题上；对处理得不好的问题再通过记录、分析，找出更好的解决方法，扬长避短。

每天写工作日志，会使自己的思维清晰，逻辑性加强，对个人工作会有更多心得和看法，也能提高自己解决问题和面对挫折的能力，清楚自己的个性定位，对今后的人生发展有百利而无一害。

把自己能预想到的第二天应该的工作和该处理的问题简单列出来，使自己在第二天的第一时间处理这些事情，形成严谨的工作作风，培养自己有计划、有目的的工作习惯和能力。

要完成一篇好的实践日志的撰写，需要做到如下几点：

1）记录每天的工作内容及完成情况。

2）认真记录心得体会。

3）根据每天的工作情况认真做好资料积累工作，如仓库结构布置、新型包装材料特性、新组织操作方法及其技术经济效果、劳动力组织及工作安排、企业的组织变革、业务扩展等。

4）遇有参观、工作例会、听课或报告，则应详细记录这部分内容。

5）日志内容除文字外，还应有必要的插图和表格。

6）除记录工作内容和业务收获外，还应记录思想方面的收获，这样，为体现实践日志全面性的特点，每篇日志不宜少于 300 字。

例 5-4：实践日志（见表 5-4）。

表 5-4　北京××医药物流有限公司实践日志

实习单位名称	北京××医药物流有限公司
实习单位地址	北京市通州区
实习日期	2019 年 7 月 2 日
实习岗位和内容	实习岗位： ××物流组 实习内容： 　××物流组主要专门负责拜耳公司货物的验收与检验，其工作地点在一仓库。本小组在进入仓库之后，在张师傅的带领下，我们进行了贴码、校正、申请等工作环节，并配合师傅进行相应的分拣作业，将企业积累下来的技术、经验记录在标准文件中，以免因技术人员的流动而使技术流失 　之所以为拜耳公司设立相应的物流服务部门，是出于与战略性大客户联盟的考虑。这种合理的业务拓展有利于企业的发展。在拜耳物流的设置中，采用企业与仓库互动的方式进行运作 　据张师傅介绍，该仓库是由拜耳与该公司库存中心的人员共同运营的，操作人员经过短期培训，已快速掌握较为先进合理的操作技术 物流组的任务： 　该物流组的任务是对仓库及仓库内的物资进行管理。 　具体来说，就是把原料存在仓库中，具体工作包括仓储资源的获得、仓储商务管理、仓储流程管理、仓储作业管理、保管管理、安全管理多种管理工作及相关的操作 　（1）利用市场经济手段获得最大的仓储资源的配置 　（2）以高效率为原则组织管理机构 　（3）以高效率、低成本为原则组织仓储生产 　（4）通过优质服务、讲信用建立企业形象 　（5）通过制度化、科学化的先进手段不断提高管理水平 　（6）学习拜耳的运作技术，提高员工素质
实习体会	在实习过程中，尽管该公司的物流系统已经很成熟，但我们还是发现了以下问题： 　（1）托盘号已经废弃不用，但计算机仍保留这一项 　（2）出库时，标签根据验货顺序打印。因为同时有多名验货人员拿着手持终端进行验货，导致打印标签的顺序比较杂乱，最终一个验货人员将所有标签一一贴在货物上，完成验货过程 　其实，在实习过程中，拜耳的验货过程引起我们思考的主要原因是，药品摆放的位置是随机的，验货也并不按照时间或是药品的位置顺序进行，导致最终打印的标签很难与药品对号，需要花费一定的时间核对，在淡季尚且如此，在旺季就很有可能会造成效率降低 　该公司的业务十分固定，虽然验货区的货物量并不十分惊人，但是由于药品随机摆放，凭人脑还是难以记忆。而且货物的不规则造成验货工作较为困难，很多药物难以取出，工作人员在各个托盘与箱子之间跳来跳去，降低了托盘寿命，也是验货工作效率难以提高的原因。最终的工作是以所有托盘入库并且清洁地面结束的。另外，托盘入库也花了很多时间，是因为验货之后一直没有及时将其送入仓库

第四节　实　践　总　结

一、实践总结的概念

当实践活动结束时，需要回过头来对所做的实践活动认真地分析研究一下，肯定成绩，找出问题，归纳出经验教训，提高认识，明确方向，以便进一步做好工作，并把这些用文字表述出来，这就叫作实践总结，它是对整个实践活动期间的工作、学习或思想情况进行回顾、分析，并做出客观评价的书面材料。

实践总结既是对自身实践活动的回顾过程，又是实践者本人思想认识提高的过程。通过总结，可以把零散的、肤浅的感性认识上升为系统、深刻的理性认识，从而得出科学的结论，以便改正缺点，吸取经验教训，使今后的工作少走弯路，多出成果。它还可以作为先进经验而被上级推广，为实践单位所汲取、借鉴，从而推动实际工作的顺利开展。

实践总结要写得有理论价值。一方面，要抓重点，无论谈成绩或是谈存在问题，都不需要面面俱到。另一方面，对要点需进行深入细致的分析，如谈成绩要写清怎么做的，为什么这样做，效果如何，经验是什么；谈存在的问题，要写清是什么问题，为什么会出现这种问题，其性质是什么，教训是什么。这样的实践总结才能使实践者本人对前一段的实践工作有所反思，并由感性认识上升到理性认识。

实践总结主要分为两种类型：回顾性总结和经验性总结。回顾性总结的主要内容是回顾已经做过的工作，在总结的时间段内，做了多少就写多少，不能无中生有，不能夸大掺假。也可以是经验性总结，主要目的是在实践日志的基础上，将实践前的感性认识上升到理性高度，从具体工作中引出经验教训，在阶段性实践后安排时间与实践同行或者实践单位相关技术人员进行交流。通常，回顾性总结一般安排在晚上以日志的形式进行记录，供技术交流用的经验性总结一般安排在实践活动结束前一天进行。

二、实践总结的特点

1. 主观性

总结是对自身社会实践进行回顾的产物，它以自身工作实践为材料，采用的是第一人称写法，其中的成绩、做法、经验、教训等，都有实践者个人的主观意思表示。

2. 回顾性

这一点总结与计划正好相反。计划是设想未来，对将要开展的工作进行安排。总结是回顾过去，对前一段时间里的工作进行反思，但目的还是做好下一阶段的工作。因此总结和计划这两种文体的关系是十分密切的。一方面，实践总结是对实践计划的反馈；另一方面，实践总结也是制订下一步学习、就业等计划的重要参考。总结出的经验教训既有计划之中的，也应该有计划之外的，其中基本的、突出的、本质的、有规律性的典型性内容在以后日常学习、工作、生活中很有现实意义。

3. 客观性

总结是对整个实践活动进行的全面回顾、检查，这决定了总结具有很强的客观性。它是以自身的实践活动为依据的，所列举的事例和数据都必须完全可靠，确凿无误，任何夸大、缩小、随意杜撰、歪曲事实的做法都会使总结失去应有的价值。

4. 经验性

总结还必须从理论的高度概括经验教训。凡是正确的实践活动，总会产生物质和精神两个方面的成果。作为精神成果的经验教训，深知过去工作的成绩与失误及其原因，从某种意义上说，比物质成果更宝贵，因为它对今后的学习、工作有着重要的指导作

物流实践能力培养与提升

用，可以使今后少犯错误，取得更大的成绩。这一特性要求总结必须按照实践是检验真理的唯一标准的原则，去正确地反映客观事物的本来面目，找出正反两方面的经验，得出规律性认识，这样才能达到总结的目的。

三、实践总结的作用

1. 总结是推动工作前进的重要环节

任何一项工作，不论是个人或群体去进行，都需要多次反复操作、辛勤劳动才能完成。每一次具体实践，都有成绩与失误、经验与教训。及时总结，就会及时取得经验教训，提高认识和工作技能。不断总结，那么人们对客观事物的认识也就越来越深刻，知识越来越广，智慧越来越多，所进行的事业才会不断发展、前进。

总结所要解决和回答的中心问题，不是某一时期要做什么、如何去做、做到什么程度的问题，而是对某种工作实施结果的总鉴定和总结论，是对以往工作实践的一种理性认识。通过总结，可以全面、系统地了解以往的工作情况，可以正确认识以往实践过程中的优缺点；可以明确下一步实践、学习、工作的方向，少走弯路，少犯错误，提高工作效率。

2. 总结是寻找工作规律的重要手段

任何一种事物，都存在着内在联系、外部制约，都有它自身的发展、运动规律。遵循这些规律办事就能顺利达到预期的目的，否则就会受到违背规律的惩罚而招致失败。而要找寻、发现客观规律，就需要总结。

通过总结，使零星的、肤浅的、表面的感性认识上升到全面的、系统的、本质的理性认识上来，寻找出工作和事物发展的规律，从而掌握并运用这些规律。毛泽东同志曾指出：领导者的责任，就是不但指出斗争的方向，规定斗争的任务，而且必须总结具体的经验，向群众迅速传播这些经验，使正确的获得推广，错误的不致重犯。

3. 总结是培养、提高综合能力的重要途径

一个人的工作能力是指这个人能否承担某项工作及执行某项任务的能力。具体表现有两个方面：一是专业知识水平，二是解决、处理实际工作中所遇问题的能力。在实践中，二者常常是糅合在一起的，相得益彰。运用所学到的知识，处理实际工作中的问题，并不断总结经验的过程，就是综合能力不断提高的过程。

通过总结，个人综合能力得到提高的表现在于：总结时，须勤于思索，善于总结，这样可以提高自身的管理水平，培养出理论与实践相结合能力；总结时，须对工作的失误等有个正确的认识，勇于承认错误，可以形成批评与自我批评的良好作风；写好总结，须从以往的工作实际出发，可养成调查研究之风；总结时，需要用自己的语言把遇到的问题说清楚，从而提升自己的思维能力和逻辑能力；总结时，需要用简洁的语言把问题说清楚，可以提升语言口头表达能力和书面表达能力；总结完，需要与他人交流，让他人监督，从而树立良好的形象。

四、实践总结的内容

1. 基本情况

这是对自身情况和形势背景的简略介绍。自身情况包括实践单位概况、主要实践内容等，形势背景则包括实践选题情况等。

实践总结必须有情况的概述和叙述，有的比较简单，有的比较详细。这部分内容主要是对实践的主客观条件、有利和不利条件以及实践的环境和基础等进行分析。

2. 成绩和做法

实践工作取得了哪些主要成绩，采取了哪些方法、措施，收到了什么效果等，这些都是总结的主要内容，需要较多的事实和数据。

这部分内容是总结的中心。总结的目的就是要肯定成绩，找出缺点：成绩有哪些，有多大，表现在哪些方面，是怎样取得的；缺点有多少，表现在哪些方面，是什么性质的，怎样产生的。

3. 经验和教训

通过对实践过程进行认真的分析，总结经验，吸取教训，发现规律性的东西，使感性认识上升到理性认识。

做过一件事，总会有经验和教训。为便于今后的工作，必须对以往工作的经验和教训进行分析、研究、概括、集中，并上升到理论的高度来认识。

4. 今后打算

下一步将怎样纠正错误，发扬成绩，准备取得什么样的新成就，虽不必像计划那样具体，但一般不能少了这些计划。

五、实践总结的撰写

写好实践总结需要把握两方面的内容：一是总括过去的工作，二是凝结工作的经验、教训、规律，总是结的依据，结是总的概括。

1. 实践总结的撰写要用第一人称

实践总结要从本人的角度来撰写。表达方式以叙述、议论为主，说明为辅，可以夹叙夹议。

2. 要善于抓重点

总结涉及实践活动工作的方方面面，但不能不分主次、轻重，也不能面面俱到，而必须抓住重点。什么是重点？重点是指实践工作中取得的主要经验，或发现的主要问题，或探索出来的客观规律。不要分散笔墨，兼收并蓄。有些总结越写越长，固然有的是实践者怕挂一漏万，但也有的是实践者怕自己所抓的工作没写上几笔就没有成绩等，造成总结内容庞杂，中心不突出。

3. 要写得有特色

特色是区别于其他事物的属性。实践人员不同，成绩各异。同一个实践人员实践单位不同，总结也应该不同。一些总结读后总觉有雷同感。有些集体式的实践总结，内容差不多，只是换了某些数字。这样的总结，缺少实用价值。任何个人在开展实践工作时都有自己一套不同于别人的方法，经验体会也各有不同。写总结时，要认真分析、比较，找出重点，不要停留在一般化上。

4. 观点与材料统一

总结中的经验体会是从实践工作中，也就是从大量事实材料中提炼出来的。经验体会一旦形成，又要选择必要的材料予以说明，经验体会才能"立"起来，具有实用价值。这就是观点与材料的统一。但常见一些经验总结往往不注意这一点,如同毛泽东同志批评的那样,"把材料和观点割断,讲材料的时候没有观点,讲观点的时候没有材料,材料和观点互不联系",这就不好。

材料有本质的、有现象的,有重要的、有次要的,写作时要去芜存菁。总结中的问题要有主次、详略之分,该详的要详,该略的要略。一般的,实践总结的材料主要来自于实践计划和实践日志。

5. 语言要准确、简明,条理要清楚

总结的文字要做到判断明确,就必须用词准确,用例确凿,评断不含糊。简明则是要求在阐述观点时,做到概括与具体相结合,要言不烦,切忌笼统、累赘,做到文字朴实、简洁明了。总结是写给人看的,条理不清,人们就看不下去,即使看了也不知其所以然,这样就达不到总结的目的。

6. 坚持实事求是的原则

实事求是、一切从实际出发,这是总结写作的基本原则,但在总结写作实践中,违反这一原则的情况却屡见不鲜。有人认为"三分工作七分吹",在总结中夸大成绩,隐瞒缺点,报喜不报忧。这种弄虚作假、浮夸邀功的坏作风,对实践个人没有任何益处。应该像陈云同志所说的那样,是成绩就写成绩,是错误就写错误;是大错误就写大错误,是小错误就写小错误。这样才能有益于现在,有益于将来。

六、实践总结的基本格式

1. 总结的标题

标题是实践总结的眉目,需要形式简洁,明确点出实践内容或者观点。如果标题需要反映的内容较多,可以采用双标题的形式,正标题用来点明总结的主旨或重心,副标题具体说明实践活动的名称、内容或者实践地点。

2. 总结的正文

总结的正文分为开头、主体、结尾三部分,各部分均有其特定的内容。

(1) 开头。总结的开头主要用来概述基本情况,包括实践单位名称、工作性质、主要任务、时代背景、指导思想,以及总结目的、主要内容提示等。作为开头部分,应以简明扼要的文字写明在本总结所包括的期限内的工作根据、指导思想以及对实践工作成绩的评价标准等内容。它是工作总结的引言,便于把下面的内容引出来,只要很短的一段文字就行了。

(2) 主体。这是总结的主要部分,内容包括成绩和做法、经验和教训、今后的打算等方面。这部分篇幅大、内容多,要特别注意层次分明、条理清楚。

总结主体部分通常是按照事物或实践活动的过程安排内容。写作时,把总结所包括的时间划分为几个阶段,按时间顺序分别叙述每个阶段的成绩、做法、经验、体会。这种写法主要以工作回顾连带谈及经验教训。基本上是按实践展开的程序和步骤,分段说明每个步骤和阶段的实践情况,夹叙夹议地引出相应的经验教训。这样写,主要着眼于实践过程的回顾。也可以采用小标题的形式,将主体部分分为若干层次,每层加一个概括核心内容的小标题,用"一、二、三……"的序号排列,重心突出,条理清楚,各层层次一目了然。

(3) 结尾。结尾是正文的收束，应在总结经验教训的基础上，提出今后的方向、任务和措施，表明决心、展望前景。这段内容要与开头相照应，篇幅不应过长。如果在主体部分已将这些内容表达过了，则不必再写结尾。

例 5-5：个人社会实践总结。

2008 年北京奥运场馆物流实践总结

经过大学阶段的学习，对物流的定义、基本功能、各个作业流程有了一定的理论基础，通过实习将这些理论与实际的操作相结合。同时，将所学的知识运用到志愿服务期间，从而为场馆的顺利运行进行奉献力量。

1. 实践部门概况

观众服务部门是本届赛事的客户服务部门，我们每天要同大量的观众、工作人员、技术官员、运动员等接触。我们需要让每一位观众或者工作人员、运动员都感受到我们优质的服务水平。同时我们还需要负责场馆工作区域证件通行权限的管理，保证各个工作区域具有相应权限的人才能通过，从而保证场馆工作的顺利进行。

场馆物流是本届赛事的后勤服务部门，其大量的工作将在赛前和赛后发生，主要为场馆各职能部门提供以下与物资相关的服务：货运代理和通关服务、场馆内物资搬运服务、仓储服务和物资配送服务、赛时紧急采购的执行和配送。另外，场馆物流也是所有物资的管理部门，将负责赛前物资需求的调查和汇总、制定房间资产清单、所有物资的追踪管理和赛后回收工作。场馆物流也是场馆安排货运车辆出入计划的部门。

2. 实践内容

我于 2008 年 7 月 6 日至 9 月 17 日在奥林匹克森林公园北区场馆群（曲棍球场馆、网球场馆、射箭场馆）进行实践。

7 月 7 日至 7 月 15 日：进入场馆进行有关知识和技能的培训。其中包括参加学习物流岗位志愿者的集中培训。

7 月 18 日至 8 月 5 日：奥运开赛前的前期准备工作和演练。

8 月 8 日至 8 月 24 日：奥运会期间的志愿服务工作。

8 月 25 日至 9 月 5 日：残奥会的前期准备工作。

9 月 6 日至 9 月 17 日：残奥会期间的志愿服务工作。

3. 实习体会

2008 北京奥运会作为全球规模最大的体育盛事，参赛运动员和观众比任何一届奥运会都多，更比其他任何体育赛事都多，由此奥运会的举办引发了巨大的物流需求。以比赛所需的器材为例，其数量就远远超过其他赛事。与其他领域的物流不同，奥运物流具有自己的鲜明特色，对举办城市及全国的物流系统来说，是一次巨大的考验。观众服务部门同样也面临着巨大的挑战，每天面对上千观众，我们的运行方面出现了很大的压力。在运行过程中，也出现了以下问题：

（1）出现多头领导的问题。由于场馆业务口较多，各个业务口都有分管经理。可是有的业务口的经理会跨部门、跨业务口来调配人手，导致志愿者不知道该听命于谁。

（2）人事安排不周。由于我们业务口人数太多，人事部门在排岗排班上经常会出现问题。例如，该上岗的志愿者到达场馆签到时，却被告知系统中今天没有排班。

物流实践能力培养与提升

（3）物资的调派不及时。按照场馆的规定，我们每天都要分发相应的物资，但由于物流部门和观众服务部门协调不利，经常会出现物资晚发、少发、漏发的问题。我先后在这两个部门工作过，因此我能了解产生这种问题的原因：两个部门之间的信息不能共享，信息沟通出现延迟、混乱等。

（4）各部门人手分配不合理。在场馆的运行过程中，我们发现志愿者的人手分配方面存在问题。有些部门工作压力大，工作时间长，但是分配的志愿者数量却非常有限，从而更加重了这些人的工作负担，如外围的引导员和前后院连接处的验证员。但是有些部门工作非常轻松，人手富余，从而导致志愿者休息的时间远远大于工作的时间，如人事部门。其实，我觉得在场馆运行期间，对于人手分配的问题，应该按照工作量的大小来进行，同时运行过程中发现人手分配不合理时，应该立即进行人手的调配。

总结人：×××
2008 年 9 月 20 日

例 5-6：个人毕业实习总结。

专业实习总结报告

一、实习目的与意义

1. 安排实习的目的与意义

为了强化和巩固我们学生所学的理论知识，使我们能够将所学知识应用到实践中，并从中培养和锻炼我们独立分析问题和解决问题的能力，学院安排了我们寒假去企业参加实习的课程，而且让我们自己联系实习单位，这就要求我们提高与企业打交道的能力，以及在一定程度上锻炼了我们面对企业拒绝时的心理承受能力，使我们在今后找工作中面临企业拒绝时，能有良好的心理素质，并且能很快地调整过来，不被挫折打败。对于极少接触社会的大三学生来说，这次的实习有着极大的意义——不仅让我们深入接触了社会，了解了社会的现实情况，而且最重要的是，可以使我们从书本的理论世界中跳出来，感受到实际与理论的差距，并且学会把理论知识运用到实际生活的操作中，并学着如何去解决实际生活中遇到的问题与困难。

2. 参与实习的目的

通过实习了解实习企业的组织管理体系、各部门的职能和相互关系，以及各级技术人员的职责与业务范围，了解物流管理在企业中的重要地位，以及物流管理与其他职能相协调的重要性。

通过实习，进一步了解企业的物流组织结构、基础设施与设备、运作模式，以及各个物流环节的业务流程等。

通过实习学会运用所学的理论知识来分析和判断实习企业的生产能力、销售能力，以及物流能力等，并且能够分析出各能力之间是否相协调。

把书本中的理论知识与实际工作中的运用相结合，在实践中验证、巩固和深化已学过的物流管理知识，丰富和扩大专业知识领域。

通过在实习过程中解决实际操作中遇到的具体问题来获得灵活运用课本理论知识的能力，并培养自己独立分析问题和解决问题的能力。

通过在实习过程中的观察和研究，能够找出实习企业物流运作中存在的问题，并提

第五章　物流实践能力培养实务

出解决的办法。

二、实习单位概述

这次的实习，我联系的是我家乡的一家生产企业——广西博白县食品总公司饲料厂。它是我们县城规模相对比较大、效益比较好的生产企业，但是在实习的过程中我发现它仍然存在着许多问题。

首先先介绍一下该厂的基本情况。

广西博白县食品总公司饲料厂是广西博白县食品总公司的下属机构，是一家具有独立法人资格的国有商贸工业企业。拥有固定资产610万元，净资产608.9万元，流动资金300万元；具有年产5万t全价饲料和1万t预混饲料添加剂的现代化设备生产线各一条。主要产品有"宇大"牌猪系列全价配合饲料和预混饲料添加剂。产品配方合理，技术先进，是集国内外饲料先进配方以及融合博白县食品总公司几十家猪场多年养殖经验而科学配制、反复试验、不断改进的新型饲料。具有营养成分高、防病好、增食欲，使猪增长快、瘦肉率高、肉质鲜、营养高等特点；产品畅销广西、广东10多个县、市、区，深受广大用户的喜爱，在市场上享有较高较好的声誉。

该厂生产的"宇大"牌全价配合饲料及预混饲料添加剂于2000年和2002年被评为"广西优质产品"称号；2002年被评为"广西用户满意产品"称号等各种殊荣；并于2002年12月通过ISO9001：2000国际质量管理体系认证，使厂的管理更规范，让厂的管理水平提高到一个新的台阶，为该厂的质量管理同国际惯例接轨、开拓国际市场打下了坚实的基础。"（以上摘自2002年出版的《广西名牌优质产品》）

据我在实习时的参观与了解，该厂近几年来在建筑面积上已经大有扩张。以下是我对该厂的详细了解。

该厂虽然占地面积较大，但却属于小型企业，因为该厂的生产能力不是很强，只有年产6万t的生产能力，特别是近年来呈减弱的趋势。由此可见，判断一个厂类型的大小不能只从厂的占地面积来判断，而应该全面考虑，如生产能力、销售能力等方面。

在生产和仓储的设备、设施方面，该厂目前只拥有两个大仓库，分别是原材料仓库和产成品仓库，仓库均属于普通型仓库。据了解，产成品仓库建筑面积大约为2000m^2，原材料仓库5000m^2左右。其中原材料仓库分为8个独立的存储仓库和4个圆柱体玉米存储器，存储器容量均为500t。在生产过程中的装卸、搬运工作，大部分只能以手推车为辅助工具，基本上都靠人工搬运、装卸和堆垛。由此可以看出，该厂还停留在传统的生产模式下，主要靠人工进行操作，还没能跟上时代的发展，充分地利用先进的技术和设备。

通过与员工交流，了解了该厂的组织机构（见图5-1）。

根据图5-1推测，该厂的组织结构应该属于职能型。对于小型企业来说，这种结构沟通迅速、权力集中、责任明确，便于统一指挥。但是我觉得该厂的权力划分得不是很恰当。例如仓库不应该都由供应科来管理，因为仓库分原材料仓库和产成品仓库。所以我建议，该厂应该单独成立一个物流部门，由物流部门管辖仓库，而不是由"经营部门"的"供应科"来管辖仓库。

通过对企业的进一步了解，我了解了该厂隶属于博白县食品总公司内部的生产服务单位。他们的生产经营主要以供应总公司的生猪养殖需要为主，只有少部分是对外的饲

物流实践能力培养与提升

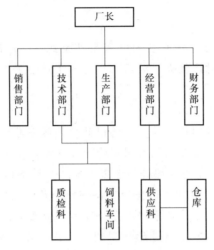

图 5-1 实习工厂的组织结构图

注：图中的"经营部门"是指"采购部门"。

料产品供应，在对外的产品销售中，主要以客户的订单情况来组织安排生产。在市场经济的环境下，这样的生产厂家已经很少有了，该厂应该在新环境下重新对自己进行定位，在满足自身的养殖需要外，把更多的精力放在对新市场的开发上。据了解，他们的产品在当地有着很好的声誉，因此应该把握好自己的无形资产，并充分地利用好。图 5-2 和图 5-3 分别是该厂的产品生产流程和质量体系机构。

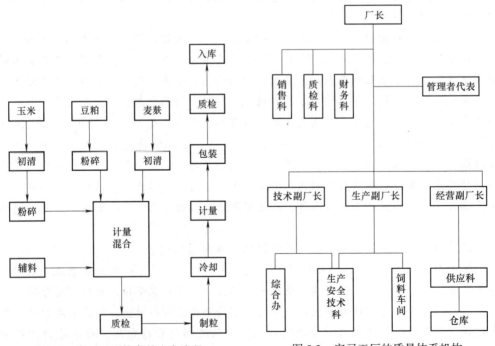

图 5-2 实习工厂的产品生产流程   图 5-3 实习工厂的质量体系机构

根据观察与了解，我认为该厂似乎还没完全意识到物流在企业中的重要性，物流在该厂没有得到很大的重视，物流与其他职能相比地位相对较低，甚至都没有一个独立的

第五章 物流实践能力培养实务

物流部门,在进行物流方面的运作时,只是依靠其他部门的工作人员来进行操作。而且还有一个关键问题是,该厂没有一个管理信息系统,所有的业务都是靠手工记录。

三、实习内容

1. 原材料采购

通过亲自参与原材料的采购,我具体了解了书上抽象的采购流程。书上介绍的采购程序一般都是企业根据产品生产提前期向供应商下订单,然后供应商按时送货上门。但是该厂只对于固定使用的、大批量的原材料向熟悉的大供应商下订单,而对于零散的、小量的、临时需要的原材料却是由业务员去火车站看货挑货商讨价钱,然后购买回来。该厂对于这种购买形式的原材料,通常是通过请外面的车运回,运输费用一般为两种价位:一种是20元/t,一种是25元/t,运输费用及其支付方式由买卖双方在交易过程中明确规定。为了避免运输途中的损失过大,购买时先经过火车站旁的磅秤称量,确定重量,回到厂后,再用厂里的磅秤进行称量,比较重量,如果损失超过2‰,就要运输车队负责赔偿损失(主要是用厂里的秤称重与玉林火车站的秤称重进行核对)。

在挑选原材料时,由于不是在厂里,没有现成的测试工具,采购业务员通常是根据感官观察来进行判断,这就需要采购业务员具有很强的判断各种原材料质量好坏的专业知识;在价格方面就需要采购业务员全面了解市场行情,并且有较强的谈判能力,因为原材料的购买数量相对于其他物品来说比较大,1毛钱的差价都会给厂家带来巨大的成本变动。

2. 仓库运作与保管

(1) 产成品入库。生产车间生产出来的产成品,在产成品保管员的安排下,按要求根据不同的产品、不同的品种在指定的位置堆放(产品的堆放要求:离墙1m堆放,要有垫板,并且各不同品种或同一品种不同生产日期的产品之间要有0.5m的堆放距离)。入库流程为:在生产任务完成后,由生产班组填写产成品入库单据,交给产成品仓库管理员,仓库管理员和班组负责人共同清点产品数量,双方确认后签字,本次交接完成。

(2) 产成品出库。产成品仓库管理员根据销售部门开出的货物调拨单,按调拨单的产品、数量对货物进行调拨。搬运工人根据保管员的安排、指挥,把货物装到指定的车辆上。在装货过程中,货主、销售科人员或承运人员要在现场共同清点,防止出现差错。装完货物后,双方确认后签字,完成本次的调拨工作。产成品出库一般遵循先进先出的原则。

(3) 原材料入库。业务员把原材料购买回来后,原材料仓库管理员根据货物的品种及仓库的现有库存情况,合理安排卸货位置。原材料的堆放要求为:离墙1m堆放,要有垫板,不同入库日期的原材料之间要有0.5m的堆放距离。保管员要认真清点好原材料的数量,卸完货后,根据实际清点得出的原材料数量开出收据。

(4) 原材料出库。保管员根据当班班组生产计划的需要,基于原材料先进先出的原则,在生产前安排好所需各种原材料的搬运位置,生产班组必须严格按照保管员的安排进行。在下班前,生产车间和仓库管理员双方还必须再次清点确认签字,减少出现人为的原材料损耗或溢余情况,做到真实准确。

通过在两个仓库的实习,我进一步了解了原材料和产成品出入库的程序。两个仓库共同的简化程序都是"制单→清点数目→出/入库"。这种单据一般是一式几份,对于产成品的入库:生产、会计、仓库、统计、存根各一份;对于产成品的出库:会计、仓库、统计、随物同行、客户各一份;对于原材料的入库:采购、会计、仓库、承运方、统计各一份;对于原材料的出库:生产、会计、仓库、统计各一份。

这样他们在工作中才能保证做到货物存放合理、先进先出,在管理上做到环环相扣,减少管理上出现的漏洞,从而减少不必要的劳力付出,从根本上杜绝人为因素造成的损失。

从仓库保管员的历史记录上可以看出,该厂几乎在每个工作日都有产品入库。由此我推测该厂是属于传统的推动式生产类型,而不是根据客户订单来生产的拉动式生产类型。所以,该厂会存在大量的存货,增加了储存成本。

总体上说,该厂仓库的基础设施比较简陋,几乎没有先进的现代化设备,甚至连货架都没有,全部靠人工操作,这就大大降低了运作效率,增加了成本。

3. 产品配送

该厂的产品配送工作,主要有两方面的客户要求:①是食品总公司内部养殖场的产品配送;②是市场上各经销商所要求的产品的配送。

根据我所看到的,内部养殖场的产品都是由各个养殖场到该厂来提货的,从这方面来说,该厂不存在产品的配送工作。

对于市场上各经销商的产品配送,该厂主要是采取外包的方式进行。他们固定把配送工作外包给一个运输公司(有四辆大货车)。销售科业务员会根据每次产品的运输路途、运输数量来安排车辆。原则是:①同一路线的产品,尽量安排在一辆车上配送;②尽量让车辆满载,减少运输费用的支出(能一次配送的,就不要分两次配送);③量少、路程短的,尽量用自己的车送(自己厂里有一辆中型货车)。

因该厂没有独立的配送部门,所以一般都是由销售科的业务员来执行车辆配送的操作,这在一定程度上增加了销售人员的负担——销售人员不仅要掌握销售方面的专业知识,而且还要有相关的配送知识。

在实习的过程中,我了解到该厂一般和市场上的各经销商有约定,就是在经销商下订单的三天内把产品送到经销商的手中。但是,如果经销商在下订单的第二天就缺货了,或者在这三天中车辆安排不了,又或者厂里没有存货的时候,他们是怎么做的?我询问他们的时候,他们只是说,只能向经销商进行合理的解释。如果不能找出有效的解决办法,这样做在以后的销售工作中会造成很不好的影响。

所以,我提议实行根据生产周期来决定订货提前期的方案,而且如果是大批量的订货,还应该把提前期往前推移,以保证准时、准确地把货运送到客户手中。

四、对实习单位的提议

(1)要成立一个独立的物流部门,明确物流部门的职责。把运输、仓储、配送等物流职责落实到物流部门的工作人员身上,而不是由其他部门的工作人员来进行物流作业的操作。

(2)要改进生产经营方式,不要主要以满足总公司的生猪养殖需要为主,而是努力开发外部市场,并且形成根据客户订单来拉动生产的局面,以避免库存量过大,增加不必要的成本。

第五章 物流实践能力培养实务

(3) 在生产和仓库方面，应该采用一些先进的设施与设备，提高企业的生产能力，提高产品的质量，提高工作效率等。

(4) 在销售方面，应该适当增加客户订货的提前期（相对于目前的三天时间），以避免不能及时供货给客户，引起客户的不满，失去客户。

(5) 应该建立一个管理信息系统，把整个企业的人、财、物、产、供、销等生产经营活动的方方面面都联系起来，便于企业内部门与部门之间、部门与员工之间，以及个人与个人之间的沟通与信息共享，并且能够优化资源配置，减少不必要的烦琐手续，减少人为错误，缩短工作周期。这样可以大大提高企业的管理水平和综合应变能力，增强市场竞争力。

建议采用的管理信息系统框架如图 5-4 所示。

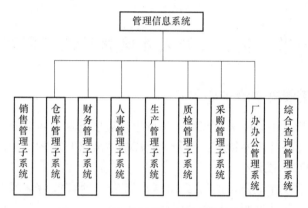

图 5-4 建议采用的管理信息系统框架

五、实习工作成果

(1) 了解了实习企业的组织管理体系、各部门的职能和相互关系，以及各级技术人员的职责与业务范围。了解了物流在企业中的地位与重要性，并且明白了物流在企业中的效率与质量会直接或间接地影响企业的效益。

(2) 熟悉了实习企业的物流组织结构、基础设施与设备、运作模式，以及各个物流环节的业务流程。

(3) 能够根据一定的理论知识来判断实习企业的生产能力、销售能力，以及物流能力等，并且能够分析出各能力之间是否互相协调。

(4) 进行了"原材料采购""仓库保管""产品配送"等有关物流作业操作，把理论知识与实际操作联系起来，能够独立解决部分业务问题。

(5) 熟悉物流管理各环节的具体步骤及内容；了解物流管理的主要方法与手段；能够分析实习企业物流管理存在的关键问题，并能够制定出解决方案。

(6) 在实践中验证、巩固和深化了已学过的物流管理知识，丰富和扩大了专业知识领域。

第六章 物流实践能力培养的应用案例

校外人才培养基地是学生实践的主要活动空间,也是搞好实践性教学的重要保障。经过多年的努力,目前北京交通大学经济管理学院已与多家企业合作建立了校外人才培养基地,企业的现场成为学校的物流管理专业教学实践基地。在不断的合作过程中,校企在人才培养、科研合作等方面保持着紧密的互动和良好的联系。本章以几个典型的企业为例展开应用案例分析。

第一节 物流校外人才培养基地应用案例

一、北京西南图书物流中心

北京西南图书物流中心位于北京村级可持续发展实验区——北京丰台区榆树庄,是一个村办企业,其业务为图书物流,承租其仓库的主要客户是图书出版社。

1. 学生实习内容的设计

北京交通大学学生在该公司实习了 10 天,其实习内容包括学习企业总体情况、分区实习、参观、座谈几个方面,具体分配如下:

(1) 学习企业概况。信息部主任讲述了物流中心信息化建设的情况,托管部主任讲述了企业的概况和他个人的简况,安全处工程师对学生进行了安全教育。

(2) 分区实习,并由各区主任带队负责。信息部主任给学生分组:在南区住的学生在南区实习;在北区 2 号、西二区的 203 住的学生在西二区实习;在北区 3 号、西二区的 207 住的学生在东北区实习;在西二区 201 住的学生在西区实习。

各区主任将学生分到具体的库房:

南区:4、10、11、16、17、31 号仓库各 2 人。

东北区:1、6 号仓库各 4 人。

西区:18 号仓库 5 人。

西二区:12、13 号仓库各 5 人。

(3) 参观。学生参观了分拣中心,分拣中心主任介绍了分拣中心各种业务,包括分拣、发货、查询、确认货物到顾客手中等;参观了货运部、客户服务部和立体仓库。物流中心的运输方式有铁路、公路、航空和邮政(海运和市内货物发运不经过分拣中心)。

(4) 座谈。在实习接近尾声时,全体学生与物流中心的总经理、托管部主任、信息部主任等物流中心领导座谈。学生讲述了在实习过程中产生的很多困惑、想法和建议,与企业交流、沟通、讨论,效果良好。

2. 实习的收获与不足

(1) 收获。通过 10 天的实习和具体操作,学生学到了以下内容:

第六章 物流实践能力培养的应用案例

1) 充分了解了企业的图书物流流程,如图 6-1 所示。

图 6-1 物流中心的图书物流流程

在图书入库环节,学生学习了到达图书的抽验(抽检率为 5%)、签收、点数、入库、入账、送书单交到数据处理中心、制票。

在图书出库环节,出版社和各地新华书店每天下午 4 点将发书单通过电子邮件等传到物流中心,物流中心的接单员将这些发书单打印出来,库房收到发书单后,分出快、慢件。工人每天下午 4 点以后是最忙的时候,工作到晚上 9 点、10 点是很正常的情况。

在退货环节,检查退货数量与单子是否相符,即拆包、分类、清点,查看包内所附退书清单是否相符;用 POS 机扫条码,记录数据,然后登录信息系统,查相应的库位号,再把书分为好书和残书,好书再入库,再发行,残书归残书堆。

2) 充分了解了企业文化,并将其渗透到实习过程中。物流中心特别重视文化建设,与一些企业大而空的宣传不一样,他们强调职工的心灵和心理的塑造,强调做人、做事、做企业的道理,宣讲有字之书和无字之书的道理,强调终身学习。从领导到最基层的员工,很多人的学历不是很高(该企业目前还没有正规大学毕业的本科生,大部分是初中、高中毕业生),他们自谦为农民。但是,他们却有较高的文化素养,待人热情,做事细心,通情达理,有爱心,有责任感,对社会、人生有自己的观点。更难能可贵的是,他们富有创新精神。

具体说来,物流中心的文化建设强调以下几个方面:

① 强调吃苦耐劳:"睡不得地板,当不得老板"。

② 强调以市场为主体:"先建市场,再建工厂""为顾客提供尽善尽美的服务""市场唯一不变的法则就是不停地变"。

③ 强调竞争意识:"上岗靠竞争,报酬凭贡献"。

④ 强调创新,强调职工的主观能动性:"认真只能做对事,用心才能做好事"。

⑤ 强调细心,多说,多问,不出差错。每一个仓库的进门处都悬挂着写有下面字句的横幅:

多说一句话,工作顺利化。

少说一句话,事情遗漏大。

多问一句话,工作严谨化。

少问一句话,事情隐患大。

这些其实都是做人、做事、做企业的基本准则,已经深入到员工的内心。有了这些文化建设的基础,物流中心的纪律、规章制度推行起来就容易了。在这种环境下,学生们都变得非常能吃苦,积极肯干,表现出顽强的精神。例如,库房的温度经常是 40℃左右,没有空调和风扇。早晨 8 点上班,而下班时间不确定,到晚上 10 点是正常情况,有时会到 12 点,而且员工没有任何娱乐。学生分住三地,住的地方与工作的地方相距较远，但都能做到从不迟到、早退。更为艰难的是，这里没有热水洗澡，班上的19个女学生还是挺过来了。有时下班晚了，食堂没有饭买，他们就吃方便面。有学生生病了，也没有退缩，只要自己感觉好一些，就去库房工作。在这样艰苦的环境下，学生和员工一起挥汗如雨，克服困难，完成工作。

3）通过座谈，加强了相互之间的学术与实践方面的交流。北京交通大学的学生在短短的10天里，不仅掌握了实践技能，还对物流中心提出了很多建议和想法，涉及信息系统、运输管理、库位设计与管理、检书、验书、发书、POS机的设计、退书流程等物流中心业务流程的各个方面，得到了企业各位领导的赞赏，很多建议已被采纳。在座谈会上，企业相关领导不仅解答了学生的问题，还介绍了物流中心的成长历程、企业的用人制度等各方面的情况，指出物流行业目前是朝阳行业，大有可为；鼓励学生在物流行业扎扎实实干几年，一定能取得骄人的业绩。通过这次座谈，学生和企业都感到非常满意。企业觉得接待学生来实习，学生不仅为他们干了活，还提供了许多思想和想法，为企业提高效率打开了思路；学生觉得来企业实习，不仅学到了实际技能，解答了困惑，而且还学到了许多做人的道理。

（2）不足

1）由于从决定去物流中心实习到开始实习这段时间较短，公司来不及制订更详细的实习计划，导致学生在库房的工作单调，繁重。

2）由于住宿、工作的地方分散，距离远，上下班时间不统一，很多学生要加班，再加上周围环境较为复杂，这就更增加了工作的难度。

3）住宿、吃饭等生活条件比较艰苦，没有热水洗澡，食堂卫生条件也不好，更重要的是，该企业的工作特点是"上班有点，下班没点"，学生下班后往往是食堂没饭、澡堂关门（西二区澡堂的太阳能坏了，住在这里的女生一直没有热水洗澡），学生就得吃方便面，在厕所洗澡，生活十分不方便，影响了学生的工作热情。

但总的来说，学生真正接触了实际，了解了图书物流流程，发现了问题也提出了改进方法，并磨炼了意志，这是在书本上学不到的；另外企业方也了解了学生的想法，接触到一些理论和新知识，对其企业的创新等也有帮助。而作为第一批学生的专业实习，带队老师也表示，做好各方面的沟通工作尤为重要。

二、北京嘉和嘉事医药物流有限公司

北京嘉和嘉事医药物流有限公司（见图6-2）于2005年2月27日开工进行厂房建

图6-2　北京嘉和嘉事医药物流有限公司

第六章 物流实践能力培养的应用案例

设,2005 年 11 月投入使用。二期工程于 2010 年竣工,拥有自己开发的物流信息系统,实现了进货、来货验收、入库、出库等的信息化过程。公司是承担第三方医药物流配送的 GSP 认证企业,秉承"创新,规范,和谐"的服务理念,履行"安全,准确,及时,周到"的服务宗旨,为客户提供全方位和不间断的配送业务。

1. 学生实习内容的设计

(1) 了解企业概况。学生在北京嘉和嘉事医药物流有限公司报告厅听取关于公司简介的讲座,该讲座为学生讲述了公司的概况,包括了公司的历史背景、规模、员工以及未来发展的规划等,此外,还讲述了医药物流和其他行业物流的一些区别及医药物流的一些现状。

(2) 按照实习计划与任务进行实习。最初,公司将学生分为三组,分别在验收组、分拣部、客服部轮流实习。后来二期工程完工后,可以学习和体验的部门增多,分组也随之增多,见表6-1。

学生分组进入仓库,在验货区、分拣区的具体岗位上进行实践。重点观察、学习进货、验货、存储、拣选、发货等的实施方法、操作要点、主要物流设备及用途、质量要求等,针对现状提出合理化建议及设想。

表 6-1　北京嘉和嘉事医药物流有限公司的实习学生分组与任务

组　　别	人数(人)	任务(课题)
招商组、客服组	5	调研项目优化 收费建模 投诉分析建模
验收组	6	工作量统计建模 流程优化 托盘码放数建模
拆零组	10	工艺流程对比分析 212区与三方拆零合并作业安排方案
一期组	10	流程分析及优化
三分拣组	10	箱拣区的货位调整与建模 平置区货位划分建模(多托盘模式)
票据组	10	待发区规划 待发区人员规划
运输组	10	运输线路优化 运输成本分析建模
内部货主作业研讨组	25	基础数据整理

(3) 接受实习前详细的药品相关知识培训。培训内容主要是药品基础知识及相关法律法规和本公司相关制度,具体包括药品的基础知识,药品管理相关法律法规,验收养护、储存保管相关制度,药品分拣、复核、出库质量管理制度,相关人员岗位职责。

1) 药品的基础知识包括药品及其批准文号的定义、药品的种特殊性(种类复杂性、药品的医用专属性、药品质量的严格性)、药品的分类(处方药 R 和非处方药 OTC)。

2）药品管理相关法律法规包括《中华人民共和国药品管理法》《中华人民共和国药品管理法实施条例》《药品召回管理办法》《药品注册管理办法》《药品流通监督管理办法》《蛋白同化制剂和肽类激素进出口管理办法》《药品说明书和标签管理规定》《生物制品批签发管理办法》《药品不良反应报告和监测管理办法》《药品经营许可证管理办法》《药品进口管理办法》《药品经营质量管理规范》《药品生产质量管理规范》《麻醉药品和精神药品管理条例》《反兴奋剂条例》《中华人民共和国产品质量法》。

3）验收养护相关制度包括药品验收管理制度、药品养护管理制度。储存保管相关制度主要有关于药品储存保管方面的规定，明确了在药品储存管理中保管员、退货保管员的职责。

4）药品分拣、复核、出库质量管理制度，包括对药品储库、复核方面的规定，以及药品运输管理制度。

5）相关人员岗位职责，包括对入库上架员、补货员、配货员、拣货员、复核员、集货员（叉车司机）岗位职责的明确界定。

（4）答疑与讨论。学生与公司领导座谈答疑和交流，提出了许多在实习过程中遇到的问题，还提交了一些数据与初步的设计。企业部门经理仔细耐心地进行解答。

2. 实习收获与不足

（1）收获。学生了解了药品知识、物流流程。学生分组进入仓库，在验货区、分拣区的具体岗位上进行实践。重点观察并学习进货、验货、存储、拣选、发货等的实施方法、操作要点、主要物流设备及用途、质量要求等，针对现状提出合理化建议及设想。例如，有些学生进一步理解了药品入库的整个流程，包括条码的粘贴原则、温度控制要点、药品的货架摆放次序等；有些打扫仓库，画出了仓库的平面图，了解了仓库的结构，还参观了二期仓库和三期仓库，了解了二、三期仓库的操作流程；有些进入冷库，了解了冷库的温度要求和冷库的摆放药物要求，画出了冷库的平面图，了解了进出库的要求；有些在货架间对货物进行记录，整理数据；有些和工作人员一起拣选药品，进行配送；等等。在药品储备的先进技术方面，学习了公司的 BMS（业务管理系统）、CMS（药店管理系统）、WMS（物流管理系统）。大家真正接触到货架、地牛、叉车等工具，开阔了视野，体验了比较先进的 RF 和 DPS 系统等。

但是，最初几次去该企业，都是让学生分几个小组，轮流在各部门观察或操作。时间为几个小时。这样，学生不可能对公司进行更加详细的了解，加上基层操作人员的指导不多，使他们对问题的了解不够深入和透彻。因此，该公司在总结前两届的实习后，进行了一些改进。公司将学生分组后，一直让学生在该组实习。让学生在仔细观察后，完成企业下发的若干课题，这样就可以在充足的时间内了解和掌握各环节的操作，并能运用所学知识，对环节或系统进行优化。当然，这需要在基层操作人员的帮助下才能完成。这样，比以前能更深入地了解某一个岗位的业务，但对其他岗位的业务却不太熟悉。

（2）不足。北京嘉和嘉事医药物流有限公司地处经济技术开发区，配套设施不足，食堂和住宿面积较小，不能给实习学生提供住宿，因此每届学生的住宿由学校方自行解决。最初安排学生住在附近的小旅馆里，虽然艰苦但学生总是全勤。但后来小旅馆拆除了，学生只能每日坐学校班车出行，不能全勤，影响工作安排。

第六章 物流实践能力培养的应用案例

三、中铁吉盛物流有限公司

中铁吉盛物流有限公司地处京南物流商港的核心地带，是北京市和大兴区政府重点支持的物流项目，享有政府强有力的政策支持。中铁吉盛物流有限公司成立于2004年5月18日，为中铁快运股份有限公司旗下全资子公司，主要是负责行邮（包）专列的接发车作业、调度组织指挥、基地管理服务、行包专列安全管理、装卸搬运、仓储保管、配送服务、培训、5100矿泉水等业务。

1. 学生实习内容的设计

（1）了解企业概况。抵达黄村基地后，领导致欢迎辞，带队老师介绍情况。吉盛领导和老师们讲述了公司的概况、业务情况和安全管理情况。

黄村基地是行邮（包）专列的配套设施，主要负责行邮（包）专列的接发车作业、调度组织指挥、基地管理服务、行包专列安全管理、装卸搬运、仓储保管、配送服务、培训等业务。黄村基地承担北京至上海、广州、哈尔滨、乌鲁木齐、成都、东孚、沈阳、棠溪八对行邮（包）专列的始发到达作业服务任务。安全管理的制度体系包括消防安全、安全生产、作业组织、设备管理、库区管理、装卸管理、车辆管理、班组管理、应急预案。

（2）按照实习计划与任务进行实习。公司安排好宿舍后，将学生分成A、B、C三组开始参观学习。实习安排见表6-2。A、B、C组在装卸部门经理的带领下参观了基地的门禁、安检仪、车辆衡、监控室。参观了一号库、二号库和三号库——中国邮政，观摩了整个装卸搬运过程。

表6-2 实习安排

日 期	时间安排	实习人员	实习地点	主要任务
7月5日	10：30	全体实习人员	一层前台	前台报到，入住房间
7月6日	14：00—18：00	全体实习人员	5楼会议室	1. 听公司领导讲话 2. 接受PPT培训，内容包括基地概况、业务概况、安全管理
		全体实习人员	基地库区	1. 参观门禁、汽车衡、安检仪、监控室、计划室岗位 2. 参观一号库，听取主营业务情况、行邮（包）列车性能参数及优势、客户情况及管理模式等的介绍
7月7日	8：30—19：30	实习A组	门禁、汽车衡、安检仪	了解门禁、汽车衡、安检仪岗位职能、作业流程及工作模式 熟悉操作流程
		实习B组	一号库、计划室	1. 了解一号库业务规章制度、库区管理规定及作业时间 2. 了解计划室工作职能及计划清单的应用 3. 跟班实习作业流程，熟悉现场运作模式
		实习C组	二号库	1. 了解5100项目成立的背景和意义 2. 了解5100作业模式 3. 熟悉5100作业流程

物流实践能力培养与提升

(续)

日　期	时间安排	实习人员	实习地点	主要任务
7月8日	8：30—19：30	实习A组	二号库	1. 了解5100项目成立的背景和意义 2. 了解5100作业模式 3. 熟悉5100作业流程
		实习B组	一号库、计划室	1. 了解一号库业务规章制度、库区管理规定及作业时间 2. 了解计划室工作职能及计划清单的应用 3. 跟班实习作业流程，熟悉现场运作模式
		实习C组	门禁、汽车衡、安检仪	了解门禁、汽车衡、安检仪岗位职能、作业流程及工作模式 熟悉操作流程
7月9日	8：30—10：00	全体实习人员	5楼会议室	实习总结
	10：30—11：00	全体实习人员	1层前台	退房，返程

（3）座谈交流。

学生与物流公司总部的相关领导进行座谈交流，先后发言述说自己最近几天在基地实习的体会与感想。

2. 实习的收获与不足

（1）收获。每班学生经过了5天的实习后，从参观体验和培训讲座里学到了不少知识。学生们了解了铁路物流方面的内容，了解了铁路物流系统的构成，知道了什么叫行邮列车和行包列车。该公司的装卸搬运工作多，重点是安全管理，这是公司的特点。安全检测手段见表6-3。安全技术设备如图6-3所示。

表6-3　安全检测手段

技术手段	作　　用	
汽车衡	过磅	防超载
安检仪	查危险品	防止危险品上车
装车示意图	计划装车	防止超、偏载
人工查危	查危险品	防止危险品上车
轨道衡	查超载	防止超载运行
生产信息系统	实时监控	跟踪车辆信息
监控系统	实时监控	防货被盗
火灾报警系统	实时监控	防火

图6-3　安全技术设备——大型安检仪

第六章　物流实践能力培养的应用案例

公司时刻都有安全管理的应急预案，目的是预防和控制潜在事故或紧急情况的发生，提高公司应对非正常情况的处置能力，减少因非正常情况对公司人员、财产安全和正常运输组织的不利影响。另外在装车时，更要注重安全，避免计划装车重量与实际重量不符现象，消除现场装车的随意性以及无计划装车所造成的安全隐患。千分考核是中铁吉盛物流有限公司重要的考核形式，主要体现在安全管理、标准化作业、班组建设、职工业务、遵章守纪五个方面。千分考核手册作为机关干部下现场量化指标，体现出对干部完成下现场检查写实和检查质量的监督，且所列的内容全部为现场作业所要求达到的标准。

安全管理也体现在物流流程方面，图 6-4 是该公司的计划室中货物交接主要工作流程，图 6-5 和图 6-6 是车辆入库和出库流程。

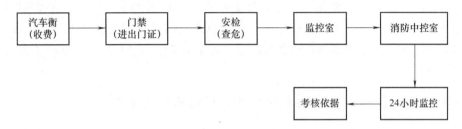

图 6-4　计划室中货物交接主要工作流程

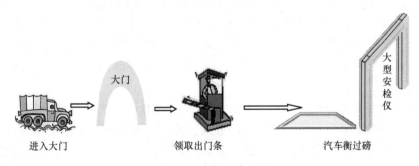

图 6-5　车辆入库流程

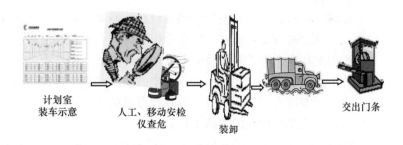

图 6-6　车辆出库流程

（2）不足。中铁吉盛物流有限公司也是铁路企业的一个培训基地，因此提供食宿比较便利，而且理论培训也很详细到位，但在业务繁忙时，基层接待学生的时间有限。

因此对学生来说，总体介绍多，参观多，微观接触的细节少，需要学生长期观察和体验。而学生在实习过程中，在接触某个业务环节时，企业为了安全生产，不会让学生长时间、近距离操作，学生虽有思考和提问，但都不够深入。这也影响了学生作业内容的深度和精度。

第二节 理论教学的实践环节设计

近年来，面对物流人才尤其是高级管理人才的需求，北京交通大学物流管理专业在"产、学、研"一体化的教学理念指导下，建设教学实践基地，利用校企合作的实践性教学，改革本科生的培养模式、在课堂上或课下增加实践教学环节等，取得了丰硕的成果。以上详细介绍了校企合作——物流管理专业实习环节的案例以及校外实习基地建设，因此不再赘述。以下从校企合作——邀请企业的高级管理人员给本科生上课环节、物流相关课程中的实践环节和其他课程的实验教学环节，谈谈校内理论教学中的实践环节的设计内容。

一、校企合作——企业的高级管理人员给本科生上课

目前，与物流学有关的所有课程要尽量突出其实践性的一面。实践课程是指包含实用型与实践型教学内容，运用丰富的音频、视频资料，通过现场调查（第二课堂）、多媒体教室、物流工程实验室等手段，进行各种以体验或加深对企业物流管理课程理论原理的理解为目的的实践活动的课程。2004年以来，北京交通大学物流管理系分别邀请了远成集团、中铁现代物流科技股份有限公司、中国物资储运公司的高层领导和各部门的经理（包括公司的总经理，运营、营销、人力资源等各部门的经理）给物流管理专业的本科生讲课。

以"物流企业案例分析"课程为例。该课程通过邀请知名企业的业务骨干来校讲课和带领学生到现场参观（第二课堂）的形式，做到"请进来，走出去"，使企业的实务与学生所学的理论知识相结合。再通过必要的案例学习、讨论，启迪学生的思维，激发学生的潜能，加深学生对有关知识、理论等内容的理解，提高其物流运作的分析与判断能力，为以后的就业做好准备。

以下介绍一下此课程的目标和内容设计。课程设计一般是企业各骨干讲课、学生提问，学生参观为主。本课程的教学目标在于培养学生对物流企业有一个系统化和整体化的概念，使学生正确理解物流企业管理的战略与具体业务流程，能对物流企业的现状与存在问题进行综合分析与评价，并能规划出企业未来的发展战略，再进一步进行调查研究和专题讨论，让学生对本课程的教学内容有直观和形象的了解，结合社会实际掌握本课程的知识点，使其对课程基本理论的理解得以升华。

本课程的考核方式为：学生提问占10%，参观报告占20%，专题讨论占20%，结课论文占50%。以第一次"物流企业案例分析"课程为例，课程的内容包括以下方面：

1. 企业骨干授课，内容多样化

这次邀请的是远成集团主要部门的业务骨干，讲课总学时可达到9～10学时，所介

第六章 物流实践能力培养的应用案例

绍的内容几乎涵盖了物流活动的全部内容。首先，远成集团北京总部刘经理介绍的内容比较全面，概括性强，包括集团发展历史、组织架构、企业规模、经营范围、重要合作伙伴、专业管理团队、获奖情况、IT系统、北京现场的物流业务、与国际物流作业的对比等方面。其次，各个分部门经理都结合自身的工作，谈了本部门的业务情况，专业性非常强。例如，企业部经理讲授了企业软硬件环境。硬件环境是所有的设施设备，软件环境包括网络的建设等。人事部经理讲授了企业文化，以及人事部的管辖范围与运作等。市场部经理讲授了集团的产品和服务、销售对象的确定、运输报价与物流方案等。客户服务部经理讲授了远成的客户结构、客户的需求情况、客户网络及信息系统等内容。这样，学生对远成集团乃至物流企业的业务活动有了系统的认识，受益匪浅。

2. 注重学生的参与性，师生交流增多

本课程的学生在听完介绍后主动提问，每堂课都有半小时时间来提问和回答，自由交流的时间长。这是对学生探究能力的培养，使学生主动捕捉与叩问，而不是教师强迫学生去解决一个问题。学生在课堂上听讲后，根据自己所学理论和对现实判断的直觉，来探询问题的结果，来证实自己的观点，从而获取知识。例如，如果学生希望了解国内物流企业的整体状况，则所提的相关问题有：民营企业如何崛起并走向世界？从综合水平来考虑，远成集成与国际优秀物流企业之间的差距在何处？如何做到快速回应顾客？如何搜寻目标客户，挖掘潜在客户？什么叫返单服务？如何保持合理库存？如何突出个性化服务（举例）？等等。如果学生希望知道如何得到理想的工作，则所提的问题主要有：如何理解企业文化与经营理念？怎样提高对岗位的熟知度并通过面试？如何得到上司的认可（举例）？等等。

3. 带学生到现场参观，强化学生的感官认识

本课程不仅做到"请进来"，还做到了"走出去"，即带领学生到现场参观，让他们身临其境，学到更加实际的内容。师生一起到集团在大兴黄村的北方行邮基地进行参观。现场经理解说并答疑。大家参观了行邮专列以及货场的货物情况，接触到了货物的堆放、现场的叉车等设施、货物的装卸搬运、接货发货等业务，对物流的日常业务有了更深刻的体验和了解，并找出所学理论和实际间的差距。回校后学生分小组写出参观调研报告，报告的内容包括参观的时间地点、单位简介、参观目的、业务情况、设施状况、结论或感想等。

4. 专题讨论与对比分析，提高学生的研究能力与分析能力

最后一节课是小组专题讨论。与以往单纯的专题不同，这次所进行的是对比分析。在充分了解远成集团的基础上，学生将其与自己所熟知的（以前调查过的或教学案例中出现过的）另一个物流企业进行对比分析，找出差异，提出改进建议。这样可以使学生了解不同类型的物流企业、不同的业务服务与管理方式等，对差异性进行研究分析，制定出不同的发展战略。学生分为八个小组，讨论的内容包括远成集团与中铁快运、东升、德丰、金必通、嘉里等大中型物流企业的比较分析。案例讨论完成后，教师要求每位学生对自己小组的案例分析进行总结，然后写成最后的结课论文。

课程的效果良好，主要是授课内容全面，资料丰富，做到了理论中有实践，实践经

物流实践能力培养与提升

验又包含理论知识,淡化了理论与实践的界限。而且学生感同身受,反映普遍良好,不仅对物流管理等内容进一步加深理解,巩固课堂所学内容,而且还充分了解了民营物流企业以及铁路物流企业的特点;通过该课程的学习,更激发起学生实践的能力,如有一位大三学生主动到远成集团实习了一个月,做了大量笔记,他的行为不仅影响了同班同学,还使自己积累了宝贵的物流实践经验。

二、物流相关课程中的实践环节案例

1. 课程中实践环节主要内容

在物流管理专业的课程中,实践环节已占了主要的部分,它是理论学习以外,为了学生能更好地理解和巩固所学知识,在社会中进行的一种实践活动。一般地,现场调查是重要的学生实践方式,这项活动会使学生将理论应用到实践中,从而更深地理解理论知识和消化知识。这时,教师应引导学生选择合适的调查地点,进行合理的调查问卷设计,采取多种记录手段,最终完成优良的调查报告,并在学生报告、交流后进行及时总结。

学生所进行的实践活动通常包含以下几个阶段:

(1) 发现问题。例如提出与物流相关的问题,包括运输、仓储、包装、装卸、配送等类别。

(2) 现场调查。包含准备工作、抽样调查、实地访谈、观察记录、资料分析阶段。

(3) 分析问题。运用的方法有调查统计法、比较分析法、绩效评价法等。

(4) 撰写报告。包括草拟提纲、撰写初稿、修改完善定稿阶段。

以下以"物流学"和"绿色物流"课程为案例,谈谈其中的学生实践活动是如何实施的。

2. "物流学"课程的实践环节案例

"物流学"课程是为管理科学与工程专业本科生开设的大类专业基础课程,是该类专业本科生的专业必修课程,同时是工商管理、经济学专业的限选课。课程的教学目的是使学生掌握物流学的基本概念和理论体系,增强学生继续学习物流管理知识及从事物流管理职业的兴趣。现场调查案例的学时是8学时,具体分配是:综合专题研究4学时,综合案例研讨4学时。作业是调研报告,调研报告一般包括调研分析与方案设计两部分。

例6-1:某一小组学生的调研报告。

四道口水产批发市场交通状况分析

一、前言

1. 调研目的

随着北京市经济的持续稳定增长,北京市中心城区内的大型商贸中心也取得了迅速发展,逐渐形成了诸如大红门、新发地、动物园、十里河建材市场等大型批发市场,家乐福等大型超市以及其他大规模的商业和贸易的聚集区,对繁荣北京市经济、提高城市化水平、便捷人民生活起到了巨大的作用。

然而随着时间的不断推移、经济水平的不断提升,中心城区商贸中心在经营模式、

第六章 物流实践能力培养的应用案例

物流运作、周边的交通管理等方面存在的诸多问题也日益凸显。鉴于北京大型商贸中心物流运作效率低、成本高、易拥堵的问题,本调研小组以北京市四道口水产批发市场为研究对象,通过多种方式对四道口水产批发市场周边的物流及交通设施进行调研,以期能够全面了解如何提高北京中心城区大型商贸中心物流运作效率、降低运营成本以及缓解大型商贸中心周边交通拥堵的状况。

2. 调研人员

调研人员有罗曦、杨凯、任冠蒲、刁晨、王佳琪。

3. 调研地点、时间、对象及方式

四道口水产批发市场调研地点、时间、对象及方式见表6-4。

表6-4 四道口水产批发市场调研地点、时间、对象及方式

调研地点	调研时间	调研对象	调研方式
四道口水产批发市场	2013-11-12	四道口水产批发市场周边道路	实地调研
	2013-11-13	四道口水产批发市场车流量运行状况	实地调研
	2013-11-20	四道口水产批发市场商户运营状况	实地调研 问卷抽样调查

二、四道口水产批发市场总体调研

1. 简介

北京市四道口水产公司是以批发干、鲜、冷冻水产品为主,集市场、经销商住宿、冷藏加工配送为一体的综合性国有企业,是北京市水产总公司所属国有独资企业,北靠三环路,东临京张铁路,有铁路运输专用线和大型停车场。总占地面积45000m², 其中四道口水产批发市场面积15000m², 仓储面积15000m², 停车场12000m², 主要销售水产品、肉蛋蔬菜、酒、饮料、食品罐头、干果、调料等,是以批发为主,兼营零售,集仓储、冷藏、销售、办公、宿舍于一体的大型水产综合批发市场。公司下辖水产冻品市场、冰鲜市场、水产调料市场、冷藏部、物业管理服务中心、加工配送部等经营部门。

2. 地理位置

北京四道口水产批发市场地处海淀区的交通枢纽之一,具有优越的地理位置。其位于北二环与北三环之间,属城区之内,给其交通带来不少便利。东边紧邻地铁13号线,南边为西直门。因其在中央财经大学、北京交通大学附近,其知名度有所提高,便于商家和消费者查找。

3. 批发商户情况

北京市四道口水产批发市场地处明光西路与学院南路交叉路口北段,交通十分便利,而其周边地区高校云集,因此餐饮业十分发达,餐馆饭店林立。据不完全统计,以四道口水产批发市场西北方向为例,平均每间隔20m便有一家餐饮店。周边发达的餐饮市场让该公司占得了市场先机。经实地调查,绘制了商户类别分布图如图6-7所示。

据工作人员介绍,该市场提供450余个铺面,而商户总数接近400户,有50余个

物流实践能力培养与提升

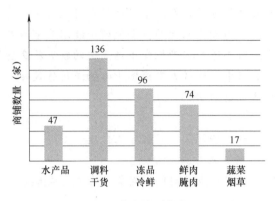

图 6-7　商户类别分布图

铺面因为位置不好未被商户选中,它们主要集中在 10 号楼二楼和东面交易厅二楼。该市场由于机构的调整和市场竞争,由创立之初以水产交易为主的市场结构逐渐转为多元化商品交易结构,虽然调料和干货类商户数量最多,但是由于其铺面规模较小、总交易额较小,市场交易的主体商户还是以水产商品(鲜活鱼类、冷冻鱼类和加工冻品)为主。

4. 市场客户情况

据不完全统计,商户业务中,75% 是面向各餐馆、饭店,15% 面向周边菜市及其他零售商聚集地,仅有 10% 的交易额发生在商户与个人之间,而交易价格往往只略高于批发价格。每星期和市场某一商户交易三次以上的下游零售商(餐馆、饭店、菜市零售商等)被视为"老客户"。据随机调查,平均每家商户拥有 16 家"老客户",其中拥有"老客户"最多的商户类型为"冻品冷鲜"类。而零售商通常所选择的供应商比较稳定,对于接近饱和的食品原材料和加工食品市场,零售商并没有太多的选择。

三、四道口水产批发市场交通调研

1. 交通概况

四道口水产批发市场毗邻北三环西路,临近大钟寺国际广场,南近北二环路,西临四道口路,辅以 1729m 的铁路专用线直达冷库站台,交通十分便利。

2. 路段交通量调查

本次实测只考虑机动车,不考虑行人和非机动车,通过组内分工计时、计数、记录等工作,时段为 2013 年 11 月 13 日凌晨 3:10 至 4:10,每次计时间隔为 15min,交通量调查记录见表 6-5。

表 6-5　交通量调查记录　　　　　　　　　　　(单位:辆)

车型 时间段	三轮车	小型车	大型车	合计
3:10—3:25	4	75	7	86
3:25—3:40	7	58	13	78
3:40—3:55	1	65	11	77
3:55—4:10	18	118	10	146

第六章 物流实践能力培养的应用案例

3. 运输车量特点

四道口水产批发市场位于明光村西口交叉路段北段,毗邻大型商贸市场,周围餐饮行业聚集,凌晨3点开始,四道口水产批发市场开始上货,道路拥挤情况逐渐加剧。由于货物运输车辆为大中型的厢式货车,车辆停靠在道路两侧进行装卸货作业,占据双向外侧车道各一条,进出四道口水产批发市场只有一条通道,导致车辆周转率极低,物流效率低下。

4. 交通管制措施

交通管理部门对四道口水产批发市场周围的道路管理力度不大,此处南北段路口分别只有两个红绿灯系统,并无导向系统、导向标识,也没有交警疏通交通,故机动车、行人、非机动车的违章现象时有发生,机动车在行人和非机动车的干扰下,通过交叉口的速度非常慢,每天平均行驶速度约为3~4m/s。

与此同时,在货物运输量较大的凌晨3点到4点15分左右,运输车辆以大型四轮货车为主,仅三成在车体表面印有"城市货运"字样,由于处于车流量相对较少的凌晨,因此大部分本应受到行驶限制的车辆并没有受到应有的限制,导致周边的运输状况更加恶劣。

四、四道口水产批发市场物流状况分析

经市场走访得知,超过一半以上市场交易商品的来源为京南的新发地市场、京北的密云水库以及周边各大屠宰场等。大部分货物(冷藏品除外)在每天凌晨4~5点运到市场,以供应每日的市场需求。而后大多数货车将返回起点或者开往别处进行其他货运活动。

由四道口水产批发市场到零售商的配送工具主要有两种:电动三轮车及微型车。电动三轮车主要对近程的零售商进行配送,由于载重有限,一次配送面向的零售商一般不超过三家。而微型车主要负责配送一些重量大、目的地较远的货物,微型车的主要所有者为肉类商户。不论何种运输工具,下游的零售商基本不参与货物的运输活动,配送基本上都由市场的商户完成。物流运行途径如图6-8所示。

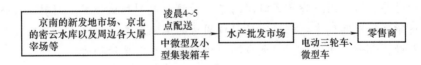

图6-8 物流运行途径

五、问题综述

经调查研究,因四道口水产批发市场临街,但街道较窄,而在四道口水产批发市场附近又有交叉路口,交通环境复杂,在物流运行高峰期,会造成四道口水产批发市场门口拥堵,导致南北双方向车辆不能正常通过。但由于四道口水产批发市场物流运行高峰是在每日凌晨4~5点,此时段社会其他车辆较少在路上行驶,因此四道口水产批发市场门口发生拥堵具有暂时性与高爆发性。小组认为四道口水产批发市场的物流运营问题可以归纳为以下几点:

1. 缺少科学组织

目前四道口水产批发市场仍属粗放经营,还处于市场形态的自我演化成长阶段,缺

物流实践能力培养与提升

少统一高效、科学有力的干预和组织。当前，商铺寻找物流公司发货仍普遍采取漫游式寻找的形式，信息不对称，沟通效率低下。物流车辆进出市场要进行登记，而登记效率较低，经常会发生车辆拥堵的情况。

2. 功能区域规划与设置不足

（1）物流设施匮乏。由于没有完善的物流设施和物流体系，四道口水产批发市场商户在道路两侧进行装卸货作业，挤占部分机动车道、非机动车道以及人行道，致使道路变窄，造成交通拥堵。市场内货梯数量过少，无法满足在清晨高峰时间的装卸货作业。物流公司配送效率低，成本高，商户满意度低。

（2）物流区域规划不合理。四道口水产批发市场货物进出口为东西方向，毗邻明光西路与西二环交叉路口北段，车流量大，再加上周边饮食类商铺林立，车流量高峰时，车辆流动方向交叉，往往造成拥堵，同时，还会引发交叉路段总体拥堵的问题。

3. 影响周边环境

（1）交通环境。由于物流发生高峰期是在凌晨，因此四道口水产批发市场附近运行车辆一般为出租车，较少为私家车和非法运营车。但是由于市场门口对面有一块空地，很多社会车辆利用此特殊地形掉头，但街道宽度不足20m，根本容不下车辆掉头与物流车辆进出市场同时进行。可能会造成车辆相碰撞，这就需要很长时间来调配好车辆，很容易发生交通堵塞。

（2）卫生环境。水产品异味很大，又容易遗洒，而市场环卫处理能力和管理力量十分有限，以致垃圾通道不畅，相连室外区域卫生条件差，影响了购物、生活环境和身体健康，也影响了市场形象。

六、解决措施

1. 解决缺少科学组织的问题

增加专门的负责人员分成不同的小组来规划和实施。市场物业中心成立整治工作领导小组和突击整治队伍，每天3：30至5：00对市场周边车辆秩序进行整治，维持车辆停放和通行秩序，确保道路通畅无阻。有专门的负责人员对市场周边的交通状况进行一定程度上的疏导，可以对进货高峰时间的车流量控制起到积极作用。同时，增派市场管理人员在进货高峰时间到来之前对市场门口周边的车辆及其他杂物进行清理，保证运输车辆畅通行驶，顺利进出市场，避免市场门口附近发生严重的拥堵。

2. 解决卸货区域规划与设置不足的问题

对于卸货区域规划与设置不足的问题，应当根据市场货物种类和运输特点优化分区，设置单行出口和入口，由专人指引疏导，车辆进入后设有多个有停放区、卸货区，如大型车卸货区、小型车卸货区、鲜活水产卸货区、冷冻水产卸货区等，并在卸货区增加工人，以提高卸货效率，保障有序进行。

经过功能分区后，市场内的区域规划更加合理，进入市场的大中型送货车辆不用像原来那样集中在一起卸货而造成短时间大面积的交通拥堵，而是会在市场内有序地寻找各自的卸货地点，高效完成卸货后顺利驶出市场，整个物流过程高效流畅。

3. 解决物流设施匮乏的问题

配备适当的先进物流设备，如卸货传送设备、升降梯、标识板、隔离带、电动的运输小车等，以增加货物从卸货区移开的速度，运用电动机械提高卸货效率。

第六章 物流实践能力培养的应用案例

调研发现，市场中卸货场所集中在市场大厅门外，单纯靠人力卸货，由于有台阶等地段，卸货时间和过程烦琐，耗费大量人力。配备更先进的物流设备后，可大幅度缩减卸货时间，节省人力，更重要的是节省时间使得运输车辆在市场内更快速地周转，迅速完成卸货后驶离水产市场，加快节奏，避免市场周边道路拥堵。

4. 解决物流区域规划不合理的问题

市场的出入口只有进出两条车道，每次进货车辆进出市场必须经过狭窄的出入口，而且进入市场需要停车登记，这样原本狭小拥挤的出入口处就更加拥挤不堪，使得后面的车辆排队等待，造成整条街区的拥堵。可根据市场周边的道路分布、车流方向、路口数量及状况和红绿灯分布情况，对市场的出入口和内部运输车单向运行方向进行良好的规划设计，测试修改方案以便对其可行性进行分析，做出进一步方案的完善和修改，并与当地交警进行沟通获取更多的对区域布局合理有效的其他路况信息。首先，改变水产市场进出口的道路情况后，可以让更多车辆通过进出口驶入或驶离水产市场，避免在出入口处造成大面积交通拥堵。其次，经过良好的道路规划设计，并且配合交警发布相关交通信息，可以让送货车辆错峰进入市场，在源头上缓解交通拥堵问题。

5. 解决交通环境的问题

在每日的固定时点增派交警进行秩序的维持疏通，并在市场出入口周围设置限制其他车辆停车标识，建立市场管理长效机制，防止乱象反弹。通过交警的现场执法既能保证进货高峰时段市场周边道路的基本顺畅，也可以保证其他措施可以得到有效执行。

6. 解决卫生环境的问题

一方面设立标识提醒工人尽量保持环境的卫生，另一方面增派清洁人员即时处理市场内的各种垃圾，对市场内和周边道路进行不间断巡查和清扫保洁，确保卫生整洁，并且每周由大型清理机械彻底清理一次。

市场周边卫生环境差，污水杂物随处可见，希望通过我们的方案可以改变现状，让市场内和市场周边的道路变得更加整洁，改变市场在市民心中脏乱差的形象。

3. "绿色物流"课程的实践环节案例

"绿色物流"是为物流管理专业本科生开设的专业选修课。它的任务是使学生在掌握了物流学的基础上，了解物流学与环境学的综合性学科——绿色物流的基本原理、基本知识，以及解决物流过程中所有污染的基本方法，使学生在掌握绿色物流理论与实践方法的同时，进一步提高环境保护素质，成为生态型物流人才。

本课程的实践活动是以小组形式开展的。目的是让学生了解绿色物流实际中存在的问题，对问题进行分析，最后提出解决方案，以此来加深学生对绿色物流的认识，提高其分析及解决问题的实践能力。可以让学生在学校或周边地区进行有关绿色物流的调查，然后分析获得的资料数据，提出解决问题的方案，并写出调研报告。调研占用 4 学时，也可利用课外时间。

例 6-2："绿色物流"课程的某一小组学生的调研报告和方案设计报告。

北京交通大学校内废弃包装回收情况调查报告

一、调查背景

随着社会的发展，越来越多的资源被开发利用，形成各种产品，然而随之而来的是

物流实践能力培养与提升

资源浪费和污染。近年来人们环保意识增强，对资源再利用开始重视。逆向物流概念和理论产生并发展起来。逆向物流包括对产品或包装物的回收、重用、翻新、改制、再生循环、最终处置等多种形式。逆向物流的主要活动是回收——检验与处理决策——产品拆解——再处理/再加工——最终废弃物处置。

逆向物流是可持续发展物流的重要组成部分，它产生的原因主要有几个方面：

(1) 环境的压力及环保法规的约束。大量的废弃物不仅对环境造成极其恶劣的影响，也是对自然资源的大量消耗。资源短缺不仅增加了企业的经营成本，还严重阻挠了社会的可持续发展。早在20世纪60年代，美国的一些州政府就通过法律措施强制回收包装废弃物，掀起"保护美丽的美国"的生态保护活动。对我国这种处在发展中的国家来说，既要重视经济发展，更要维护环境的美丽。

(2) 经济利益的驱动。由于廉价资源的获取越来越难，资源供求之间的矛盾越来越突出。将使用过的产品及材料进行再生循环利用，逐渐成为热门，其中蕴含的巨大利益不容忽视。

(3) 客户服务理念及企业形象意识的促进。当今的物流活动不仅需要满足客户购买前的需要，还要满足客户购买后的服务需求，主要包括满足客户退货及产品召回的需要。

我们小组正是基于对逆向物流重要性的理解，才选择这样的课题作为调研的内容。俗话说："学校是一个小型社会。"在学校里我们可以看见各个垃圾筒里塞满了废弃包装，这些废弃包装不仅影响环境，还造成资源的浪费。因此，我们以废弃包装为起点，在校园里展开了调查。

(1) 活动意义。本小组通过在学校的调研活动，探讨同学们的环保观念，理解逆向物流的环境价值和战略价值，发现和分析问题，提出解决方案。从而收到保护校园生态环境、节约资源、减少废弃物的效果。

(2) 活动目的。通过这次活动，呼吁大家重视资源回收，减少排放量，保护环境；从呵护校园的美丽开始，提高同学们的资源节约和循环利用的意识，也希望通过调研活动，加深同学们对逆向物流的理解，使同学们更加重视回收与再生。

(3) 活动时间。5月9—23日。

(4) 活动地点及内容。以调查废弃包装为主，分别在校内的主区、东区进行调查，时间分为早、中、晚三个时段，以小卖部和学生宿舍为主。

二、调查过程

1. 内容

小组将调查方向定为校园内的废弃包装，又将目标细化为塑料瓶、易拉罐、纸杯、塑料袋。考虑到废弃包装的来源，第一步先调查校园小卖部。小组在不同时间对不同地点的小卖部进行抽样调查，记录发现的废弃包装总数。废弃包装一部分流向了教室，大部分流向了宿舍，同时在其他地方的流动也具有不确定性。于是，第二步我们就选择调查宿舍的废弃包装的数量，然后再估算出宿舍以外的废弃包装的数量。从宿舍每天产生的废弃包装的数量，估算废弃包装中可回收包装的数量。

2. 结果

根据调查计划，我们将调查来的数据填入表格中，见表6-6、表6-7。

第六章 物流实践能力培养的应用案例

表 6-6　宿舍每天产生的废弃包装的数量　　　　　　　　（单位：个）

宿舍号	塑料瓶	易拉罐	纸杯	塑料袋	总计
507	19	12	0	10	41
625	25	18	8	15	66
626	20	12	6	12	50
707	18	6	0	10	34
合计	82	48	14	47	191

表 6-7　小卖部在各个时间点出售商品的包装数量　　　　（单位：个）

地点	时间	塑料瓶	易拉罐	纸杯	塑料袋	总计
16、18号宿舍楼间小卖部	12：30	24	0	1	8	33
	18：00	26	2	0	7	35
东区食堂小卖部	9：50	25	3	4	4	36
	12：20	36	0	8	10	54
烛光小超市	16：40	5	0	1	0	6
合计		116	5	14	29	164

三、数据分析

根据所得数据，可以看出小卖部出售商品的包装数量分布状况。所有的商品中塑料瓶所占的比例最大，为71%，不可回收的塑料袋占18%。就校园包装来看，减少塑料瓶的消耗量，同时加大这部分的回收率，环境压力就会小一些；考虑到塑料袋的难降解性，应该减少对塑料袋的依赖，缓解环境问题。因此，加大对塑料瓶的正规回收、减少对塑料袋的使用是最有效的途径。

从宿舍每天产生的废弃包装，可以看出每个宿舍平均产生废弃包装48件，由此大概估算出所有宿舍每天产生的废弃包装数量，而且，估算结果和小卖部出售情况也基本相符。

四、解决方案

1. 急需解决的背景

我国塑料消耗量大，其中一个重要的用途是做塑料瓶，而塑料瓶有PET瓶、PE瓶等。PET（聚对苯二甲酸乙二醇酯）瓶的使用量占了较大的比率。PET瓶的使用是1975年从碳酸饮料开始的。随着饮料数量和品种的不断增加，PET瓶的使用量不断增长。我国PET制造起步较晚，但发展势头迅猛，年产量已达170万t。

随着生活水平的提高，人们对健康的要求也越来越高，对水的质量和干净程度也更为挑剔。饮料瓶的产生使水的质量得到保证，还使人们更能方便地携带饮料。PET瓶的瓶体材料优点是机械强度高、耐热性、耐油性、耐寒性、耐水性好，吸水率低，材料稳定性好；而PE瓶的优点是化学稳定性好、耐侵蚀、吸水性小。

但此类瓶子的整个生命周期对环境的影响是很大的，每个环节都消耗大量的能源和水等，排出大量的废弃物。表6-8是PET瓶的整个生命周期对环境的影响。

表 6-8 PET 瓶的整个生命周期对环境的影响

工 艺	能 耗		气 体 排 放		废 水 排 放	
	能耗量/kg	占总能耗比重（%）	排放量/kg	占总排放量比重（%）	排放量/kg	占总排放量比重（%）
原料生产及瓶子制造	132.03	84.68	490.08	96.74	1.06	89.5
运输过程	0.1	0.064	0.53	0.105	0.01	0.8
最终处置	32.9	21.10	63.2	12.48	0.14	11.8
回收利用	-9.13	-5.856	-47.24	-9.325	-0.026	-2.2
合计	155.9	100	506.57	100	1.184	100

2. 一般解决途径

目前市场回收利用 PET 瓶的一般途径是分选出 PET 瓶和 PE 瓶，然后分别粉碎清洗，再分选出标签和瓶盖，最后按照材料不同分别加工成碎片或制成颗粒，其中加工成碎片最为简单。聚酯片是抽丝的主要资源，在市场上供不应求，所以销路不愁，现每吨售价高达 7000~8000 元左右。由于该类塑料制品四季都有，生产简便，市场前景广阔，适合全国各地投资生产，小型工厂即可。

图 6-9、图 6-10 分别是废弃瓶逆向物流流程和废弃瓶回收加工流程。

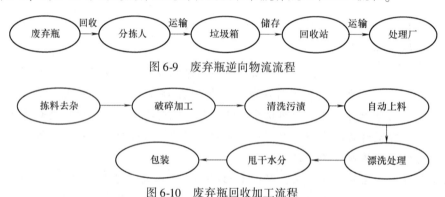

图 6-9 废弃瓶逆向物流流程

图 6-10 废弃瓶回收加工流程

逆向物流过程对环境的影响：一是处理瓶子产生的有毒有害物质会通过土壤、水和空气造成次生污染；二是运输瓶子的过程会使运输工具造成大气污染等。

3. 具体解决途径

对于生产厂家来说，各种废弃瓶的材料各有利弊。塑料制品成本低，硬度和可塑性强，但不易降解，污染严重；金属易拉罐包装成本高，但易回收；纸类包装污染小，在自然界里容易降解，但不易久放。因此今后要尽量采用容易降解的材料，采用更环保更优质的瓶身设计。对于回收业者来说，我国的消费品回收工作仍不够发达，一大部分靠人工或拾荒进行，效率较低，过程粗放。因此，建立良好的逆向物流系统是非常重要的。

对于北京交通大学的学生来说，应该先加大对于废弃瓶回收方面的宣传，如张贴宣传海报，讲解废弃瓶的整个生命周期和回收利用的渠道，组织学生观看塑料等环境污染的影片，组织捡饮料瓶集中处理等活动。另外培养学生的好习惯，如尽量使用环保袋或纸包装商品，尽量将瓶子扔到回收场地。总之要做到包装物的减量化、资源化和无害化，为美好校园贡献绵薄之力。

三、实验教学环节

除了以上的社会实践课程和环节外,实验教学也是实践环节中的重要一环。

北京交通大学物流管理专业依托学校提供的实验环境,已经建立了综合物流实验室,可同时搭建多门实验课程的实验环境,主要设备多为通用设备,如服务器、联网设备、条码识读设备等;实验背景和数据通过各种软件系统来模拟,如运用 ERP 系统模拟生产企业的物流管理,用商业企业管理系统模拟商业企业物流管理,用电子商务系统模拟企业采购环境等。将这些软硬件设备进行组合,还可搭建供应链物流管理的模拟环境。企业物流管理环境示意图如图 6-11 所示,其中,每台终端代表企业的一个岗位(部门),软件和资料数据根据企业实际情况进行加工和简化,以便适应教学实际需要。随着学科和专业的发展,需要不断开辟新的实验环境,在此实验环境的基础上增加一些背景数据、优化算法软件等,就可开出物流管理预测与决策、配送管理等实验课程。教学特点一般是将学生分为若干小组,小组成员进行内部分工,以便实验过程合作探讨。通过实验,学生不仅能对课程内容和知识全面贯通,还提高了动手能力和团结合作精神。

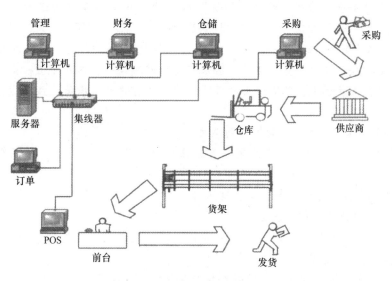

图 6-11 企业物流管理环境示意图

物流管理专业的很多课程都有实验教学环节。"物流信息管理"课程系统地介绍物流信息管理的概念、基本理论、实用技术和管理方法,使学生对物流信息管理的理论、技术手段、方法有较全面的了解和认识,初步具备物流信息管理的知识与技能。该课程要求学生掌握其中常用的模型和算法,培养学生的一定的物流系统定量分析的能力,包括供应商的选择、节点选址、运输规划、库存控制等。"物流系统模拟"课程是使学生掌握物流系统模拟基本理论、建模方法和分析方法,对当前前沿模拟软件有一定的了解,并能够运用 Excel 和专业模拟软件建立简单物流系统模型,培养学生的量化分析能力。这两门课程都具有一定的上机学时,课后还要撰写实验分析报告。

例 6-3:"物流信息管理"课程中,学生基于具体的企业资料,通过实验教学,对中铁快运的管理信息系统进行分析与设计的报告。

中铁快运管理信息系统分析与设计报告

一、分析

1. 中铁快运业务状况分析

中铁快运股份有限公司（简称中铁快运）是中国国家铁路集团有限公司直属大型国有专业运输企业，注册资金 26.93 亿元。公司在全国设有 18 个分公司、8 个子公司，在全国 683 个城市（含县、区）设有 2004 个营业机构，门到门配送服务网络覆盖 896 个城市（含县、区）。中铁快运通过铁路客车行李车、快运货物专列、汽车等运输方式和遍及全国的经营网络，为客户提供全国铁路行李包裹运输服务，全国 1000 个主要城市门到门快运服务以及包装、仓储、配送等全程物流服务。公司配属有铁路客车行李车 2184 辆、铁路快运专用货车 4464 辆，配属公路运输及城市配送汽车 2474 辆，各类拖车、牵引车、叉车合计 1.16 万辆，在 616.5 对铁路旅客列车上挂有行李车，在 30 多个国内大中城市间每日定点开行 8 列特快行邮专列、2 列快速行邮专列和 32 列行包快运专列，日运送行李包裹约 170 万件，全年运量 1330 万 t。

公司秉承"安全、准时、快捷、经济"服务理念和"为客户创造价值，实现企业资源价值最大化"的经营宗旨，为客户提供运输咨询、上门取货、包装、货物承运、货物查询、到达交付全过程、"一站式"门到门的便捷服务，形成了服务增值、业务延伸、战略结盟、合作链接、基地运作、区域经营、网络合一、信息增值、供应链管理和产品组合等多种经营模式，具有强大的服务客户、为客户创造增值效益的能力。

2. 系统概述

（1）系统名称：中铁快运管理信息系统。

（2）系统目标：及时准确地处理包裹运输，以满足客户的需求，提高企业的运作效率和经济效益。

1) 保证客户的包裹能顺利、安全到达目的。

2) 实现"门到门"包裹发送。

3) 制订出合适的装车计划，既能使货物及时得到运送，又能使车辆空载率较低，还能满足沿途包裹运送需求。

4) 制订出合适的发货计划，使得货物能及时发送到收货人手中。

5) 货物码放、分拣和出库有较高的效率和较低的错误率。

6) 使得整个包裹的运送流程衔接更加顺畅，运作效率更高。

7) 能提供包裹运输中的信息，向客户提供包裹的追踪查询服务。

（3）系统用户：中铁快运工作人员及管理人员。

（4）开发者：米晓芳、唐国梁、赵守婷、王鹏宇、吴昊晴。

3. 系统功能分析

通过对中铁快运的包裹服务进行分析，画出该管理信息系统的功能结构图，如图 6-12 所示。

4. 系统的逻辑模型

（1）业务流程图

1) 总业务流程图如图 6-13 所示。

第六章 物流实践能力培养的应用案例

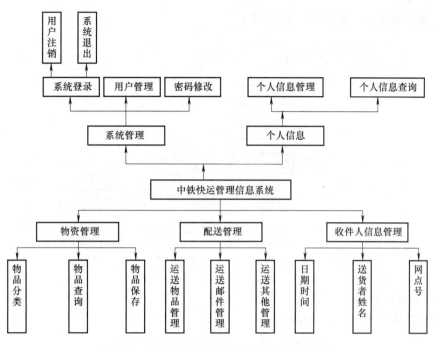

图 6-12 快递运输管理信息系统的功能结构图

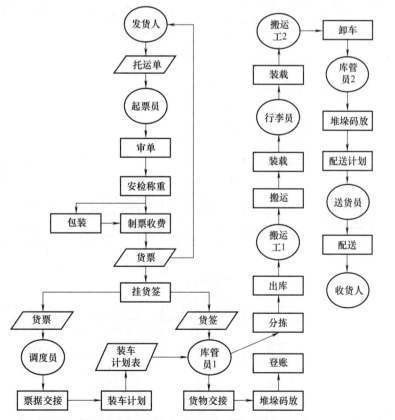

注：库管员1、搬运工1为发货地员工，库管员2、搬运工2为收货地员工。

图 6-13 中铁快运总业务流程图

2) 制票收费流程图如图 6-14 所示。

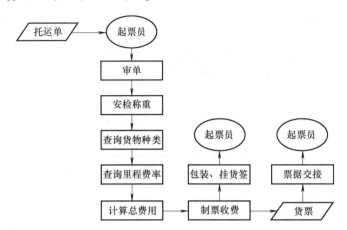

图 6-14　中铁快运制票收费流程图

(2) 数据流程图

1) 顶层数据流程图如图 6-15 所示。

图 6-15　中铁快运顶层数据流程图

2) 制票收费数据流程图如图 6-16 所示。

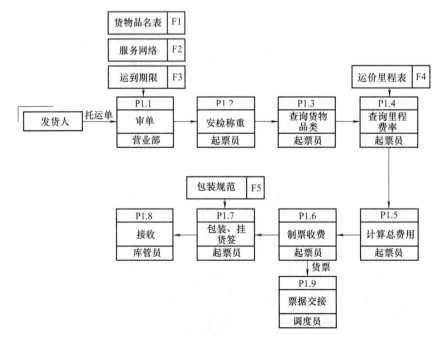

图 6-16　中铁快运制票收费数据流程图

第六章 物流实践能力培养的应用案例

（3）数据字典

1）托运单

数据流名：托运单
编号：001
组成：时间+到站+经由+客票票号+人数+车次+客票到站+货物名称+包装种类+件数+重量+体积+声明价格+付款方式+取货方式+服务方式+发送地+到达地+托运人信息+收货人信息+托/承运人记事+取货员+安检员+托运人
注释：①声明价格为保价；②付款方式为现金、支票、协议、到付；③取货方式为凭原件提取、凭传真件提取；④服务方式为送货上门、货需包装、仓储保管、代发传真；⑤托运人、收货人信息包含名称、地址、邮编、电话、传真号、电子邮件

2）货票

数据流名：货票
编号：002
组成：时间+到站+经由+托运人信息+收货人信息+品名+包装种类+件数+实际重量+声明价格+运价里程+运送期限+计费重量+运费+保险费+列车到达时间+通知时间+交付时间+运送情况+包裹号+行李员
注释：①托运人、收货人信息包含名称、地址、邮编、电话、传真号、电子邮件；②运送情况包括列车装运和到达时间

3）货物品名表

文件名：货物品名表
编号：003
组成：类别序号+危险品类别+常见危险品
注释：共十类危险品

4）网络服务

文件名：网络服务
编号：004
组成：城市+运能+基础设施
注释：

5）运到期限

文件名：运到期限
编号：005
组成：具体时间
注释：从托运单中来

6）运价里程表

文件名：运价里程表
编号：006
组成：到达城市+每公斤货物运价+起价
注释：

7) 包装规范

文件名：包装规范
编号：007
组成：货物类别+尺寸+重量
注释：

5. 系统设计与实施的初步计划

(1) 工作任务分解。子系统开发顺序如图6-17所示。

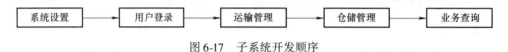

图6-17 子系统开发顺序

工作开展顺序如图6-18所示。

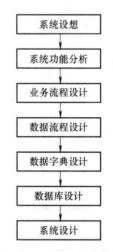

图6-18 工作开展顺序

成员分工：

米晓芳——代码、界面设计。

唐国梁——系统功能、业务和安全设计。

赵守婷——系统结构设计和系统目标需求分析。

吴昊晴——系统的逻辑模型。

王鹏宇——数据库设计。

(2) 时间进度安排。开始日期为2012年4月1日，结束日期为2012年4月23日：

4月1—5日：对用户的需求进行调查。

4月6—10日：根据需求列出可能的功能要求。

4月11—15日：根据需要的功能完成组织结构图与业务流程图设计。

4月16—17日：根据业务流程图设计出合理的数据流程图及数据字典并加以检查修改。

4月18—22日：根据业务流程的需要，完成对数据库概念结构的设计，并根据概

第六章 物流实践能力培养的应用案例

念模型进一步设计出数据库的逻辑模型。

4月23日：完成对系统运行相关管理环境的要求设计，并实际完成电子版设计。

（3）预算。实施过程中，由于是新增系统，需要添加一定的技术人员以及各个项目的物料准备等。

具体如下：

1）系统技术人员2人，月工资：2000元/人×2人=4000元

2）印制费用：

托运单：1000张×0.1元/张=100元

货票：3000元×0.1元/张=300元

分拣清单：1000元×0.1元/张=100元

库单：3000元×0.1元/张=300元

底单：1000元×0.1元/张=100元

订单：1000元×0.1元/张=100元

月总计：5000元

二、系统设计

1. 系统概述

（1）系统的功能和设计目标。铁路货运的物品种类包罗万象，物资运输管理就需要实现现代化和信息化，只有合理运用信息化的管理，才能保证中铁快运适应当今物资运输的要求。为此，我们要运用信息技术，建立起包括收货管理、库存管理、配送管理、调度管理等综合管理信息系统，减少人力资源的耗费，加快处理速度和效率，随时掌握物资的动向，为中铁快运提供必要的物资信息以提高商品货物运送准确率，提高中铁快运的信誉度，增加货运的总利润。

中铁快运管理信息系统的基本功能是根据客户提交的申请运送物资的表单以及相关信息，来保障中铁快运物资运送的准确性、高效性以及实时可监控性。该系统的目标，首先是精简物资运送流程，实现信息化和现代化；其次是降低中铁快运管理运营成本，通过本管理系统的使用，减少人力消耗，提高运营效率。

（2）开发人员及用户

1）系统开发人员：

米晓芳、唐国梁、赵守婷、王鹏宇、吴昊晴

2）系统使用者：

中铁快运各岗位操作人员以及公司管理人员

3）其他相关系统：

收银系统、退货系统等相关系统。

（3）硬件、软件、运行环境方面的限制

1）硬件：

CPU：IntelCore 双核以上配置

内存：512MB 以上

2）软件：

操作系统：Windows XP/Windows7

数据库：Access2003/ Access2007/ Access2010
Web 服务器：IIS5.0
界面设计：VB
3) 运行环境：
浏览器：IE6.0 以上
分辨率：1024×900 像素

2. 系统设计方案

(1) 模块设计。系统模块结构图如图 6-19 所示。

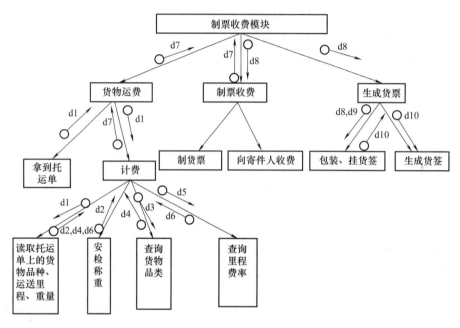

图 6-19 系统模块结构图

注：d1，d2，…，d10 表示数据流。

(2) 制票收费模块的 IPO 图如图 6-20 所示。

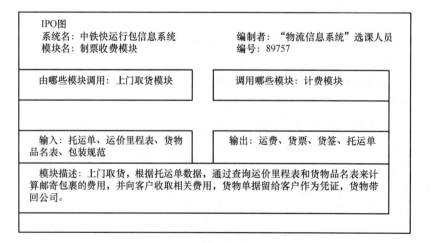

图 6-20 制票收费模块的 IPO 图

第六章 物流实践能力培养的应用案例

(3) 代码设计。本系统代码种类采用文字种类中的数字字母混合码,见表6-9。

表6-9 代码设计

名　　称	类　型	位　数	详　情　描　述
货物品类	char	3	以G××代表货物品类,其中G代表唯一确定编码对象是货物品类的名称,初始值设为G01,记录不同货物品类时,从G01开始递增
货物种类	char	4	以C×××代表货物种类,其中C代表唯一确定编码对象是货物,初始值设为C001,记录不同货物种类时,从C001开始递增
仓库号	char	3	以W××代表仓库,其中W代表唯一确定编码对象是仓库,初始值设为W01,记录不同的仓库时以W01开始递增
人员号	char	3	以S××、T××、Q××、W××表示,以S表示受理员,T表示配送人员,Q表示起票员,W表示仓库管理员,初始值分别设为S01、T01、Q01、W01,编码按初始值开始递增

3. 数据库设计

(1) E-R图。E-R图包括客户、货物、营业部、仓库、配送部、运输工具、员工七个实体。

全局E-R图如图6-21所示。

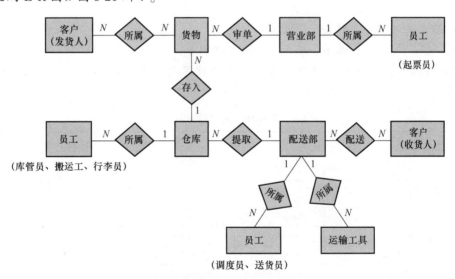

图6-21　全局E-R图

总体E-R图如图6-22所示。

(2) 数据表设计

1) 实体模型转化为关系模型:

客户　　　(客户种类、姓名、电话、地址等)

货物　　　(货物编号、类别、价格、数量等)

营业部　　(主管编号、姓名、电话、年龄、性别等)

仓库　　　(主管编号、姓名、电话、年龄、性别等)

配送部　　(主管编号、姓名、电话、年龄、性别等)

物流实践能力培养与提升

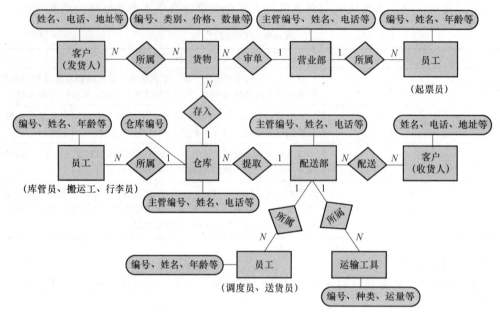

图 6-22 总体 E-R 图

运输工具（编号、种类、运量等）

员工　　（编号、姓名、电话、年龄、性别等）

2）建立 Management 数据库，共建立 7 张数据表，各张表的具体信息见表 6-10 ~ 表 6-16。

表 6-10 客户信息表

序号	字段含义	字段名	类型（宽度）	备注
1	用户编号	Id	int（20）	Primary key，not null
2	姓名	Name	varchar（20）	not null
3	性别	Sex	char（2）	
4	电话号码	Phone	varchar（20）	
5	邮编	Email	varchar（20）	
6	企业类型	EnterpriseSort	varchar（20）	
7	企业名称	EnterpriseName	varchar（20）	
8	经营范围	Operation	varchar（20）	
9	所属区域	WorkArea	varchar（20）	
10	地址	Address	varchar（20）	
11	要求	Request	varchar（20）	

表 6-11 货物信息表

序号	字段含义	字段名	类型（宽度）	备注
1	条形码编号	Id	int（20）	Primary key，not null
2	物品名称	GoodsName	varchar（12）	
3	物品重量	GoodsUnit	varchar（20）	单位：kg

第六章 物流实践能力培养的应用案例

(续)

序号	字段含义	字段名	类型(宽度)	备注
4	物品数量	GoodsNumber	varchar(20)	
5	物品费用	GoodsFare	varchar(20)	
6	物品说明	Goods Description	varchar(80)	
7	物品类型	GoodsStype	varchar(20)	
8	出发城市	StartCity	varchar(20)	
9	到达城市	EndCity	varchar(20)	
10	起始省份	StartProvince	varchar(20)	
11	到达省份	EndProvince	varchar(20)	
12	备注	Remark	varchar(50)	
13	车辆要求	Vehicle Requirement	varchar(20)	

表6-12　营业部信息表

序号	字段含义	字段名	类型(宽度)	备注
1	营业部编号	BankingDeptID	nchar(8)	
2	主任编号	MasterID	nchar(8)	
3	主任名称	MasterName	nchar(20)	
4	主任电话	MasterTel	nchar(20)	

表6-13　仓库表信息表

序号	字段含义	字段名	类型(宽度)	备注
1	仓库编号	StorageID	nchar(8)	
2	主任编号	MasterID	nchar(8)	
3	主任名称	MasterName	nchar(20)	
4	主任电话	MasterTel	nchar(20)	

表6-14　配送部信息表

序号	字段含义	字段名	类型(宽度)	备注
1	配送部编号	DeliveryDeptID	nchar(8)	
2	主任编号	MasterID	nchar(8)	
3	主任名称	MasterName	nchar(20)	
4	主任电话	MasterTel	nchar(20)	

表6-15　运输工具信息表

序号	字段含义	字段名	类型(宽度)	备注
1	编号	Code	int(20)	Primary key, not null
2	牌照	Trademark	varchar(20)	not null
3	类型	Brand	char(10)	
4	样式	Style	varchar(20)	
5	载重	Carload	varchar(200)	
6	驾驶人	Drivername	varchar(8)	
7	联系人	Linkman	varchar(20)	

物流实践能力培养与提升

(续)

序 号	字段含义	字 段 名	类型(宽度)	备 注
8	证件号码	LicenceNumber	varchar(50)	
9	证件类型	LicenceStyle	varchar(50)	
10	联系人电话	LinkPhone	varchar(20)	
11	是否在	on duty or not	boolean	

表 6-16 员工信息表

序 号	字段含义	字 段 名	类型(宽度)	备 注
1	员工编号	Emp_Id	int(20)	Primary key, not null
2	姓名	Emp_Name	varchar(20)	not null
3	职位	Emp_Position	varchar(10)	
4	密码	Emp_Pwd	varchar(12)	
5	权限	Emp_Auth	varchar(10)	
6	性别	Emp_Sex	varchar(20)	
7	年龄	Emp_Age	tinyint(3)	
8	电话号码	Emp_Tel	varchar(20)	
9	家庭地址	Emp_Addr	varchar(200)	
10	身份证号码	Iden_Num	varchar(18)	

4. 输入输出设计

(1) 输入页面设计

1) 管理员登录与注册界面如图 6-23 所示。

图 6-23 管理员登录与注册界面

2) 单位运费计算界面如图 6-24 所示。

图 6-24 单位运费计算界面

第六章 物流实践能力培养的应用案例

3）货物总费用计算界面如图 6-25 所示。

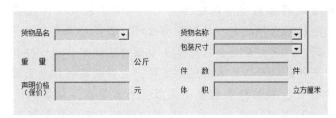

图 6-25 货物总费用计算界面

（2）输出页面设计

1）费用输出界面如图 6-26 所示。

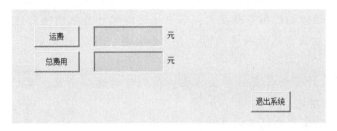

图 6-26 费用输出界面

2）货票输出界面如图 6-27 所示。

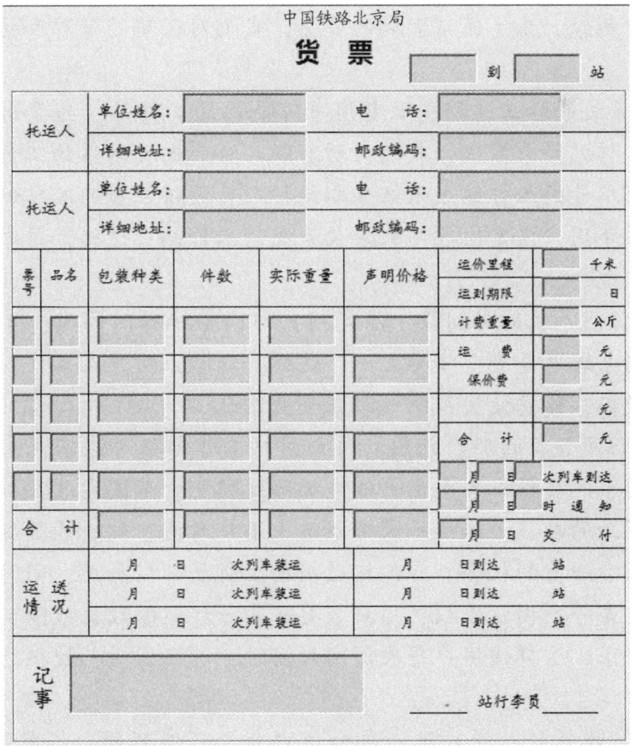

图 6-27 货票输出界面

物流实践能力培养与提升

5. 安全保密设计

（1）信息系统普遍存在的安全保密性问题。信息系统安全保密管理是对网络资源以及重要信息访问进行约束和控制。安全保密性可以提高外界用户访问数据的速度，减轻计算机网络的负荷。以前大量的数据信息主要供自己使用，很少提供给外界使用。随着计算机技术特别是计算机网络技术的迅速发展，大量的数据信息需要与外界共享，共享面从本企业向本行业，从本行业向整个国家，乃至全世界拓展。这样的变革使数据的安全保密性被突出地显现出来。以前，数据的使用是直接在数据表上进行的，通过设置权限和密级的方法实现数据的安全保密性。当然这样做，程序设计简单，易于实现，而且空间占用量较少。但同时带来的副作用是数据的安全保密性极差。显然这样做不能适应当前的计算机应用现状。还有企业网络的信息安全建设中存在这样一种不正常的现象，就是企业的整体安全意识不强，信息安全措施单一，无法抵御外界的安全攻击。随着我国物资运输的规模不断扩大，各个快运终端计算机网络的作用日益凸显出来，越来越多的快运终端信息通过网络沟通、共享和保存，这就对安全保密性提出了更高的要求。

（2）信息系统的安全保密性解决方案。我们针对这些不足，有针对性地制定出了系统的安全保密性措施。

1）密码。为了保证密码不容易被猜出，我们对密码提出了较严格的要求，要求密码长度不小于6位，必须是数字字符和拼音字符相混合，且不能有连续三个字符相同或相近，否则系统自动要求修改密码，不然拒绝运行。我们设定登录密码尝试次数为三次，三次尝试不成功，则锁定该用户并自动关闭系统，不再提供尝试机会，只有专职维护人员才能对用户解锁。为了保证密码的安全，我们对密码的保存和传输也进行了移动和变换加密处理。

2）用户登录系统的验证过程。限定用户可使用的工作站。为了防止授权用户在监控范围外的其他工作站登录系统，我们对所有联入企业内部网络的工作站进行统一编号和加密注册，没有编号的工作站或未经专职维护人员授权注册的工作站不能启动管理信息系统，而后对每个用户设定他能用来登录系统的工作站。这样，每个用户只能在指定的工作站上登录系统。

3）限定用户访问系统的时间段。限定用户访问系统的时间段，使用户只能在规定的时间范围内使用系统也是安全措施之一。这样可以防止用户在工作时间之外，在没有同事监督的时间段内，随意使用系统或泄露企业信息。

4）限定用户访问数据的部门范围。每个用户工作部门可能不同，所要掌握和了解的数据也可能不同，既要保证各个用户能查询和处理职责范围内的数据，又要防止用户接触到其职责范围外的数据。这样一来可以防止用户对他不熟悉的数据进行误操作，二来可以大大减少信息泄露的机会。我们把数据加上所属部门属性，同时设定每个用户的部门权限范围。这是一个树状授权，用户只要有某一部门的数据权限，就自动拥有其下一级部门的数据权限。这样该用户每次访问数据时，都只能对其授权范围内的数据进行操作。

5）设定用户可操作的功能权限。每个用户分工可能不同，工作职能也可能不同，在系统中担任的角色也不同。有的用户是录入员，负责业务单据录入；有的用户是财务人员，负责财务凭证和报表的生成；有的用户是档案管理人员，负责档案维护管理；有的用户是中层管理人员，只进行数据的查询和统计分析；有的用户是高层决策人员，需要系统提供辅助决策图表。我们把用户进行分组，组内用户拥有相同的默认的功能权限。

为了保障信息安全保密，我们的系统不仅能够做出针对信息的安全保护，还具有安全预警能力、系统的入侵检测能力、系统的事件反应能力和系统遭到入侵引起破坏的快速恢复能力。

第三节　自我实践案例

一、分散实习案例

1. 分散实习

专业实习分为集中实习和分散实习。有个别学生在集中实习前，已经找好了实习单位，并已实习了一段时间，指导教师就允许他们接着实习，称为分散实习。而一些学生的寒暑假实践、一周以上的勤工俭学等，也可以称为分散实习。

实习学生自己联系实习单位，联系好后及时将联系实习回执寄给学院教学办公室，经审核同意后方可进行实习；学生进入实习单位后，在现场实习指导人（实习单位中具有一定职称的技术管理人员）的指导下，根据实习大纲要求和实习项目的特点制订实习计划；在实习期间，实习生应与指导人经常保持联系，并按照计划完成专业实习的各部分实习内容，记录实习日记，自觉遵守实习纪律和有关规章制度，接受日常实习考评。实习结束后，认真整理和完成有关实习成果，并接受实习答辩。学生在实习期间要认真写好实习日记，根据实习内容，用文字、图表等简明地进行记述；生产现场参观、专题报告、现场教学、业务操作要领、技术调查及实习中的收获与体会等亦应及时写入实习日记中，最终完成实习报告。

2. SYD 保税物流公司案例

例 6-4：某学生到深圳的 SYD 保税物流公司实习所完成的实习报告等。

SYD 保税物流公司实习报告

一、实习单位概况

实习单位名称：SYD 保税物流公司

实习形式：分散实习

实习时间：2011 年 7 月 4—17 日

实习单位通信地址：深圳机场保税物流中心保税大厦×××室

邮政编码：××××××

联系电话：××××××

二、公司简介

1. 深圳机场保税物流中心简介

深圳机场保税物流中心于 2009 年 2 月 11 日获得海关总署、财政部、国家税务总

物流实践能力培养与提升

局、国家外汇管理局四部委联合批复。2010年5月12日通过国家四部委联合验收。它的投入运营成为深圳市对外开放和外向型经济发展的一个新亮点。该中心毗邻香港特别行政区，还贴近珠三角地区密集的加工贸易制造企业群，通过深圳机场密集的国内航线与国际航线相结合，可全面连接国际和国内两个市场，具有快速服务的地理优势，真正实现深圳"以港兴市、两港齐飞"的发展战略，为将深圳打造成全球性"物流中心"和"贸易中心"发挥重要的功效。同时，物流中心的运作还能延长空港物流增值链。

机场保税物流中心布局如图6-28所示，主要税收政策包括：境内货物报关进入中心视同出口，进入中心后即可退税；境外货物进入中心为保税状态，享受保税政策；保税中心内企业之间的货物流转，免征增值税、消费税；保税中心与出口加工区、保税港区、保税区、综合保税区等特殊监管区域或场所之间的货物交易、流转，免征流通环节的增值税、消费税。除税收政策外，还在许多方面都具有优势，其中海关关务手续一站式办理；与机场范围内其他监管区点实现无障碍快速调拨，不需办理转关手续；通过"集中报关"模式实现二十四小时运作；进出口报关手续同时办理，一次申报、一次查验、一次放行等都为客户提供了极大的便利。

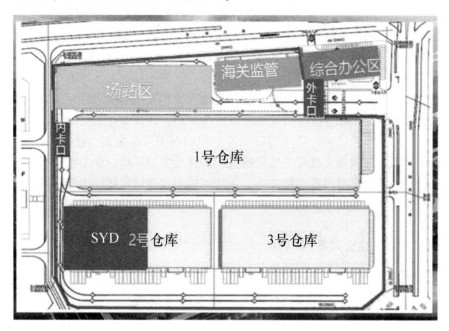

图6-28　机场保税物流中心布局

2. SYD保税物流公司简介

SYD保税物流公司是深圳机场物流园发展有限公司投资设立的全资子公司，注册地址位于深圳机场保税物流中心内，企业性质为全资国有企业，是第一家入驻深圳机场保税物流中心的物流企业。该公司拥有一支业务精良的高素质团队、严格规范的管理制度以及可靠的资信保证，为广大客户提供多元化、一站式物流服务。其内部机构及岗位设置如图6-29所示。

SYD保税物流公司在深圳机场保税物流中心内拥有5500余平方米的仓库，为客户提供货物仓储和货物调拨服务。仓库拥有完善的配套设施和全方位的安保监控系统。公

第六章 物流实践能力培养的应用案例

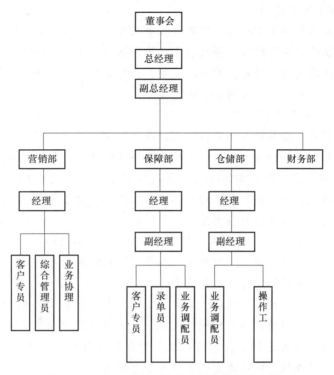

图 6-29 SYD 保税物流公司内部机构及岗位设置

司还自行开发了一套先进的仓库管理系统。该系统直接连接深圳机场保税物流中心信息系统平台，保证了信息传递的准确、快捷、高效。

SYD 保税物流公司的业务种类包括配送业务和一日游业务。可在仓库内为客户提供流通性简单加工服务，如分级分类、分拆分拣、分装、计量、组合包装、打膜、加刷条码、刷贴标志、改换包装、拼装等增值服务，也可配合客户的新项目开发需求，提供保税物流方案设计服务。

三、实习过程

1. 时间：2011 年 7 月 4 日

实习内容：实习之初，通过阅读资料、亲身走访等方式了解企业组织机构设置和运作方式，每日参与早上 8：50 召开的全体现场工作例会，了解不同企业物流组织的运作，初步熟悉物流管理的具体步骤及内容，为以后每一天以具体业务为核心，从部门到部门，从岗位到岗位的逐步轮换，各角度观察、学习与操作公司业务打下了坚实的理论基础。

2. 时间：2011 年 7 月 5—9 日

实习内容：由该公司保障部入手，通过一对一跟师傅学习，打单子、走海关、处理报关等具体的业务，了解公司主营业务及相关业务的基础操作层面，并实际锻炼自己的工作能力，思考其中问题。

同时，通过先跟随客户专员，接受客户单证、信息及业务要求，之后转由录单员把相关资料录入公司系统及海关系统，直到最后由业务调配员跑现场、走海关、处理报关、调配仓库等实际的业务操作，按流程、按顺序，充分了解公司的业务。

3. 时间：2011年7月11日

实习内容：随后转向了解公司在营业过程中的另一节点——仓库的具体情况，通过亲身了解库房内具体的操作过程，并结合已经历的保障部工作，实际考察物流建筑构造与结构体系、仓库实用性等问题，对实施方法、操作要点、主要物流设备及用途、质量要求等细心观察，并提出了本人的合理化建议。

4. 时间：2011年7月12—17日

实习内容：之后，由幕后走向前台，通过在营销部的学习，观察与学习企业营销方案及合同签订流程，了解企业间洽谈业务的流程与注意事项，了解在物流项目管理中各方（物流客户、第三方、第四方物流提供商）的职责。同时，由于公司营销部与财务部合署办公的特殊性，也积极了解了财务部的工作流程，对于各类账单与报表，不仅参与整理与归类，还学习录入公司各类报表，并学习了企业间所签订的各类合同。通过另一层面的接触，对之前在保障部具体业务的操作有了更高层面的认识和更加深刻的理解。最后，深刻认识单位的组织管理系统、各部门的职能和相互关系，了解物流部门的组成，了解各级技术人员的职责与业务范围。

在完成了实习日记与论文初稿后，2011年8月8日，我有幸约见了机场物流园发展有限公司的L经理，并与他就我国保税物流现状、未来发展方向等问题进行了交流，同时他也认真地对我的论文进行了指正与批改，对我所反映的公司所存在的问题悉心听取，并积极询问了我在校期间物流管理本科的学习情况。

四、公司经营范围及存在的问题

SYD保税物流公司经营范围包括：保税物流中心内的保税仓储业务及辅助服务业务；与保税业务相关联的各类进出口货物的增值服务，包括保税仓储、中转、集装箱拼装拆箱、保税结算、保税物流链咨询业务；保税物流电子信息管理等。公司利用深圳机场保税物流中心的地理及政策优势，对货物出口监管和进口保税起到了中转站及配送中心的作用。

公司存在的问题有如下几点：

（1）企业员工专业水平有待提高，业务能力队伍参差不齐。就管理层而言，对现场控制能力不强，处理紧急事件反应较慢，协调性较低。就操作保障层面而言，员工对相关制度与流程掌握不熟练，导致员工处理业务时粗放型居多，严谨型较少，并严重影响了公司的工作效率。虽然已组织过相关培训，并且实行师徒帮带制度，而错单、误录等问题仍屡见不鲜，师徒帮带质量不高，究其根本在于员工掌握知识不够深刻，对待工作态度仍不够积极严谨。必须配备数量合理、质量较高、具有一定物流专业知识的管理人员、技术人员、操作人员，以确保物流作业活动的高效运转。

（2）各部门之间的协调能力较差，具体表现在合作报关行员工的工作积极性不高，员工推诿、拖沓比较普遍，在工作期间，没有严明的工作纪律，分工不明，导致公司送达楼下报关行的单证时常被无限期搁置，并由于楼下报关行保管不当，没有设立专人专项，经常发生送至楼下的单证丢失的现象。而报关行业务人员素质参差不齐。海关作业现场报关员在替报关企业做着大量补救工作，如缺单、误录等，严重影响了海关的工作效率。

这里不得不提到作业区域布局不合理的问题，特别是报关行与SYD的位置，两个

第六章　物流实践能力培养的应用案例

息息相关的部门相隔甚远，若配备方便的通信工具或合作办公不仅可以节省时间，降低错误率，而且在一些细节方面可以节省费用、降低成本。

（3）公司没有设立具体的奖惩制度。在工作期间，没有严明的工作纪律。无法可依，无据可奖。

（4）公司将价格作为竞争手段，缺乏核心竞争力，公司缺乏在扩展市场、增加业务等方面的投资。公司一味地将价格手段作为竞争的唯一选择，通过降低报关代理费，承揽业务，寻找客户，扩大市场占有率。在其经营范围内，包括中转、集装箱拼装拆箱、保税结算、保税物流链咨询业务，保税物流电子信息管理等业务仍有挖掘空间。公司营销部应考虑扩大公司业务范围，提高核心竞争力。

五、SYD 保税物流公司应实施的策略

（1）注重日常使用规范与保养维护。机场保税物流中心（一期）项目是该市重点物流项目，项目总占地面积 11.5 万 m^2，总建筑面积 $56881m^2$，建有 3 栋面积约为 5 万 m^2 的仓库，具备专门从事保税仓储物流业务的资质，享有国家的相关优惠政策。可以说，公司的基础设施能够满足公司发展的需要。应注重日常使用规范与保养维护。

（2）加大科技含量，努力建设信息化物流平台，提高公司核心竞争力。首先，公司拥有与机场集团统一的信息平台，整个园区内与海关接洽系统发展得比较完善，但是为提高物流科技含量，公司还可开发更为方便简洁的仓库管理、自动分配系统和独立电子邮箱系统等大量的软件系统。其中，仓库系统的提升需求迫切。信息化管理是公司整个物流供应链的重要组成部分，公司需要与客户建立数据及时查寻、交换系统，资源共享，实行动态管理，通过光缆及互联网进行数据传递，与客户沟通信息，加快双方对市场供求的反应速度，这也能为电子商务的配送服务构筑信息化平台。通过这些先进的物流科技形成物流整体配送体系和配套服务、多元化配送体系和计算机信息管理平台相链接的三维立体运作网络构架，能迅速推进公司物流的跨越式发展。

（3）以人为本，完善服务体系，打造一流物流企业。

1）公司可以通过各种方式提高员工素质与专业技能：要提高管理者的专业素质和自身综合能力，并在干部和员工中广泛开展现代物流知识的学习和研讨活动；对中层领导进行短期专业培训；定期采取培训讲座的方式，向员工传输包括客户信息管理业务流程、业务受理流程、仓储管理、业务统计、物流信息管理等现代物流的最新知识，尤其应重视员工之间的学习交流，并邀请海关定期统一宣传讲解。

2）建立规范奖惩机制，使得奖励有所依据，处罚有所规范。真正从细节入手，环环相扣，狠抓业务效率。使得包括现有的师徒帮带、员工完成业务分配份额质量等真正在监管之下、控制之中。

3）建立积极有效的制度，使得各相关部门与公司联动。第一，报关行人员应需要熟悉掌握海关的基本法规、海关的监管制度、海关的操作程序，同时应注意个人的仪表、沟通协作能力等。除了专业扎实的技能，还要从各个方面完善自己，提高自己的综合素质。报关是一个看似简单，实际上牵涉众多领域的工作，需要多方面良好沟通，这又对报关员的综合素质提出了更高的要求。第二，建立积极有效的合作机制，包括专人专项、优先处理、合作办公等简单易行的办法，切实提高报关速度与报关质量。因此，加强对报关员的培养是十分重要的。

二、物流设计大赛案例

1. 物流设计大赛概况

物流设计大赛也是学生自主学习和实践的重要环节,是对学生实践性、创新能力培养的一个非常好的平台。截至2018年,北京交通大学已经参加了四届全国大学生物流设计大赛,也取得了一等奖和二等奖的好成绩。通过这个竞赛平台,可以训练学生的实践能力,提高其综合设计和创新设计的能力。大赛包括报名、设计提交、评审阶段。学生根据大赛组委会给出的案例要求,深入调查研究,写出设计报告,组委会经过层层选拔,最后选出好的作品。

2. 案例

例6-5:

2012年北京市鲜活农产品配送调研与区域划分(节选)

一、研究背景

随着世界农产品产量的提高和农业产业结构的调整,国际上一些发达国家和农业强国运用全新理念、管理技术、优厚政策,在农产品方面尤其是鲜活农产品流通领域,取得了突飞猛进的发展成果。在我国,近几年来,鲜活农产品的物流状况受到人们越来越多的关注,瓜果蔬菜物流、冷链物流也取得了一定的效益。但是也存在一些问题,如城市农产品物流中,一方面"菜价过低伤害菜农",另一方面城市居民的菜价却居高不下。调查发现,物流成本约占菜价的八成,物流问题直接关系着卖菜难、买菜贵。本文通过对北京市鲜活农产品物流市场进行实地调研,对存在的问题进行分析和探讨,从而有针对性地提出解决方案。

北京作为鲜活农产品的主销区,鲜活农产品需求量日益高涨,而且市民的饮食结构正逐步由过去的以肉食为主向稳定肉食消费、增加素食转变,对鲜活农产品的需求不断增加。但是,面对北京不断增长的交通需求,北京市有关部门对城市交通管理的措施也越来越严格,"客运先行""车牌号限行""时间段限行",大型鲜活农副产品配送中心外移,外地大宗农副产品在五环外集散,加上越来越高的停车费、燃油费和人工费,市内配送越来越困难。地价上涨,储存、加工、配送设施的运行成本不断攀升,所有成本都加诸在鲜活农产品上,导致价格越来越高。此外,高昂的超市进场费成为物流的最后一道坎,又在一定程度上推高了全社会的物价基础。

综上所述,北京市作为鲜活农产品的重要消费地,当鲜活农产品从产地通过各种途径进入北京市之后,从一级批发市场到销售终端的城市配送过程对于保障鲜活农产品的供给具有极其重要的意义。但是日益增长的鲜活农产品需求和相对滞后的鲜活农产品城市配送体系之间的矛盾已成为北京市鲜活农产品供给保障的主要问题之一。

二、北京市鲜活农产品配送的调研分析

1. 鲜活农产品的概念及其物流特点

鲜活农产品主要是指新鲜蔬菜、水果、鲜活水产品,活畜禽,新鲜肉、蛋、奶。易腐易损性是鲜活农产品的主要特征,鲜活程度是决定这些鲜活农产品价值的重要指标。鲜活农产品需求量大、单位价值低;价格波动大,市场风险高;货架期短。本案例中的

第六章 物流实践能力培养的应用案例

鲜活农产品主要是指鲜活蔬类肉类初级产品。鲜活农产品物流活动具有储运、保鲜技术要求严格、资产的专用性程度高、物流增值服务空间较大等特点。

2. 调研中发现的问题

通过调研发现,北京市鲜活农产品配送体系存在诸多问题:

(1) 物流成本高,中间环节多,经营模式混乱。

北京市现有的农产品批发市场是批发与零售混合经营,商流与物流混合经营,一级批发与二级批发混合经营。市场主体是个体商贩,农产品从生产者到消费者的流通活动基本上是无组织的个体行为,难以形成规模经营。鲜活农产品物流成本偏高,产品价值流失严重。大部分鲜活农产品的主要流通渠道为:生产者→产地市场→运销批发商→销地市场→零售市场→消费者,如图 6-30 所示,物流环节繁多增加了物流成本。例如,北京新发地的莴笋主要从河北等地运来,经过新发地各个物流中间商再销往市内各大批发市场、农贸市场、酒店等地,最后到达消费者手中。其中中间环节有的多达五个,不仅浪费了很多物流资源,层层加价也导致了运货周期长、销售周期长、鲜活农产品损耗率极高等弊端。

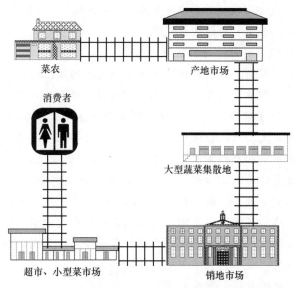

图 6-30 鲜活农产品的流通环节

(2) 缺乏较大规模的农产品物流配送中心。

目前,北京市鲜活农产品物流配送模式出现以自营配送为主、其他模式并存的多样化特征。自营配送主要分为两类,一是以零售商贩为主体,二是以公司企业为主体,其他模式就是以第三方物流公司为主体。像新发地规模这么大的集散中心,很多交易量就是靠商贩自己的三轮车或者中小型物流配送中心点对点完成。鲜活农产品的分销主要采取原始的流通渠道完成,增加了配送成本,也给市区内的交通增加了压力,并且导致中间环节过多而抬高了产品价格。

(3) 农产品市场布局结构有待完善。

从农产品批发市场的布局来看,三环路和四环路附近是批发市场的集中区域,目前全市占地 1 万 m^2 以上、年交易额超过 1 亿元的农产品批发市场的 60% 分布在该区域。其中大部分分布在城市环路与放射线交叉且具备用地条件的地区。《北京市农产品流通

物流实践能力培养与提升

体系发展规划（2002—2008年）》认为四环至五环路附近为大型农产品批发市场布局的合理区位，远期应主要布局在五环路附近。而社区便民菜店在海淀区数量很少，只考虑了社区人口分布等较少因素，不能满足居民需求，没有一个整体规划的合理布局。

(4) 供应链信息化程度不高。

农产品物流信息化程度不高，体现在供应链的各个环节上。在农产品价格信息的获取方面，根据对北京市新发地的调查，发现对于市场信息获得的渠道，自己的信息渠道比例最高，依靠同行的传播占第二位，其他渠道如当地市场发布、政府部门发布等渠道所占的比例都很少。另外，批发市场本身规模较小，没有专门的信息发布平台。农产品流通中各方信息闭塞，环节脱钩，农产品在运输途中发生无谓耽搁等现象时有发生，从而进一步导致风险增多，损耗加大。

综上所述，由于不同位置的农贸市场规模不同，需求量也不同，市场的进货量就有很大不同。而且缺乏大规模的农产品配送中心，小型配送中心数量多、经营混乱，增加了城市交通压力。而且在现有的货运配送体制下，市区内各大农贸市场采用各自为营、同一货源却分散进货的方式，造成了运送过程中货车不能充分利用、资源浪费、成本高昂的局面。

三、北京市鲜活农产品配送的区域优化

1. 利用聚类分析规划进行配送的区域

为了合理解决上述问题，我们提出建立中转站实行两级配送的方案，其实质是"场社"对接模式的扩展。即从大型农产品集散中心直接配送到市区内农贸市场和社区菜市场，但直接配送到多个菜市场即"点对点"模式无疑会增加运输成本，而且会在一定程度上加剧交通拥堵状况。所以合理规划几个中转站能够在一定程度上降低成本。因为新发地批发市场在北京市农产品集散上占据绝对优势地位，北京市场九成蔬菜供应靠新发地。我们假设以新发地为北京市鲜活农产品的集散中心，外地农产品运送到新发地，再分类散装配送到北京市区内。我们构建二级配送的模式，先根据一定的依据将菜市场划分在几个区域内，然后在区域内新建中转站或者从现有大中型农贸市场中选择改建而成，将鲜活农产品根据需求从新发地统一运送到各中转站，再以中转站为中心分拨运送到周边中小型农贸市场（或社区菜市场）。

配送网络优化形象示意图如图6-31所示。

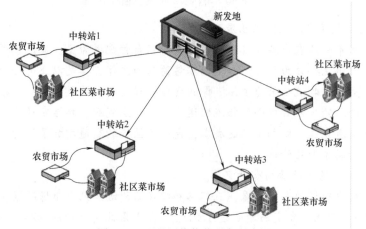

图6-31 配送网络优化形象示意图

第六章 物流实践能力培养的应用案例

（1）根据农贸市场坐标建立模型。为选择中转站的位置，我们首先需要将市区内的农贸市场进行区域划分。这里使用聚类分析、图论及 K-means 算法等方法，以海淀区内的农贸市场为例，进行划分，建立中转站模型。

为方便表示和模型求解，我们首先将每个北京地区的农贸市场分布抽象成图论中的图。

根据图论中的理论，使用有序三元组 $G=(V,E,\Psi)$ 表示一个图，其中：

$V=\{v_1,v_2,\cdots,v_n\}$ 称为顶点集，$v_i(i=1,2,\cdots,n)$ 表示图 G 中的农贸市场；

E 称为边集，表示图 G 中的道路；

Ψ 是从边集 E 到顶点集 V 中的无序的元素偶对的集合的映射，称为关联函数。

图 G 中的每一条边 e 对应一个实数 $w(e)$，则称 $w(e)$ 是该边 e 的权，在本案例中，$w(e)=$ 道路 e 的长度。

若 $\psi(e_i)=(v_i,v_j),(i,j=1,2,\cdots,n)$，根据农贸市场在地图上的位置，给出每个农贸市场的坐标 (x_i,y_i)，根据坐标，对图上任意两点 $v_i=(x_i,y_i)$，$v_j=(x_j,y_j)$，有 $w(e_i)=\sqrt{(x_i-x_j)^2+(y_i-y_j)^2}$。

其中，我们使用地图软件首先确定海淀区内的农贸市场地理位置（经纬度），再用高斯投影方法将其经纬度转化为平面直角坐标系中的 (x_i,y_i) 坐标。海淀区内的农贸市场具体坐标见表6-17。

表6-17 农贸市场具体坐标

序 号	名 称	平面坐标 x	平面坐标 y
1	北外果蔬店	16356198.53	2889210.032
2	锦绣大地农贸市场	16355647.38	2923301.294
3	麦忠桥便民菜站	16350081.71	2890482.699
4	魏公村欣欣菜市场	16355139.58	2883095.135
5	晴园社区菜市场	16341105.47	2891335.194
6	城茂桥东菜站	16343908.29	2882274.249
7	兴福兴发菜市场	16350055.07	2882145.516
8	恒运达蔬菜市场	16342511.24	2889391.537
9	青龙桥农贸市场	16316403.86	2876558.039
10	友谊蔬菜市场	16345079.04	2879853.691
11	西郊四海农贸市场	16328020.05	2891128.125
12	紫竹院社区市场	16361208.98	2892658.308
13	田村路市场	16359221.47	2914056.025
14	亮甲店市场	16366115.03	2905792.48
15	彰化村市场	16358650.95	2898170.826
16	海中市场	16345655.16	2891817.173
17	银海兴市场	16331253.62	2891825.579
18	八里庄市场	16367364.74	2897717.972
19	玲珑塔徐庄市场	16366414.06	2897831.744
20	农科院蔬菜市场	16355224.08	2878585.329
21	双榆树市场	16345417.85	2876587.248

(续)

序号	名称	平面坐标 x	平面坐标 y
22	咏新市场	16325920.35	2884477.653
23	绿诚市场	16356501.63	2879614.011
24	嘉园五孔桥市场	16369744.01	2909943.151
25	中关村科内市场	16329902.4	2871753.757
26	远大农贸市场	16351877.83	2894374.593
27	今日鲜市场	16379397.71	2917347.123
28	四海蔬菜市场	16352008.02	2886227.216
29	光明寺市场	16359398.51	2871203.015
30	便民蔬菜店	16324261.53	2892354.593
31	翔天市场	16356858.65	2886704.076
32	交大菜市场	16362579.49	2874400.558
33	白堆子市场	16351556.61	2890836.311
34	京海保福市场	16334347.04	2866766.028
35	郁金菜市场	16368404.24	2895492.727
36	超市发菜市场	16339469.92	2873648.888
37	航天菜市场	16369563.49	2887123.226
38	双聚园菜市场	16356748.66	2875674.856
39	语言大学菜站	16328895.36	2861140.302
40	万寿路市场	16383949.01	2908352.794
41	海民兴市场	16345100.22	2859805.809
42	文慧园市场	16370012.42	2867711.187
43	平价蔬菜	16335626.48	2852540.159
44	鑫宇市场	16293244.36	2865729.756
45	实宇强批发市场	16288479.02	2850364.678
46	湖南特产专批市场	16356241.95	2923673.507
47	巨山路锦绣大地市场	16355425.59	2923209.507
48	生活之光市场	16396010.86	2885850.243
49	田村北路锦绣大地市场	16337521.08	2883941.869
50	清河镇农产批发市场	16299049.18	2848751.069
51	明锦顺泰商贸公司	16367624.27	2864205.261
52	兰园社区市场	16283299.86	2872467.249
53	蓟门里菜市场	16352216.29	2866750.044
54	聪健康市场	16373821.44	2917440.822
55	增光路市场	16379159.14	2888666.136
56	展春园市场	16334303.6	2863219.682
57	海运菜市场	16334794.01	2876147.136
58	定慧北里市场	16370190.7	2904568.441
59	金五星菜市场	16347183.28	2872137.868
60	北洼路市场	16369556.79	2894703.555
61	铁科社区市场	16361194.65	2874717.587
62	恩济庄市场	16366762.09	2905301.604

农贸市场分布示意图如图6-32所示。

（2）用 K-means 算法进行聚类分析。将农贸市场进行分区的过程是一个聚类分析过程。为了使从中转站运出的货物可以尽快到达周边农贸市场，在划分聚类时的主要考虑因素是农贸市场间的距离。若两点间距离远小于其到其他点间的距离，则这两点应归为同一聚类。这样可以保证同一聚类间运货距离短，从而达到降低运输成本的目的。本文采用基于最近共享邻居节点的多中心聚类方法建立模型，划分聚类。使用 K-means 算法进行聚类分析的数学模型如下：

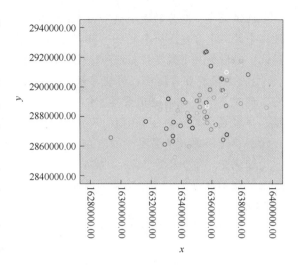

图 6-32　农贸市场分布示意图

$$D = \bigcup_{i=1}^{m} C_i \tag{1}$$

$$C_i \neq \phi (i = 1, 2, \cdots, m) \tag{2}$$

$$C_i \cap C_j = \phi (i, j = 1, 2, \cdots, m; i \neq j) \tag{3}$$

$$J_C = \sum_{K=1}^{m} \sum_{v_i \in C_i} d(v_i, Z_K) \tag{4}$$

其中，$D = \{v_i, i = 1, 2, \cdots, n\}$，$v_i$ 是图中的农贸市场节点坐标，节点总数为 n。式（1）表示将农贸市场划分为一个簇划分 $C = \{C_1, C_2, \cdots, C_m\}$。式（2）、式（3）表示每个划分中至少包含一个农贸市场，并且同一农贸市场不出现在两个划分中，即划分互不相交。

设聚类总数 m 已知，K-means 算法使用总的类间离散度进行评测，当 J_C 达到最小时，则找到了最好的聚类划分。其中，式（4）中的 J_C 表示每个划分后的聚类中所有点到聚类中心的距离和。Z_K 为第 K 个聚类的中心，$d(v_i, Z_K)$ 为样本到对应聚类中心的距离。其中 $d(v_i, Z_K)$ 采用距离公式进行计算：

$$d(v_i, Z_K) = \sqrt{(x_i - x_j)^2 + (y_i - y_j)^2}$$

式中 (x_i, y_i) 和 (x_j, y_j) 分别表示点 v_i，Z_K 的坐标。

将最终确定的 Z_K 坐标作为聚类中心，即中转站位置。

使用 K-means 进行聚类分析的缺点是我们必须预先给定最终期待的聚类数，即需要将所有点划分成几个区域。因此，我们还需要增加约束条件以确定最佳的聚类数目。

K-means 算法主要考虑的是聚类中各点的靠近程度，随着聚类总数的增加，每个聚类中的点呈减少趋势。聚类中的点越少，将使得聚类中点间的密集程度加强，其极限情况是，在每个点处建立一个聚类，这种聚类方式必然可以达到最好的聚类中点密集程度，但是实际情况中，并不是建立越多的中转站越好。这是由于建立中转站不可避免地将带来额外的成本，因此我们增加 K-means 模型的约束条件如下：

1）增加聚类数目表示划分出的区域的数目增加，也就是所需建设的中转站增加。每建设一个中转站需要划分建设费，使得农贸市场的成本增加。

物流实践能力培养与提升

经过调查，仓库的大小通常为 1000~5000m²，每平方米的建设费为 5 元。这里我们假设每个聚类中心建立一个大小为 3000m² 的中转站，则每个中转站的建立将花费 15000 元。因此，每增加一个聚类将会增加建设一个中转站，进而多支付 15000 元的建设费用。

2）若聚类数目过小，可能导致一个聚类中的点过多，这样可能导致聚类中的点的密集程度下降。我们使用聚类中心到聚类中最远的点的距离表征聚类中的点的密集程度。当聚类中的点的密集程度下降时，聚类中的点到聚类中心（即中转站）的距离将会增加，进而导致从聚类中心（即中转站）向聚类中各农贸市场运送货物的成本增加。

经调查，每个农贸市场一年需要货车送货 600 次左右，每辆车的运费约为 3~5 元/km。这里，我们取每辆大车的运费为 4 元/km。这样，每增加 1km 的货运距离每年将增加花费 2400 元。

根据以上两个条件，我们构造函数曲线

$$y(K) = 2400\Delta d + 15000K$$

其中，Δd 表示聚类内最远点距离聚类中心的距离，计算公式如下：

$$\Delta d = \max_i d\{v_i, Z_K\}$$

K 表示聚类总数，$y(K)$ 表示建立 K 个中转站后所花费的总费用。根据 $y(K)$ 的变化趋势选择聚类数目。

2. K-means 算法划分区域

K-means 算法流程如下：

(1) 从 n 个数据对象中任意选择 K 个对象作为初始聚类中心。对于剩下的其他对象，则根据它们与这些聚类中心的相似度（距离），分别将它们分配给与其最相似的（聚类中心所代表的）聚类。然后再计算每个所获得新聚类的聚类中心（该聚类中所有对象的均值）。

(2) 根据每个聚类对象的均值（中心对象），计算每个对象与这些对象的距离，并根据最小距离重新对相应对象进行划分。

(3) 重新计算每个发生变化的类的均值（中心对象）。

循环（2）到（3）直至每个类不再发生变化。

(4) 对海淀区内所有农贸市场进行 K-means 算法聚类分析。我们使用 SPSS 软件进行数据处理。

由于海淀区内共有农贸市场 62 个，为保证达到集中供应的目的，平均每个聚类中含有的农贸市场数目不应低于 4 个。因此，我们取聚类总数 K 从 2 到 15，观察 $y(K)$ 的变化趋势。

聚类结果如下：

$K=2$（见表 6-18、表 6-19）：

表 6-18　最终聚类中心（$K=2$）

	聚　类	
	1	2
x	16322771.77	16360204.23
y	2871256.69	2891603.09

第六章 物流实践能力培养的应用案例

表 6-19 每个聚类中的案例数（$K=2$）

聚类	1	18.000
	2	44.000
有效		62.000
缺失		0.000

$$\Delta d = \max_i d(v_i, Z_K) = 40155$$

$K=3$（见表 6-20、表 6-21）：

表 6-20 最终聚类中心（$K=3$）

	聚 类		
	1	2	3
x	16351403.11	16369033.72	16318324.79
y	2880731.55	2905186.48	2869528.44

表 6-21 每个聚类中的案例数（$K=3$）

聚类	1	29.000
	2	19.000
	3	14.000
有效		62.000
缺失		0.000

$$\Delta d = \max_i d(v_i, Z_K) = 37872$$

$K=4$（见表 6-22、表 6-23）：

表 6-22 最终聚类中心（$K=4$）

	聚 类			
	1	2	3	4
x	16369712.45	16347012.16	16315406.50	16366956.03
y	2887044.31	2882209.62	2864888.03	2913907.89

表 6-23 每个聚类中的案例（$K=4$）

聚类	1	12.000
	2	28.000
	3	11.000
	4	11.000
有效		62.000
缺失		0.000

$$\Delta d = \max_i d(v_i, Z_K) = 35557$$

$K=5$（见表 6-24、表 6-25）：

物流实践能力培养与提升

表 6-24 最终聚类中心（$K=5$）

	聚类				
	1	2	3	4	5
x	16353172.35	16364214.22	16291018.11	16331844.25	16371026.93
y	2880805.60	2918424.49	2859328.19	2874664.83	2897094.62

表 6-25 每个聚类中的案例数（$K=5$）

聚类	1	24.000
	2	7.000
	3	4.000
	4	14.000
	5	13.000
有效		62.000
缺失		0.000

$$\Delta d = \max_i d(v_i, Z_K) = 27869$$

$K=6$（见表 6-26、表 6-27）：

表 6-26 最终聚类中心（$K=6$）

	聚类					
	1	2	3	4	5	6
x	16357616.68	16364214.22	16291018.11	16330824.56	16371026.93	16349103.79
y	2871345.96	2918424.49	2859328.19	2875807.83	2897094.62	2886738.19

表 6-27 每个聚类中的案例数（$K=6$）

聚类	1	11.000
	2	7.000
	3	4.000
	4	13.000
	5	13.000
	6	14.000
有效		62.000
缺失		0.000

$$\Delta d = \max_i d(v_i, Z_K) = 27869$$

由此可知，当 K 达到 5 时，继续增加 K 值将不能再加大聚类中的点的密集程度，因此，我们最终选择 $K=5$。

以新发地为发货地点：

新发地坐标：（x）16466923.07　（y）2917103.162

五个聚类中心（即中转站）到新发地的距离见表 6-28。

表 6-28 五个聚类中心到新发地的距离

序号	1	2	3	4	5
距离/m	119401.52	102717.279	185149.88	141588.42	97961.21

第六章 物流实践能力培养的应用案例

相应的聚类内成员见表6-29。

表6-29 聚类内成员

序 号	农贸市场名称	距中转站距离/m	所属聚类
1	北外果蔬店	10293.66814	1
2	锦绣大地农贸市场	14701.08085	2
3	麦忠桥便民菜站	8260.69304	1
4	魏公村欣欣菜市场	6676.43348	1
5	晴园社区菜市场	11619.22391	1
6	城茂桥东菜站	4594.96216	1
7	兴福兴发菜市场	1569.69099	1
8	恒运达蔬菜市场	9226.64360	1
9	青龙桥农贸市场	10140.91227	4
10	友谊蔬菜市场	4251.10123	1
11	西郊四海农贸市场	22274.29134	4
12	紫竹院社区市场	10182.83051	5
13	田村路市场	7735.98305	2
14	亮甲店市场	8158.86672	5
15	彰化村市场	15383.92595	5
16	海中市场	9862.59889	1
17	银海兴市场	19668.15706	4
18	八里庄市场	9984.38350	5
19	玲珑塔徐庄市场	10414.82678	5
20	农科院蔬菜市场	7716.31219	1
21	双榆树市场	6557.77489	1
22	咏新市场	19396.83385	4
23	绿诚市场	8462.35298	1
24	嘉园五孔桥市场	4846.84766	2
25	中关村科内市场	12625.93327	4
26	远大农贸市场	12465.91860	1
27	今日鲜市场	12908.27789	2
28	四海蔬菜市场	5209.13003	1
29	光明寺市场	15605.47642	1
30	便民蔬菜店	26214.72586	4
31	翔天市场	9411.52398	1
32	交大菜市场	15836.74148	1
33	白堆子市场	8996.28489	1
34	京海保福市场	15976.01362	4
35	郁金菜市场	7556.69796	5
36	超市发菜市场	12558.51879	4
37	航天菜市场	1334.86984	5
38	双聚园菜市场	10624.92432	1
39	语言大学菜站	11860.10566	4

(续)

序号	农贸市场名称	距中转站距离/m	所属聚类
40	万寿路市场	17877.92672	5
41	海民兴市场	22823.57825	4
42	文慧园市场	20485.52137	1
43	平价蔬菜	22263.91981	4
44	鑫宇市场	25142.83920	3
45	实宇强批发市场	34021.83233	3
46	湖南特产专批市场	14496.86027	2
47	巨山路锦绣大地市场	14814.56382	2
48	生活之光市场	25756.79054	5
49	田村北路锦绣大地市场	11092.38440	4
50	清河镇农产批发市场	26311.61864	3
51	明锦顺泰商贸公司	24144.07763	1
52	兰园社区市场	35557.68118	3
53	蓟门桥菜市场	16059.76690	1
54	聪健康市场	7721.10274	2
55	增光路市场	8810.90899	5
56	展春园市场	16288.53005	4
57	海运菜市场	15056.31204	4
58	定慧北里市场	9883.73901	5
59	金五星菜市场	10321.17189	1
60	北洼路市场	6559.28630	5
61	铁科社区市场	14823.17458	1
62	恩济庄市场	8608.46720	5

最终得出划分五个区域为最优解，分布如图 6-33 所示。根据以上提出的中转站建立网络优化模型，我们将海淀区内的所有农贸市场划分成五个区域。处在区域中心的中转站对区域内所有农贸市场进行统一配送。

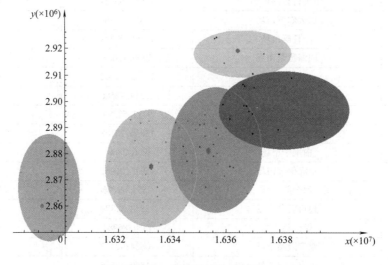

图 6-33　中转站分布区域图

附录　北京交通大学经济管理学院物流管理系主要标志性成果汇总

一、发表的教学改革论文

与实习基地建设、专业实习课程、实验教学有关的教改论文主要有：

［1］章竟，赵启兰．校企合作产学研一体化——物流管理专业实习课程的完善［M］//张秋生，张力．创新人才培养模式　培养拔尖创新人才：北京交通大学经济管理学院试点学院人才培养改革研究与实践．北京：北京交通大学出版社，2015．

［2］章竟，赵启兰．淡化理论和实践的界限——"物流企业案例分析"实践教学初探［M］//王永生．研究型大学建设本科教育改革的研究和实践．北京：北京交通大学出版社，2009．

［3］王耀球，张菊亮，张铎，章竟，唐孝飞．校企合作的实践性教学基地的建设［M］//刘延平，张真继．多视角下的经济管理人才培养模式研究．北京：电子工业出版社，2009．

［4］章竟，赵启兰．知名企业业务骨干来校讲课的效果分析［M］//刘延平，张真继．多视角下的经济管理人才培养模式研究．北京：电子工业出版社，2009．

［5］林自葵，陈磊．物流管理本科专业实验教学体系研究［M］//刘延平，张真继．多视角下的经济管理人才培养模式研究．北京：电子工业出版社，2009．

［6］卞文良，赵启兰，章竟，唐孝飞．从物流管理专业集中实习浅谈人才培养基地建设［M］//刘延平，张力．创新育人机制　提升人才培养质量．北京：电子工业出版社，2012．

［7］兰洪杰，赵启兰．物流专业校外人才培养基地建设规划分析［M］//刘延平，张力．创新育人机制　提升人才培养质量．北京：电子工业出版社，2012．

［8］卞文良，赵启兰，章竟，唐孝飞．实习生的视角：2011年度物流管理专业实习体会［M］//刘延平，张力．创新育人机制　提升人才培养质量．北京：电子工业出版社，2012．

［9］卞文良，邓志莹，陈伟，施先亮．物流管理专业学生就业信心影响因素与实验类、实践类课程设置的研究［M］//鞠颂东，施先亮，张真继．品牌·特色·前沿：北京交通大学物流管理专业建设成果．北京：北京交通大学出版社，2012．

［10］鲁晓春．物流系统模拟实验的设计［M］//刘延平，张真继．多视角下的经济管理人才培养模式研究．北京：电子工业出版社，2009．

［11］唐孝飞．物流专业实习基地的建设与运作——以北京嘉和嘉事医药物流有限公司实习基地建设为例［M］//创新育人机制　提升人才培养质量．北京：电子工业出版社，2012．

[12] 章竞，赵启兰．物流专业实习实践型教学的效果分析［M］∥刘延平，张力．创新育人机制 提升人才培养质量．北京：电子工业出版社，2012．

[13] 魏立颖，卞文良．物流管理专业实习效果调查分析［M］∥刘延平，张真继．多视角下的经济管理人才培养模式研究．北京：电子工业出版社，2009．

[14] 章竞．物流管理专业实习的调查问卷分析［M］∥张秋生，张力．守正创新·面向未来·推进"双一流"建设．北京：北京交通大学出版社，2017．

[15] 唐孝飞，卞文良，章竞．基于研究性实习项目制的实习实践课程改革的思考［M］∥守正创新·面向未来·推进"双一流"建设．北京：北京交通大学出版社，2017．

[16] 于冲，赵启兰．基于物流专业校外人才培养基地的实习总结与建议［M］∥刘延平，张力．创新育人机制 提升人才培养质量．北京：电子工业出版社，2012．

[17] 曾一娇，赵启兰．中铁吉盛专业实习体会［M］∥刘延平，张力．创新育人机制 提升人才培养质量．北京：电子工业出版社，2012．

[18] 李静雅，章竞．基于SWOT法的吉盛物流公司战略分析［M］∥刘延平，张力．创新育人机制 提升人才培养质量．北京：电子工业出版社，2012．

[19] 苏磊，章竞．基于物流成本分析的经营策略选择［M］∥刘延平，张力．创新育人机制 提升人才培养质量．北京：电子工业出版社，2012．

[20] 赵启兰，张真继，兰洪杰，章竞．物流专业校外人才培养基地的建设［M］∥品牌·特色·前沿：北京交通大学物流管理专业建设成果．北京：北京交通大学出版社，2012．

二、指导大学生创新性实验计划项目

（1）基于供应链竞争的物流企业能力构建，赵启兰教授，学生6人，国家级，2008年。

（2）物流服务资源的整合与共享，鞠颂东教授、徐杰副教授，学生5人，国家级，2008年。

（3）我国供应链运作现状调研和鲁棒性计算与优化研究，穆东教授，学生4人，国家级，2008年。

（4）循环物流系统的模拟与仿真，汝宜红教授，学生5人，国家级，2008年。

（5）供应商管理库存协调机制研究，张菊亮教授，学生9人，国家级，2008年。

（6）网络型应急资源储备量及储备方式研究，赵启兰教授、章竞讲师，学生5人，国家级，2008年。

（7）网络型企业物流整体协同机制研究，徐杰副教授、鞠颂东教授、卞文良讲师，学生6人，市级，2009年。

（8）不确定情况下的应急资源需求分析，章竞讲师，学生5人，校级，2009年。

（9）不确定环境下车辆调度研究，张菊亮教授，学生4人，校级，2009年。

（10）基于集对分析法的物流金融信用风险的评价研究，王耀球教授，学生5人，校级，2009年。

（11）基于再制造理论的废电池回收物流网络设计，章竞讲师，学生3人，校级，

附录 北京交通大学经济管理学院物流管理系主要标志性成果汇总

2010年。

（12）顾客物流服务感知因素对电子商务企业影响的路径分析——以京东商城为例的实证研究，卞文良讲师、徐杰副教授，学生5人，校级，2010年。

（13）物流网络化程度与物流效果关系的研究——基于北京市的实证分析，鞠颂东教授、丁静之副教授，学生5人，国家级，2010年。

（14）社会物流网络节点决策影响因素的路径分析，鞠颂东教授、卞文良讲师，学生5人，国家级，2011年。

（15）低碳经济下逆向物流网络规划研究，汝宜红教授，学生5人，国家级，2012年。

（16）基于"云计算"理念的应急物资储备方式探讨，赵启兰教授，学生5人，市级，2013年。

（17）低碳经济下的物流系统设计与优化，华国伟讲师，学生5人，校级，2014年。

三、学生学科竞赛获奖情况（2007—2018年）

物流管理系学生学科竞赛获奖清单如下：

（1）第四届首都"挑战杯"课外学术科技作品竞赛，省部级特等奖（1队4人），2007年。

（2）第十届"挑战杯"全国大学生课外学术科技作品竞赛，全国三等奖、北京市一等奖（1队3人），2007年。

（3）第六届"挑战杯"中国大学生创业计划竞赛，全国金奖（1队4人），2008年。

（4）全国数学建模大赛，国家一等奖（1队4人），2008年。

（5）第二届全国大学生物流设计大赛，国家一等奖（1队4人）、国家二等奖（1队4人），2009年。

（6）第一届首都高校物流设计大赛，省部级一等奖1项（1队4人）、二等奖2项（1队4人），2009年。

（7）全国大学生条码自动识别知识竞赛团体赛，国家金奖1项（1队5人），2009年。

（8）全国大学生条码自动识别知识竞赛个人赛，国家金奖1项（1队4人）、银奖2项（1队4人）、铜奖1项（1队4人），2009年。

（9）第七届"挑战杯"中国大学生创业计划竞赛，北京市特等奖、全国二等奖（1队4人），2010年。

（10）北京市大学生创业设计竞赛，三等奖1项（1队5人）、优秀奖1项（1队5人），2010年。

（11）北京市大学生创业设计竞赛，三等奖1项（1队8人）、优秀奖1项（1队6人），2011年。

（12）第二届首都高校物流设计大赛，省部级一等奖3项、二等奖2项（1队5人），2011年。

物流实践能力培养与提升

（13）北京市大学生创业设计竞赛，三等奖 1 项（1 队 8 人）、优秀奖 1 项（1 队 4 人），2012 年。

（14）北京市大学生创业设计竞赛，二等奖 1 项（1 队 8 人）、三等奖 1 项（1 队 7 人）、优秀奖 1 项（1 队 7 人），2013 年。

（15）第三届首都高校物流设计大赛，省部级一等奖 1 项（1 队 5 人）、二等奖 1 项（1 队 7 人），2013 年。

（16）第四届北京市大学生物流设计大赛，省部级一等奖 2 项（2 队，每队各 5 人），2014 年。

（17）首届中国"互联网+"大学生创新创业大赛北京赛区比赛，北京赛区二等奖（1 队 5 人），2015 年。

（18）第五届全国大学生物流设计大赛，国家级二等奖（1 队 3 人），2015 年。

（19）北京交通大学大学生物流设计大赛，北京市级一等奖（1 队 5 人）、北京市级二等奖（1 队 5 人），2017 年。

（20）北京交通大学大学生电子商务"创新、创意及创业"挑战赛，校级三等奖（1 队 4 人），2018 年。

（21）第四届中国"互联网+"大学生创新创业大赛北京赛区比赛，北京赛区二等奖（1 队 5 人），2018 年。

参 考 文 献

[1] 吴志华. 论学生实践能力发展 [D]. 大连：东北师范大学，2006.
[2] STERNBERG R J. The theory of successful intelligence [J]. Review of General Psychology, 1999 (3)：292-316.
[3] 彭聃龄. 普通心理学 [M]. 北京：北京师范大学出版社，2001：390.
[4] 冯忠良. 结构化与定向化教学心理学原理 [M]. 北京：北京师范大学出版社，1998：146.
[5] 黄希庭. 心理学导论 [M]. 北京：人民教育出版社，1991：599.
[6] 刘垒，傅维利. 实践能力：含义、结构及培养对策 [J]. 教育科学，2005 (2)：1-5.
[7] 刘磊. 培养学生实践能力论纲 [D]. 大连：辽宁师范大学，2007.
[8] 王之泰. 新编现代物流学 [M]. 北京：首都经济贸易大学出版社，2005：27-34.
[9] 汝宜红，田源. 物流学 [M]. 北京：高等教育出版社，2009：77-78.
[10] 潘文军. 物流专业实践教学体系建设研究 [J]. 重庆交通大学学报（社会科学版），2007 (8)：130-133.
[11] 王成林，张旭凤，邬跃. 研究型物流实践教学研究 [J]. 物流技术，2008，27 (5)：58-60.
[12] 周艳军. 物流专业实践教学体系研究 [J]. 物流工程与管理，2009，31 (4)：146-147.
[13] 王辉，秦一方，张永林. 基于能力的物流管理专业课程实践教学模式研究 [J]. 中国市场，2008 (28)：157.
[14] 斯腾伯格. 超越IQ：人类智力的三元理论 [M]. 俞晓琳，吴国宏，译. 上海：华东师范大学出版社，2004.
[15] 唐丽敏，唐磊，孙家庆. 物流管理专业人才培养目标的再定位 [J]. 航海教育研究，2009 (1)：62-64.
[16] MURPHY P R, POIST R F. Skill requirements of contemporary senior-and entry-level logistics managers：A comparative analysis [J]. Transportation Journal，2006，45 (3)：46-60.
[17] 常杰. 高等院校物流人才培养对策研究 [J]. 交通企业管理，2012 (9)：73-75.
[18] 乔鹏亮. 地方性本科院校研究型物流人才培养探析 [J]. 物流工程与管理，2013，35 (1)：182-184.
[19] 范珍. 德国大学物流专业实践教学的启示 [J]. 重庆职业技术学院学报，2007，16 (5)：40-41.
[20] 潘文军. 国外物流教育与我国物流人才培养 [J]. 中国物流与采购，2005 (14)：70-72.
[21] 彭扬，陈子侠，傅培华. 高校物流类专业实践教学体系建设探讨 [J]. 商品储运与养护，2008，30 (6)：128-130，151.
[22] 谢学旗. 论高校提升实践育人能力的重要意义 [J]. 沧桑，2012 (5)：121-122.
[23] 袁慧，于兆勤，秦哲. 新形势下培养提高工科学生工程实践能力的认识与实践 [J]. 高教探索，2007 (2)：61-63.
[24] 李顺勇. 物流实践教学中"物流游戏教学法"之探讨 [J]. 中国物流与采购，2012 (3)：52-53.
[25] 肖怀云. 探索大学生物流设计大赛在物流实践教学中的应用 [J]. 物流科技，2011 (1)：30-32.
[26] 秦愚. 浅析如何提高物流管理专业学生的实践能力 [J]. 中国科教创新导刊，2011 (22)：135.
[27] 吴义生. 应用型物流管理人才的创新培养模式构建研究 [J]. 物流科技，2009 (11)：94-96.
[28] 杨永清. 应用型物流管理本科专业学生的实践能力培养 [J]. 现代教育技术，2011 (2)：136-139.
[29] 许恒勤. 我国物流人才需求与物流人才教育 [J]. 森林工程，2005，21 (6)：35-39.
[30] 罗凌妍，周知宇. 物流人才实践能力培养的探索 [J]. 物流技术，2011 (9)：229-230.

物流实践能力培养与提升

[31] 马建华. 物流专业学生应用创新能力的培养方法研究 [J]. 物流工程与管理, 2011, 33 (10): 158-160.

[32] 刘联辉. 应用型物流管理本科专业人才培养方案构建 [J]. 湖南工程学院学报（社会科学版）, 2005 (1): 78-80.

[33] 贺盛瑜, 何求. 我国物流人才需求和培养模式探讨 [J]. 科技进步与对策, 2004 (11): 89-90.

[34] 孙丽玲, 瞿群臻. 我国物流人才培养存在的问题及对策研究 [J]. 物流科技, 2011 (9): 32-34.

[35] 郭湖斌, 王晓光, 汪元锋, 等. 上海新建本科院校物流管理专业课程设置存在的问题与对策 [J]. 经济研究导刊, 2012 (30): 305-306.

[36] 赵群, 何家蓉. 日本现代物流人才培养模式带给我国的启示与思考 [J]. 物流科技, 2008 (2): 85-87.

[37] 刘三朵, 张冬胜. 论实践能力的内涵与结构 [J]. 当代教育论坛, 2004 (9): 10-11.

[38] 上官绪明. 金融危机背景下物流人才培养方向与模式研究 [J]. 物流科技, 2011 (5): 27-29.

[39] 刘阳, 张思奇, 李丁. 基于学生职业能力培养的"物流和供应链管理"课程教改研究 [J]. 价值工程, 2013 (30): 198-200.

[40] 戴晋. 国内外物流人才培养模式之对比研究 [J]. 企业导报, 2010 (4): 277-278.

[41] 王又军. 构建多层次物流人才培养体系 [J]. 中国物流与采购, 2008 (3): 72-73.

[42] 贺政纲, 廖伟. 高校物流专业学生物流规划能力培养 [J]. 物流工程与管理, 2011 (2): 146-147.

[43] 杨雪, 李明, 李平. 高校物流专业学生实践操作能力的培养分析 [J]. 企业导报, 2012 (13): 230-231.

[44] 潘永明, 赵云. 高校物流人才培养模式研究：基于大学生核心竞争力的视角 [J]. 长春理工大学学报（社会科学版）, 2009, 22 (2): 330-331.

[45] 林自葵, 汝宜红, 朱煜, 等. 我国物流管理专业的实践教学探讨 [M] // 杨肇夏. 建设·改革·创新：新世纪北京交通大学本科教学改革研究与实践. 北京：北京交通大学出版社, 2004.

[46] 鞠颂东, 施先亮, 张真继. 品牌·特色·前沿：北京交通大学物流管理专业建设成果 [M]. 北京：北京交通大学出版社, 2012.